十三經清人注疏

大戴禮記解詁

〔清〕王聘珍撰
王文錦點校

中華書局

圖書在版編目(CIP)數據

大戴禮記解詁/(清)王聘珍撰;王文錦點校. —北京:中華書局,1983.3(2024.1 重印)
(十三經清人注疏)
ISBN 978-7-101-00530-1

Ⅰ.大… Ⅱ.①王…②王… Ⅲ.①禮儀-中國-古代 ②大戴禮記-注釋 Ⅳ.K892.9

中國版本圖書館 CIP 數據核字(2004)第 045285 號

責任印製:陳麗娜

十三經清人注疏

大戴禮記解詁

〔清〕王聘珍 撰

王文錦 點校

*

中華書局出版發行

(北京市豐臺區太平橋西里 38 號 100073)

http://www.zhbc.com.cn

E-mail:zhbc@zhbc.com.cn

三河市鑫金馬印裝有限公司印刷

*

850×1168 毫米 1/32 · 9¼印張 · 12 插頁 · 148 千字

1983 年 3 月第 1 版 2024 年 1 月第 12 次印刷

印數:30601-31100 册 定價:45.00 元

ISBN 978-7-101-00530-1

（附王樹枏校正、孫詒讓斠補）

大戴禮記解詁　王聘珍撰
左傳舊注疏證　劉文淇等撰
春秋左傳詁　洪亮吉撰
公羊義疏　陳立撰
穀梁古義疏　廖平撰
穀梁補注　鍾文烝撰
論語正義　劉寶楠撰
孝經鄭注疏　皮錫瑞撰
孟子正義　焦循撰
爾雅義疏　郝懿行撰
爾雅正義　邵晉涵撰

中華書局編輯部
一九八二年五月

本書前言

戴德和他的從兄之子戴聖，同是西漢時期的禮學名家，世稱大戴、小戴。大戴禮記又名大戴禮、大戴記，相傳是戴德選編的；小戴禮記又名小戴禮、小戴記，相傳是戴聖選編的。這種説法最早見於東漢學者鄭玄的六藝論，他説：「戴德傳記八十五篇，則大戴禮是也；戴聖傳禮四十九篇，則此禮記是也。」（見唐孔穎達禮記正義序引）以後晉陳邵周禮論序（見唐陸德明經典釋文敍録引）和隋書經籍志都附合鄭玄的説法，並且進一步提出：戴德删古記二百四篇爲八十五篇，謂之大戴記；而戴聖又删大戴之書爲四十九篇，謂之小戴記。經近代學者研究，認爲這種傳統的説法不大靠得住。

我們先看漢書儒林傳是怎麽説的：

漢興，魯高堂生傳士禮十七篇，而魯徐生善爲頌。孝文時，徐生以頌爲禮官大夫，傳子至孫延、襄。襄其資性善爲頌，不能通經；延頗能，未善也。襄亦以頌爲大夫，至廣陵内史。延及徐氏弟子公户滿意、桓生、單次皆爲禮官大夫。而瑕丘蕭奮以禮至淮陽太守。諸言禮爲頌者由徐氏。孟卿，東海人也。事蕭奮，以授后倉、魯閭丘卿。倉説禮數萬言，號曰后氏曲臺記，授沛聞人通漢子方、梁戴德延君、戴聖次君、沛慶普孝公。孝公爲東平太傅。德號大戴，爲信都太傅；聖號小戴，以博士論石渠，至九江太守。由是禮有大戴、小戴、慶氏之學。通漢以太子舍人論石渠，至中山中尉。普授魯夏侯敬，又傳族子咸，爲豫章太守。大戴授琅邪徐良斿卿，爲博士、州牧、郡守，家世傳業。小戴授梁人橋仁季卿、楊榮子孫。仁爲大鴻臚，家世傳業，榮琅邪太守。由是大戴有徐氏，小戴有橋、楊氏之學。

漢書藝文志又說：

漢興，魯高堂生傳士禮十七篇。訖孝宣世，后倉最明。戴德、戴聖、慶普皆其弟子，三家立於學官。

據上引漢書有關記載可知，大戴、小戴承上啓下而傳習的禮學，指的是士禮（即現存儀禮的前身，二者篇次、内容、文字不盡相同，二戴各自傳本的全貌已無從得知），漢書根本没有提到大戴禮記和小戴禮記。

戴德是西漢元帝（公元前四八——公元前三三年）時期的人，生卒年不詳。漢書的作者班固（公元三二——九二年）生活在東漢光武、明帝、章帝、和帝時期，距元帝、成帝時期不及百年。漢書藝文志關於禮十三家的著録是：

禮古經五十六卷。

經十七篇。后氏、戴氏。

記百三十一篇。七十子後學者所記也。

明堂陰陽三十三篇。古明堂之遺事。

王史氏二十一篇。七十子後學者。

曲臺后倉九篇。

中庸説二篇。

明堂陰陽説五篇。

周官經六篇。王莽時劉歆置博士。

周官傳四篇。

軍禮司馬法百五十五篇。

古封禪羣祀二十二篇。

封禪議對十九篇。武帝時也。

漢封禪羣祀三十六篇。

議奏三十八篇。石渠。

凡禮十三家，五百五十五篇。入司馬法一家，百五十五篇。

我們從漢書儒林傳和漢書藝文志的記載中都看不出二戴編撰大戴禮記、小戴禮記的迹象。不過，西漢禮家師弟相傳士禮的同時，還附帶傳習一些有關禮制的參考資料——記。這些「記」是附士禮而行的，也可以說是士禮的附録。漢書藝文志之所以没有單獨著録大戴、小戴的「記」，正足以表明禮家們各自匯輯和傳習的「記」，尚没有成爲離開士禮而獨立傳習的書籍，並不能從而證明禮學家們根本就没有什麽「記」的匯輯。

漢宣帝甘露三年（公元前五十一年），后倉的弟子聞人通漢、戴聖參加了在石渠閣舉行的五經同異討論會議，他們引書中就往往引「記」。如通典卷八三載聞人通漢曰：「記曰：「君赴於他國之君，曰不禄；夫人，曰寡小君不禄。」這兩句話見今禮記中的雜記。這類「記」當時禮家手裏各有多少篇，各自匯輯情況如何，已無從得知。不過，可以肯定的是：除士禮之外，當時禮學家們都各自另有一些用當時通行隸書傳寫的有關禮制方面的「記」，漢書藝文志著録的「記百三十一篇」，其中當有一部分是今文禮家所附士禮而傳習的「記」。

西漢經學立爲官學的是今文學派，强調所謂家法。今文學派的學官博士們，儘管彼此間的學術觀點也存在分歧，而他們對待當時尚未立爲官學的古文學派的敵視態度却頗爲一致。西漢哀帝在位，已經到了西漢的晚期，當時劉歆曾建議把左氏春秋、毛詩、逸禮和古文尚書都建立學官，結果遭到了諸儒、博士們的强烈反對。劉歆在移太常博士書裏指責學官們「保殘守缺」。由此推知，今文學派的學官們既然反對把逸禮等古文經傳立爲官學，那麽，他們自己匯輯和傳習的記中，自然是不會攙入古文經記的。可是從東漢後期流傳至今的所謂大戴禮記、小戴禮記就都攙入了古文經記，從大戴禮記中看，特别明顯的就是逸禮和周官。當代學者洪煨蓮先生在他的儀禮引得序中十分精闢地指出：

> 奔喪、投壺皆逸禮也。大戴亦后倉弟子，奈何自破家法，收用逸禮？且試讀朝事篇中引周官大行人，而曰禮大行人。夫周官「既出于山巖屋壁，復入于秘府，五家之儒，莫得而見」，至劉歆校理秘書時，始列於録略。時衆儒並出，共排以爲非是」。戴德卒於何時，不可考。然彼不居「莫得而見」周官之列，必亦在排斥周官「以爲非是」之輩。何至引用周官，稱之爲禮哉？然則大戴並未嘗纂集後漢所流行之大戴禮也。大戴不曾爲之，小戴更何從而删之哉！

西漢平帝時期，王莽當政，尊崇古文經學，將左氏春秋、毛詩、逸禮、古文尚書立于學官。東漢王朝建立之後，國家立經十四博士，都是今文經學，禮是大戴、小戴，把王莽所立的各種古文經學再次地排斥在官學之外。儘管如此，由于古文經學已大興於世，這時的家法、學風，從整個情況來看，已經不像西漢時期那麽涇渭分明了。大多數今文學派的學者、禮家，爲了適應朝廷禮制上的需要，爲了自己的功名利祿，勢不能滿足於「保殘守缺」的傳習士禮，所以此時在禮學方面逐漸形成了一種「博學洽聞，通貫古今」的學風。自然在他們傳習的禮學資料方面，也就相應的逐漸趨向兼收並蓄，因而其中增添了一些古文經記，也就不足爲怪的了。

不難設想，從大戴、小戴到鄭玄這二百多年之間，禮學家們附士禮而傳習的有關資料的匯輯本，應當是很多的。這類匯輯本，每種所輯的文章，不都是出於一個時期，作者不是一人，乃至學派也非止一家。某個匯輯本的選輯者即使開始是出自一時一人之手，由于是附士禮而傳習的資料，沒有定型而單獨成書，師弟傳鈔，自然不免隨時間的遷移、風氣的影響和個人的好惡而有所删益。這類匯輯本經過長時期的流傳變化，在今古經學界限趨向混合的影響下，逐漸攙進了古文經記。多數選輯本總要被少數選輯本淘汰的。到了東漢中期，大多數「記」的選輯本先後被淘汰，形成和保留了八十五篇本和四十九篇本。前者篇數較多，遂稱之爲大戴禮記；後者篇數較少，遂稱之爲小戴禮記。後人又附會出大戴删古記爲八十五篇、小戴删大戴爲四十九篇的説法。其實這兩部書只可以説是掛着西漢禮學大師戴德、戴聖牌子的兩部儒學資料雜編，它們既不是大戴、小戴所分别傳習的士禮，也不是二戴各自附士禮而傳習的「記」的匯輯本的原貌。

東漢後期的學者鄭玄給收録四十九篇文字的所謂小戴禮記（即禮記）做了出色的注釋，這就使它擺脱了對士禮的附屬地位而獨立成書，從而逐漸比較廣泛的爲人所傳習。到了唐朝，政府把它升列爲「經書」，成了一般士人必讀的書籍。而八十五篇的所謂大戴禮記就很少有人傳鈔研讀了。幸虧北周學者盧辯給大戴禮記做了注解，不然的話，這部古記匯編恐怕早已全部亡佚了。

大戴禮記到底競争不過小戴禮記，到了唐代就佚失了四十六篇，留存至今的只有三十九篇。佚失的篇次是：第一篇至第三十八篇，第四十三篇至第四十五篇，第六十一篇，第八十二篇至第八十五篇，共四十六篇。現存的篇目數次中有兩個第七十三篇，即「諸侯遷廟第七十三」和「諸侯釁廟第七十三」，則共爲四十篇。但「盛德第六十六」和「明堂第六十七」實爲一篇，都屬「盛德第六十六」，不應該分作兩篇，則現存的仍應爲三十九篇。下面篇目的數次上移，則「諸侯遷廟」爲「第七十二」了，避免了重出，恢復了原貌。

大戴禮記這部資料匯輯，編定於東漢時期，收録的文章都産生在公元之前，其中有很多篇屬於戰國時期的作品。夏小正一篇，相傳是夏代遺書。史記夏本紀說：「孔子正夏時，學者多傳夏小正。」這是我國現存的一部最古老的月令。這篇文字按十二月的順序，詳細地記載大自然包括天上星宿、大地生物的相應的變化，形象地反映了上古人民對時令氣候的認識。

大戴禮記是研究上古社會情況特別是儒家思想的重要資料。如孔子三朝記和曾子十篇之於儒家學說的探討，五帝德、帝繫之於上古世系的考察，諸侯遷廟、諸侯釁廟、投壺、公冠之於古代禮制之研究，都是相當重要的文字。

大戴禮記和它的盧辯注，自唐宋以來不僅佚失泰半，就以所存留的三十九篇而言，也是「譌舛幾不可讀」。況且盧辯注本身也失之簡略，該注沒注的地方很多，已注的也每有失當之處。清代學者們對這部書的校勘、注釋做出了傑出的貢獻。在注解方面，通注全書的以孔廣森的大戴禮記補注和王聘珍的大戴禮記解詁爲最有名。應該說，他們的整理訓釋工作，給此書的讀者們提供了很大的方便。

王聘珍，字貞吾，號實齋，南城人，清乾隆年間的學者，一生沒有做過官。他誦習、研讀大戴禮記三十多年，寫成大戴禮記解詁十三卷，目録一卷，這是他平生精心之作。他對正文校勘的特點是：反對據他書如孔子家語以及唐宋類書來增删大戴禮記的字句，「惟據相承舊本，不復增删改易。其顯然譌誤者，則注云某當爲某；抑或古今文異，假借相成，依聲託類，意義可通，則注云某讀曰某而已」（見本書自叙）。他對正文注解的特點是：「禮典器數，墨守鄭義；解詁文字一依爾雅、説文及兩漢經師訓詁。有不知而闕，無杜撰之言」（見本書自敍和清史稿儒林傳）。

我們認爲王聘珍整理古籍的謹慎態度是首先應該肯定的。他對大戴禮記正文不事增删，一仍其舊，在維護相傳舊本原貌的前提下，根據古訓隨文施注，確實做出了顯著的成績。不過他那一概排斥他校的做法，畢竟不是十分妥當的方法。這一做法的弊病就在於：保持舊本原貌的同時，也未免曲護了舊本中的一些舛譌脱衍。另外，王聘珍以爾雅、説文及兩漢經師訓詁來解釋大戴禮記正文，有不少地方確實能够幫助讀者掃除障礙，收到了發蒙解惑的效果。如曾子立事篇：「來者不豫，往者不慎也。」盧注云：「慎故於物，來者不猶豫，往者無所慎。」不知所云。而王氏解詁據爾雅訓「豫」爲「樂」，據方言、廣雅釋「慎」爲「憂」，從而揭示了文意。再如曾子事父母篇：「兄之行若不中道，則養之。」盧注云：「養猶隱之。」似無助於理解。王氏解詁云：「養讀若『中心養養』，憂念也。」引詩二子乘舟訓明「養」字，文義遂豁然開朗。按：盧注亦自不誤。隱，痛也，憂也。詩柏舟「耿耿不寐，如有隱憂」，國語晉語「隱悼播越」，孟子梁惠王「王若隱其無罪而就死地」，是其例證。惟盧注只説「養猶隱之」，就不如王氏解詁義據明確了。但王氏也有多處不免著意穿鑿而遠離原意。如曾子立事篇：君子「行自微也，不微人」。解詁云：「微，隱也。行自微，謂隱行善事也。不微人者，謂非陰密不使人知也。」殊爲迂曲，似不如孔廣森補注釋「自卑而尊人」簡當。同篇：「己雖不能，亦不以援人。」解詁云：「援猶引也，取也，謂引取人之能以爲能也。」亦不如孔氏補注「不引人以自解」切合文旨。按：引人以自解，常人之情；取人能爲己能，雖常人亦不屑爲，遑論「君子」。再如曾子疾病篇：「與君子游，苾乎如入蘭芷之室，久而不聞，則與之化矣；與小人游，貸乎如入鮑魚之次，久而不聞，則與之化矣。」解詁據釋名解貸爲貸騃，不相量事之稱，「謂人以身入小人之類，與之俱化，是以其身貸予之也」。牽强附會而不顧詞法。王念孫據廣雅謂貸、膩、戲皆膱字之訛，膱，臭也。實爲勝解。再如子張問入官篇：「故君子莅民不臨以高，不道以遠，不責民之所不能。今臨之明王之成功，而民嚴而不迎也；道以數年之業，則民疾，疾則辟矣。」解詁云：「明王之成功，不高不遠，民所能從者。嚴，敬也。迎讀曰逆。不逆謂不違背也。」所解顯與正文中「不臨以高」之旨乖牾。按盧注云：「明王之民，比屋可封，苟欲齊之，則憚而不能迎致王命。」深得文旨。依盧注，則嚴訓畏憚，迎讀如本字，意謂今日當政者不顧實際，遽以往昔明王之政績，責成今日人民倉促實現之，則人民畏難而不樂意接受政令。文意甚明。

像這樣雖利用古訓而失原旨的地方還有些。所以我們覺得阮元在大戴禮記解詁敍中稱贊這書「爲孔撝約諸家所不及」，自是一時溢美之辭。不過，從全書看來，還是瑕不掩瑜的。可以這麼説，王聘珍的解詁和孔廣森的補注，同是研讀大戴禮記一書不可偏廢的注本。

我點校這本大戴禮記解詁，是以清光緒十三年廣雅書局刻本做底本，同咸豐元年家刻本進行了對校，注解中的引書，大部分核對了原書，凡有所校正，都在當頁出了校記。對大戴禮記正文的標點，儘量細繹王氏的解釋文字，根據他的理解來斷句。比如二一〇頁第一行有一句，按文意應該點作「蜂蠆挾螫而生，見害而校，以衞厥身者也」才對。而王氏解詁說：「生，謂人物之生。校以衞厥身，言作爲戰陳號令以利其身，所謂貪也。」那麽，我們只得按照他的理解點成：「蜂蠆挾螫，而生見害，而校以衞厥身者也。」對這三十九篇文字，絕大部分根據内容劃分了段落，個别簡短而語句零碎的篇章就不再分段，以免支離。

希望這個點校本能給讀者提供些方便，惟限於水平，難免對正文和王氏解詁的理解有誤，從而在校勘、標點以及分段各個方面出現些偏差，敬希讀者熱心指正。

王文錦

一九八二年五月

本書檢目

大戴禮記解詁敍録

揚州阮中丞敍曰：「南城王君實齋著大戴禮記解詁十三卷，目録一卷。其言曰：「大戴與小戴同受業於后倉，各取孔壁古文記，非小戴删大戴，馬融足小戴也。禮察、保傅語及秦亡，乃孔襄等所合藏，是賈誼有取於古記，非古記采及新書也。三朝記、曾子乃劉氏分屬九流，非大戴所裒集也。」其校經文也，專守古本爲家法，有懲於近日諸儒妄據他書徑改經文之失。其爲解詁也，義精語潔，恪守漢法，多所發明，爲孔撝約諸家所未及。能使三千年孔壁古文無隱滯之義，無虚造之文，用力勤而爲功鉅矣。元從北平翁覃谿先生得識王君。王君厚重誠篤，先大夫敬之，以爲有古人風，延教家塾子弟者有年。王君書成，屬序於元。元更出元素校大戴本付王君。王君或以己所校者衡量之，加以棄取，别爲大戴記作釋文數卷，不更善乎！嘉慶十二年，揚州阮元敍於揅經室。

山陽汪閣學敍曰：「嘉慶丙寅冬，予視學江西，阮芸臺同年以書來，極道南城王君實齋之賢，未之見也。己巳季夏，君將以拔萃就博士選，循例謁予章門，因出其所著大戴記解詁目録見示。予受讀之。學古而識卓，理精而論篤。其推明大戴記爲孔壁古文，非小戴删餘；

語及秦亡，乃孔襄所合藏，賈誼所稱引，非大戴取賈誼書；七略分隸六蓺、諸子，乃劉氏裒大戴，非大戴輯他說：皆確鑿有根據，不可移易。其斥後人據王肅私竄之家語及唐宋人類書、世俗坊本改定本經，尤切中近世儒人浮華好異、蔑古不根之失。雖其全書未獲卒業，然觀其發凡大旨，禮典器數，墨守鄭義，解詁文字，一依爾雅、說文及兩漢經師。有不知而闕，無杜撰之言，殆庶幾古人實事求是之學，而異於世之剽竊附合、堅僻自是以夸世俗者，其亦遠矣。予於是經無所自得，慚承下問，輒書數語歸之，以志服膺，並以質之芸臺。山陽汪廷珍。

歙凌進士敍曰：南城王實齋先生著大戴禮記解詁十三卷，研求古訓，理精義密，足矯以臆說經之弊。其言曰：「近代以來，人事校讎，或據王肅私定家語，改易經文，是猶聽信盜賊，研審事主也。又或據唐宋類書所引，增删字句，是猶舍當官案牘，而求情實於風聞也。」故其所釋，惟據相承舊本，不敢以他書增删改易。用力之勤，凡二十餘年。其於大傅禮，可謂有功矣。嘉慶戊辰歲八月，晤先生於浙西，先生不以爲鄙，發篋見示。廷堪於是書所得甚淺，既無以益之，於是舉其卓絕之識，書諸簡末，以告世之好學深思者。同門年愚弟歙凌廷堪識。

揚州汪編修敍曰：昔朱子謂大戴禮注當是鄭康成所爲。此疑辭，無實據。所引有魏晉人語，必非鄭注可知。周書盧辯傳稱辯少好學，以大戴禮無解詁，乃注之，其兄景裕比於侍中注小戴。〔一〕今存盧注只八卷，未可爲全書也。乾隆年盧召弓先生以元時本校定脱誤，而未解詁。南城王實齋先生惜舊注之少，且後人所改不盡允當，乃融會鄭氏説經諸書，分節注之。如「五義」義字，據周禮注讀若儀；「五鑿」五字釋若忤；青史子引漢書「君子養之」，讀若「中心養養」之養。皆能根據經史，發蒙解惑，非不根之説也。夫小戴禮須立學官，世咸讀之。大戴禮篇目錯誤，文多晦澀，世多不讀，讀亦不熟。今此書出，義理瞭如，不特爲大戴功臣，其有益於學校匪淺也。萬儀堂孝廉，南城後進之士也，攜以示余，謂將付手民。余欽實齋先生之學，而嘉萬生之好學也，謹讀而序之。時在道光庚戌三月，揚州後學汪廷儒拜譔。

自敍曰：劉向別録云：「古文記二百四篇。」古文者，孔子壁中書也。漢書藝文志云：「武帝末，魯共王壞孔子宅，欲以廣其宮，而得古文尚書及禮記、論語、孝經凡數十篇，皆古字也。」又云：「禮古經者，出於魯淹中，及孔氏學七十篇文相似，多三十九篇。及明堂陰陽、王史氏記所見，多天子諸侯卿大夫之制，雖不能備，猶瘉倉等推士禮而致於天子之説。」其目有記百三十一篇，明堂陰陽三十三篇，王史氏二十一篇。此禮記之所由來，惟孔氏壁中之

〔一〕「中」原訛「宗」，據周書盧辯傳改。

本也。孔穎達曲禮疏曰：「鄭康成六藝論云，戴德傳記八十五篇，則大戴禮是也。戴聖傳記四十九篇，〔一〕則此禮記是也。」晉司空長史陳邵周禮論敘云：「戴德删古禮二百四篇爲八十五篇，謂之大戴禮。」此大戴之書，篇數具在，惟取於孔壁古文，未嘗闌入諸家也。或曰：「壁藏之書，當在先秦，今禮察、保傅篇中，皆有秦二世而亡之語，與賈誼新書同，得無大戴取於賈氏書乎？」聘珍曰：顔注漢志引家語云：「孔騰字子襄，藏書於夫子舊堂壁中。」而漢記尹敏傳，云孔鮒所藏。案史記，孔鮒爲陳涉博士，固在亡秦之時；而子襄爲漢惠博士，則秦亡久矣。漢惠本紀「四年，除挾書律」。張晏注云：「秦律，敢有挾書者族。」然則漢惠四年以前，皆是藏書之日。而古文記二百四篇，亦非出於一時一人之手，若禮察、保傅諸記，乃楚漢間人所爲，合於二百四篇之中，而爲孔氏所藏；亦别有流傳在外之本，而爲賈氏所取。此賈書有取於古記，非古記有待於賈書也。又大戴禮有孔子三朝記七篇，曾子十篇，皆是古文記二百四篇中書。自劉氏總羣書而奏七略，序六藝爲九種，分諸子爲九流，於是出三朝記於論語之類，出曾子於儒家者流，此又劉氏剖析傳記，而非大戴采取諸家也。今小戴禮記燦然具備，而大戴之篇祇存四十。隋書經籍志謂戴聖删大戴之書爲四十六篇，漢末馬融足月令一篇，明堂位一篇，樂記一篇。其説頗爲附會。蓋因大戴八十五篇之書，始於三十九，終於八

〔一〕「記」孔穎達曲禮疏作「禮」。

十一，其中又無四十三、四十四、四十五、六十一四篇，多出第七十三一篇。隋志又別出夏小正第四十七一篇，則存三十九而闕四十六，故支離其辭，以爲小戴所取耳。豈知月令、明堂位劉向別錄並屬明堂陰陽，固古文三十三篇之內者也。而樂記疏引劉向別錄云：「禮記四十九篇，樂記第十九。」則樂記之入禮記，自劉向所見本已然矣，又何待於馬融之足哉！且當時古本具在，大小戴同受業於后倉之門，小戴又何庸取大戴之書而刪之！蓋二家俱就古文記二百四篇中，各有去取，故有大戴取之，小戴亦取之，如哀公問、投壺等篇者也。況大戴所闕之篇，其名往往見於他書，如王度記、辨名記、政穆篇之類，皆不在於小戴記中，豈得以大戴闕篇，卽小戴全篇邪？夫以大戴之書，同是聖賢緒餘，自古未立學官，兩漢經師不爲傳注，陸德明不爲音義，迄無定本。後周盧辯雖爲之注，然而隋唐宋志並不著録，則其書傳者蓋寡，是以闕佚過半，其存者亦譌變不能卒讀。自時厥後，未有專家。近代以來，人事校讎，往往不知家法。王肅本點竄此經，私定孔子家語，反據肅本改易經文，是猶聽信盜賊，研審事主，有是理乎？又或據唐宋類書，如蓺文類聚、太平御覽之流，增刪字句，或云據永樂大典改某字作某，是猶折獄者舍當官案牘，兩造辭證，而求情實於風聞道路，得其平乎？是非無正，人用其私，甚者且云「某字據某本作某」，豈知某本云者，皆近代坊賈所爲，其人並無依據，是直向聾者而審音，與盲人而辨色。凡茲數端，大率以今義繩古義，以今音證古音，以今文易古文，遂使孔壁古奥之經，變而文從字順，洵有以悦俗學者之目，然而經文變矣，經義當由茲而亡，可不懼哉！聘珍今爲解詁十三卷，目録一卷，與諸家所見，未敢雷同，惟據相承舊本，不復增删改易。其顯然譌誤者，則注云某當爲某；抑或古今文異，假借相成，依聲託類，意義可通，則注云某讀曰某而已。其解詁專依爾雅、説文及兩漢經師訓詁以釋字義；於古訓之習聞者，不復標明出處；稍涉隱奥，必載原書；亦復多引經傳，證成其義。閒有不知而闕，必無杜撰之言。舊説有可采者，則加「盧注云」以别之。至於禮典之辨，器數之詳，壹以先師康成緒論爲主，以禮本鄭氏專門之學，而其學則聘珍生平所私淑諸人者也。未免膏肓之疾，難辭墨守之愆。以云有功經學，實所不敢，但於三千年來天壤孤經，亦可謂盡心焉爾已。憶垂髫受書，家父口授此經，聘珍年纔幼學，迄今誦習三十餘年矣！爲茲解詁，稿凡數易，亦歷有年所，不但稟承家學，抑亦博問通人。今檢其簡札，弁諸書首，以誌師友淵原，著書歲月，庶傳諸將來，知非鄉壁虚造者也。南城王聘珍。

大戴禮記解詁目録

主言第三十九 廣雅云：「主，君也。」主言者，君天下之言也。曲禮曰：「君天下曰天子。」誥志曰：「主祭於天曰天子。」曾子曰：「聖人爲天地主，爲山川主，爲鬼神主，爲宗廟主。」是也。王肅私定孔子家語，盜竊此篇，改作「王言」，俗儒反據肅書，改竄本經，亦作「王言」，非是。始於三十九者，已上三十八篇皆佚也。

哀公問五義第四十 義讀曰儀。周禮「以儀辨等」，鄭注云：「故書『儀』或爲『義』，杜子春讀爲儀。」又周禮：「凡國之大事，治其禮儀。」鄭注云：「故書『儀』爲『義』。鄭司農云：『義讀爲儀。古者書儀但爲義，今時所謂義爲誼。』」聘珍謂：鄭云故書者，古文書也。大戴禮記是刪取孔壁之書，雖經改寫，間存古文。俗儒據荀子書改「義」作「儀」者，非是。名曰五義者，篇中所云庸人、士、君子、賢人、大聖是也。

哀公問於孔子第四十一 此於小戴記爲哀公問第二十七。孔疏云：「鄭目録云：『名曰哀公問者，善其問禮，著謚顯之也。此於別録屬通論。』但此篇哀公所問，凡有二事，一者問禮，二者問政，問禮在前，問政在後。」

禮三本第四十二 名曰禮三本者，本經曰：「禮上事天，下事地，宗事先祖而寵君師，是禮之三本也。」篇中多推明反本修古、不忘其初之事。史記禮書采取此篇爲之。古文禮記是與尚書等經，同出孔壁，孔氏安國盡得其書。司馬遷嘗從安國問，故遷書多古文說。此類皆是，不獨爲尚書也。

已上卷一，凡四篇。

禮察第四十六此篇之前，第四十三、四十四、四十五，三篇並闕，而此篇亦多譌竄。自篇首至「倍死忘生之禮衆矣」，同小戴記經解第二十六。自「凡人之知」以下，漢書賈誼傳有之。篇首稱「孔子曰」，後言「秦王子孫誅絶」，當中顯有譌脱之處。案：漢書藝文志所載「記百三十一篇」，班氏自注云：「七十子後學者所記也。」不言其爲何時之人，諒非一時同出者也。楚漢之間，如陳涉博士之徒，皆其支流餘裔，豈不發憤著書。然則禮察、保傅等篇，皆是楚漢間人所爲，同在古文記二百四篇之中，大戴取之以爲記，賈誼亦采以爲書，而班氏又潤色賈書以入史。故此篇中有問「爲天下何如」，又有「今子或言」云云，並非上疏之體也。

夏小正第四十七禮運曰：「孔子曰：『我欲觀夏道，是故之杞，而不足徵也，吾得夏時焉。』」鄭注云：「得夏四時之書也。其書存者有小正。」史記云：「孔子正夏時，學者多傳夏小正。」案：古文記皆七十子後學者所爲，而夏小正亦二百四篇中之一，太史公所云學者，即班氏所云七十子後學者也。太史公所云「傳夏小正」，即是就小正元書而爲之傳者也。篇中原自有經有傳。知者，鄭注月令引夏小正者九，如「正月啟蟄」、「魚陟負冰」、「農率均田」、「丁亥萬舞入學」、「妾子始蠶」、「九月丹鳥羞白鳥」、「十一月王狩」，皆是經文首句，故直稱爲「夏小正曰」。獨於「丹鳥羞白鳥」之下，引「丹鳥也者，謂丹良也」云云，則以「説曰」二字別之。「説曰」者，即傳者之説也。是鄭所見本，原自有經有傳，此其明證也。又郭注爾雅，有引「夏小正曰」者，有引「夏小正傳曰」者，則小正之有經有傳，至晉時猶未譌也。隋書經籍志，大戴禮記十三卷外，有「夏小正一卷，戴德撰」。後人遂相承以夏小正乃大戴自爲，無分經傳。不知大戴祇就古文記刪取成書，未嘗自作。隋志所云「戴德撰」者，謂其書從大戴禮記中出，並非謂其自作也。宋有傅崧卿倣杜氏春秋左傳集解之例，釐析經傳，亦非大戴之舊云。

已上卷二，凡二篇。

保傅第四十八名曰保傅者，本經曰：「保，保其身體；傅，傅之德義。」蓋古者教王大子之禮也。賈誼新書保傅、傅職、容經、胎教等篇，與此大同小異，自篇首「殷爲天子」至「此時務也」，〔一〕漢書賈誼傳亦有之，字句小有詳略。漢書昭帝紀，詔曰「修古帝王之道，通保傅傳」，即謂此篇，是古又有保傅傳之名也。班氏白虎通引此篇語，稱「禮保傅曰」，是此篇本古文禮記，蓋楚漢間人所爲，其人亦七十子後學之流。漢初並在古文二百四篇之中，出自孔壁，故當時即以列於孝經、論語、尚書之類，而進之於君。而賈誼所從而采摭潤色以成一家之言者，則在外流傳之本，亦如古文尚書出自孔壁，而先有今文行於世，特其篇數多寡不同耳。俗儒不能沿流溯源，猥以大戴取於賈誼之書，則此篇之末又見於劉向說苑，豈大戴復取於劉向書耶？蓋古人之書，名曰著述，采取者博，如史記明是采世本、左傳、國語、國策所爲，呂覽、淮南亦非盡出一手，賈氏之書亦何必不有取於古記也。

已上卷三，凡一篇。

曾子立事第四十九此篇言博學、審問、慎思、明辨、篤行之事。名曰立事者，君子所以立身行道也。此以下十篇，題首並云「曾子」者，蓋曾子之後學者，論撰其先師平日所言立身孝行之要，天地萬物之理，同在古文記二百四篇之中，並出於孔氏壁中者也。漢書藝文志，儒家有曾子十八篇，班氏自注云：「名參，孔子弟子。」是即禮記中之本。自劉氏析羣書爲七略，乃從禮記類中出之於儒家者流，藝文志乃因劉氏之舊耳。當日大戴定禮記，祇就古文二百四篇，或刪或取，未嘗汎及諸子也。白虎通喪服篇引禮曾子記曰：「大辱加於身，皮體毀傷，即君不臣，士不交，祭不得爲昭穆之尸，食

〔一〕「殷」原訛「夏」，據保傅正文改。

不得昭穆之牲，死不得葬昭穆之域。」今案：大、小戴記中並無此文。則班氏所稱「禮曾子記」者，自是大戴佚篇中文也。據此，則曾子記十八篇，大戴所取必不止此十篇，惜卷帙散亡，不可考矣。

曾子本孝第五十 名曰本孝者，本經曰：「忠者，其孝之本與！」蓋孝必本於忠也。說文云：「忠，敬也。」篇中所言，皆敬其身以敬父母之事。

曾子立孝第五十一 名曰立孝者，本經曰：「君子立孝，其忠之用，禮之貴。」盧氏注云：「有忠與禮，孝道立。」

曾子大孝第五十二 名曰大孝者，孝以尊親爲大，亦舉篇首之字爲篇題也。其中兼言天子諸侯卿大夫士之孝，小戴記祭義第二十四與此同。又裒取他篇以益之，主言祭祀齊戒薦羞之義，不專爲曾子書，故於別録屬祭祀也。

曾子事父母第五十三 名曰事父母者，論語曰：「事父母幾諫。」篇中主言幾諫之義，並及事兄使弟之道。已上四篇與孝經之言相發明。仲尼弟子列傳云：「孔子以曾參爲能通孝道，故授之業，作孝經。」

已上卷四，凡五篇。

曾子制言上第五十四 制，法也。曾子多篇皆篇首文字標題，制言別撰名目者，是後學纂述先師之語，比諸先王之法言也。三篇之中，主言行禮秉德、居仁由義、進退不苟之事，以簡策重多，分爲上中下三篇。

曾子制言中第五十五

曾子制言下第五十六

曾子疾病第五十七 名曰疾病者，疾病時之言也。本經曰：「尊其所聞，則高明矣。行其所聞，則廣大矣。」曾子生平進德修業之功，亦可見矣。

曾子天圓第五十八　名曰天圓者，亦以篇首文字標題。篇中發明天地陰陽、禮樂律厤之道。曾子述所聞於孔子，以示後學者也。

已上卷五，凡五篇。

武王踐阼第五十九　武王克殷，踐天子位，受書於師尚父，退而自爲戒書，著於物以自警。此記者紀録舊聞也。

衞將軍文子第六十　名曰衞將軍文子者，善其能咨訪聖門之賢才，著其官號以顯之也。史記仲尼弟子列傳多取此篇語。太史公曰：「弟子籍出孔氏古文，近是。」則古文記二百四篇中，尚有弟子籍篇名也。

已上卷六，凡二篇。

五帝德第六十二　此已前闕第六十一一篇。史記五帝本紀云：「孔子所傳宰予問五帝德及帝繫姓，儒者或不傳。余嘗西至空峒，北過涿鹿，東漸于海，南浮江淮矣，至長老皆各往往稱黃帝、堯、舜之處，風教固殊焉，總之不離古文者近是。」三代世表云：「余讀諜記，黃帝以來皆有年數。稽其厤譜諜終始五德之傳，古文咸不同，乖異。夫子之弗論次其年月，豈虛哉！」聘珍謂：史遷所云古文者，即此五帝德及帝繫二篇也。二篇皆在禮記二百四篇之中，與古文尚書等經同出孔壁，故謂之古文也。此五帝本紀、三代世表之所本，亦史遷所據以考訂古厤譜諜記傳之異同者也。蓋古文初出屋壁，孔安國悉得其書，班氏謂馬遷嘗從安國問，故遷書多古文説是也。

帝繫第六十三　周禮瞽矇職曰：「世奠繫。」鄭注云：「故書『奠』或爲『帝』。」杜子春云：「帝讀爲定，其字爲奠，書亦或爲奠。世奠繫謂帝繫，諸侯卿大夫世本之屬是也。小史，主次序先王之世，昭穆之繫，述其德行。瞽矇諷世繫，以勸戒人君也。故國語曰：教之世，爲之昭明德而廢幽昏焉。』」據此，則帝繫本古史之流。而大戴禮記中此篇，則七十子後學者紀録舊文，即史記所云孔子所傳宰予問五帝德及帝繫姓者是也。漢武之際，出自孔壁，寫以蝌蚪，故史遷謂之古文焉。索隱云：「案大戴禮有五帝德及帝繫篇，蓋太史公取此二篇之諜及尚書，集而紀黄帝以來爲系表也。」

勸學第六十四文有與管子、荀子同者，當是記者采摭諸書而潤益之。亦有見於劉向説苑者，是又從此經采取者也。説者以爲荀況書云。

子張問入官第六十五鄭注雜記云：「官猶仕也。」問入官者，問爲仕之道，聖人告以南面臨民，恢之彌廣，君國子民，不外是也。

已上卷七，凡三篇。

盛德第六十六此於古記當屬明堂陰陽。名曰盛德者，鄭注甘誓云：「五行，四時盛德所行之政也。」明堂月令曰：「立春盛德在木，立夏盛德在火，立秋盛德在金，立冬盛德在水。」明堂順五行之德，故謂明堂爲盛德，蓋三十三篇中之一也。

明堂第六十七此篇專言明堂之制，故篇題直曰明堂也。於古記亦當屬明堂陰陽。許氏五經異義引此經文，稱爲盛德記，以盛德亦是明堂之記，故通稱之也。漢書藝文志有明堂陰陽三十三篇，而無盛德之名，猶後人稱盛德而不別著明堂之名也。鄭氏異義駮云：「禮戴所云，雖出盛德記，及其下顯與本異章，九室三十六户七十二牖，似秦相吕不韋作春秋時，説者所益。」今案：吕氏春秋禮家鈔爲月令者，劉向別録屬於明堂陰陽。是大戴禮記中明堂篇目，自是古本所有，不可泥也。俗儒或據異義所引，合并此篇於盛德篇中，删去明堂第六十七篇題者，非是。

已上卷八，凡三篇。

千乘第六十八此於三朝記爲第一。漢書藝文志論語類，孔子三朝記七篇。蜀志秦宓傳云：「昔孔子三見哀公，言成七卷。」裴注云：「劉向七略曰：『孔子三見哀公，作三朝記七篇，今在大戴禮。』臣松之案：中經部有孔子三朝八卷，一卷目録，餘者所謂七篇。」王伯厚云：「孔子三朝志七篇，今考大戴禮，千乘、四代、虞戴德、誥志、小辨、用兵、小閒是也。」聘珍謂：此七篇亦七十子後學者所記，原在古文記二百四篇之中，故大戴采而録之。自劉氏七略乃別出於論語類中，亦如曾子記別出於儒家類也。

四代第六十九此於三朝記爲第二。

虞戴德第七十此於三朝記爲第三。

誥志第七十一此於三朝記爲第四。

已上卷九，凡四篇。

文王官人第七十二此記者紀録舊聞也。文與周書官人解第五十八，大同小異。周書序云：「成王訪周公以民事，周公陳六徵以觀察之，作官人。」據此，則事屬成王信矣。大戴禮記作文王者，記者所聞異辭也。但如周書作「周公曰亦有六徵」云云，訓體也。大戴作「王曰嗚呼」云云，誥體也。誥當爲文王。

諸侯遷廟第七十三諸侯遷廟者，禮古經五十六篇中之篇名，此乃其記也。亦如儀禮各篇之記然。漢書藝文志云：「禮古經者，出於魯淹中，及孔氏學七十篇文相似，多三十九篇。及明堂陰陽、王史氏記所見，多天子諸侯卿大夫之制，雖不能備，猶瘉倉等推士禮而致於天子之說。」卽此類是也。此篇乃諸侯三年喪畢，遷新死者之主於祖廟。舊說並云「練而遷廟者」，非是。說詳篇中。

諸侯釁廟第七十三諸侯釁廟者，亦禮古經五十六篇中之篇名，而此乃其記也。記諸侯既成祖廟，殺牲釁之之事。小戴入於雜記下第二十一。篇次重云七十三者，本經闕文之後，簡編俱錯亂，不可考矣。

已上卷十，凡三篇。

小辨第七十四此於三朝記爲第五，大戴原本自當與誥志篇相接。今本中隔文王官人、諸侯遷廟、諸侯釁廟三篇者，大戴篇次並爲後人所亂也。

用兵第七十五此於三朝記爲第六。漢書高帝紀云：「祭蚩尤於沛庭。」臣瓚曰：「孔子三朝記云：蚩尤，庶人之貪者。」師古云：「瓚所引者同是大戴禮，出用兵篇，而非三朝記也。」聘珍謂：劉向七略云：「孔子三見哀公，作三朝記七篇，今在大戴禮。」而漢書劉向傳載向疏云：「昔孔子對魯哀公，並言夏桀、殷紂暴虐天下，故厤失制，攝提失方，孟陬無紀」云云，正是用兵篇文，劉向以爲孔子對哀公之辭，則爲三朝記明矣。師古謂用兵篇非三朝記，又云「大戴禮有三朝記一篇」，並非是。

少閒第七十六此於三朝記爲第七。

已上卷十一，凡三篇。

朝事第七十七鄭注周禮大行人，云「朝事儀曰：奉國地所出重物而獻之，明臣職也」；注儀禮覲禮，云「朝事儀曰：天子冕而執鎮圭，尺有二寸，繅藉尺有二寸」云云。並是此經之文，而稱曰「朝事儀」，是古本篇題原有「儀」字，後乃脱去耳。經文多同周禮典命、大行人、小行人、司儀、掌客諸職及小戴記聘義篇，是記者鈔録舊聞，以爲禮經之記者也。

投壺第七十八小戴記投壺第四十孔疏云：「案鄭目録云：『名曰投壺者，以其記主人與客燕飲，講論才藝之禮。此於别録屬吉禮，亦實曲禮之正篇。』是投壺與射爲類，此於五禮宜屬嘉禮也。或云宜屬賓禮。」聘珍謂：此經篇末附射事及貍首之詩，所云與射爲類是也。但篇中多闕文錯簡，恐出於孔壁簡滅札爛，小戴取其明文著於篇，大戴則仍古本而存之，非盡亂於大戴既刪之後也。

已上卷十二，凡二篇。

公符第七十九「符」當爲「冠」之譌。通典嘉禮注引譙周五經然否論，云「禮公冠記周公冠成王」云云，是古本作「公冠」。公謂諸侯也。儀禮士冠記曰：「公侯之有冠禮也，夏之末造也。」左氏襄九年傳曰：「君冠必以祼將之禮行之，以金石之樂節之，以先君之祧處之。」是諸侯之有冠禮，當在禮古經五十六篇之中，此篇乃其記也。篇末有孝昭冠辭及祭天、祭地、祭日祝辭，是後人竄入，非大戴原書所有也。知者，劉昭注續漢書禮儀志云：「冠禮曰：『成王冠，周公使祝雍曰：「辭達而勿多也。」祝雍曰：「近於民，遠於年，遠於佞，近於義，嗇於財，任賢使能。」』博物記曰『孝昭帝冠辭曰：陛下擒顯先帝之光曜』」云云。所引冠禮，卽此經之文也。文止於「任賢使能」。其下另引博物記中語，若果在此篇之中，劉氏又安用加「博物記曰」以別之，其爲後人竄入無疑矣。今因舊本，存諸篇末。

本命第八十名曰本命者，本經曰：「分於道之謂命。」篇中言男女居室、喪服之事，亦禮家雜記，推本於性命也。

易本命第八十一此篇蓋亦明堂陰陽之流。名曰易本命者，篇中主言測物窮理、盡性致命之事，終之以蓍龜，而統之以乾坤也。鄭云「大戴記八十五篇」，此以下闕四篇也。

已上卷十三，凡三篇。

大戴禮記解詁卷一

主言第三十九

孔子閒居，曾子侍。鄭氏三禮目録云：「退燕避人曰閒居。」仲尼弟子列傳云：「曾參，南武城人，字子輿。」

孔子曰：「參！今之君子君子，在位者之通稱。惟士與大夫之言之閒也，其至於君子之言者，甚希矣。白虎通云：「士者，事也，任事之稱也。大夫職在於適四方，受君之法，施之於民。帝王或稱君子何？道德之稱也。」聘珍謂：閒猶中也。君子者，君上位，子下民。希，罕也。言今之在位者所言，不出於任事奉法之中，罕聞君國子民之大道也。於乎！吾主言其不出而死乎？哀哉！」廣雅云：「主，君也。」主言謂君子之言。楊注荀子云：「出，行也。」史記云：「孔子曰：我欲載之空言，不如見之於行事之深切而著明也。」

曾子起曰：「敢問何謂主言？」曲禮曰：「請業則起，請益則起。」孔子不應。曾子懼，肅然摳衣下席，曰：「弟子知其不孫也。得夫子之閒也難，是以敢問也。」應，以言對也。肅然，敬貌。摳，提也。曲禮曰：「席間函丈。」鄭注云：「謂講問之客也。函，容也。講問宜相對。容丈，足以指畫。」下席者，因夫子不應，改容申敬也。孫，恭順也。閒謂閒居。孔子不應。曾子懼，退負序而立。負之言背也。爾雅曰：「東西牆謂之序。」

孔子曰：「參！女可語明主之道與？」

曾子曰：「不敢以爲足也。得夫子之閒也難，是以敢問。」

孔子曰：「吾語女。道者所以明德也，德者所以尊道也，是故非德不尊，非道不明。中庸曰：「天下之達道五，所以行之者三。曰君臣也，父子也，夫婦也，昆弟也，朋友之交也，五者天下之達道也。知、仁、勇，三者天下之達德也。」爾雅曰：「明，成也。」雖有國焉，不教不服，不可以取千里。國謂王國也。周禮曰：「惟王建國。」大司馬職曰：「方千里曰國畿。」教謂教化，服謂服事。廣雅云：「取，爲也。」上無教化，下不服事，不可以爲國也。雖有博地衆民，不以其地治之，不可以霸主。博地衆民，謂諸侯大國也。地治，謂以道治也。高注秦策云：地猶道也。」霸主，謂爲方伯以主諸侯。白虎通云：「霸者，伯也。」少閒曰：「乃有周昌霸諸侯以佐之。」謂文王爲西伯也。王制曰：「八州八伯，各以其屬屬於天子之老二人，分天下以爲左右，曰二伯。」公羊隱五年傳曰：「自陝而東者，周公主之；自陝而西者，召公主之。」是故昔者明主內脩七教，外行三至。七教脩焉可以守，三至行焉可以征。七教不脩，雖守不固；三至不行，雖征不服。此經與下文爲總目，其事並在下文。左氏昭二十三年傳曰：「古者，天子守在四夷；諸侯守在四鄰。」孟子曰：「征者，上伐下也。」又曰：「以力服人者，非心服也。」是故明主之守也，必折衝乎千里之外；其征也，衽席之上還師。淮南說山云：「國有賢君，折衝萬里。」高注云：「衝，兵車也。所以衝突敵城也。言賢君德不可伐，故能折遠敵之衝車於千里之外，使敵不敢至也。」聘珍謂：衽，臥席也。此言守則有戰之備，戰亦如守之安。是故內脩七教而上不勞，外行三至而財不費，此之謂明主之道也。」勞，力極也。財謂國用。費，耗也。

曾子曰：「敢問不費不勞可以爲明乎？」

孔子愀然揚麋曰：「參！女以明主爲勞乎？愀然，變動貌。麋讀曰眉。昔者舜左禹而右皋陶，不下席而天下治。書曰：「禹宅百揆，皋陶作士。」尚書大傳云：「左曰輔，右曰弼。」夫政之不中，君之過也。政之既中，令之不行，職事者之罪也。明主奚爲其勞也！杜注左傳云：「在君爲政，在臣爲事。」中，正也。令，命也。小宰職曰：「以官府之六職辨邦治。」大宰職曰：「廢以馭其罪。」昔者明主關譏而不征，市鄽而不稅，稅十取一，使民之力歲不過三日，入山澤以時，有禁而無征：此六者取財之路也。明主捨其四者而節其二者，明主焉取其費也！」關者，界上之門。譏，呵察也。征，賦也。市，買賣所之也。鄽，市物邸舍。鄽而不稅者，稅其舍不稅其物。稅十取一，謂田稅也。孟子曰：「夏后氏五十而貢，殷人七十而助，周人百畝而徹，其實皆什一也。」歲三日者，均人職曰：「凡均力政以歲上下，豐年則公旬用三日焉。」入山澤以時者，王制曰：「獺祭魚，然後虞人入澤梁。草木黃落，然後入山林。」山虞職曰：「物爲之厲，而爲之守禁。令萬民時斬材，有期日。」澤虞職曰：「掌國澤之政令，爲之厲禁。」四者謂關、市、山、澤，二者謂田稅、民力。

曾子曰：「敢問何謂七教？」

孔子曰：「上敬老則下益孝，上順齒則下益悌，上樂施則下益諒，上親賢則下擇友，上好德則下不隱，上惡貪則下恥争，上强果則下廉恥。民皆有別則貞，則正亦不勞矣。此謂七教。以敬事長曰順。齒，年也。施謂施德。諒，信也。隱，匿也。孟子曰：「進不隱賢，必以其道。」別，辨也。釋名云：

「貞，定也。」易曰：「君子以辨上下，定民志。」正，政也。七教者，治民之本也，教定是正矣。定猶成也。爾雅曰：「是，則也。」正謂民無傾邪也。上者，民之表也，表正則何物不正。表，標準也，識正物之行列者也。是故君先立於仁，則大夫忠而士信，民敦，工璞，商愨，女憧，婦空空，七者教之志也。表記曰：「仁者天下之表也。」左氏僖九年傳曰：「公家之利，知無不爲，忠也。」士，任事者也。晉語曰：「定身以行事謂之信。」敦，厚也。陸氏爾雅音義云：「璞，字又作樸。」説文云：「樸，木素也。」通物曰商。愨，謹也。女謂未嫁者。憧讀曰僮，無知也。空空，無識也。七者布諸天下而不窕，內諸尋常之室而不塞。布，散也。左氏昭二十一年傳曰：「小者不窕。」又曰「窕則不咸」。杜注云：「窕，細不滿也。」內，入也。淮南氾論云：「舒之天下而不窕，內之尋常而不塞。」高注云：「不窕，在大能大也。八尺曰尋，倍尋曰常。在小能小，不塞急也。」是故聖人等之以禮，立之以義，行之以順，而民棄惡也如灌。」等猶差也。禮謂禮儀。義者，事之宜也。順，循也，循其理也。灌謂灌洗，洗濯其心以去惡也。

曾子曰：「弟子則不足，道則至矣。」

孔子曰：「參！姑止，又有焉。昔者明主之治民有法，必別地以州之，分屬而治之，然後賢民無所隱，暴民無所伏。廣雅云：「州，居也。」王制曰：「量地以制邑，度地以居民。」屬，官衆也。周禮曰：「以官府之六屬舉邦治。」隱，蔽也。暴，亂也。伏，匿藏也。使有司日省如時考之，歲誘賢焉，則賢者親，不肖者懼。有司，謂周禮鄉大夫之屬，州長、黨正、族師、閭胥、比長皆是也。省，察也。如讀曰而。考，校也。日省時考，謂四時孟月月吉日，聚衆讀法，以考其德行道藝，糾其衺惡過失。誘，進也。誘賢，謂鄉大夫三年則大比，考其德行道藝，而興賢者、能者。使之哀鰥寡，養孤獨，恤貧窮，誘孝悌，選賢舉能。此七者脩，則四海之内無刑民矣。使之，謂使民也。禮運曰：「民不獨親其親，不獨長其長，使老有所終，壯有所用，幼有所長，鰥寡孤獨廢疾者皆有所養。」選賢舉能者，鄉大夫職曰：「使民興賢，出使長之；使民興能，入使治之。」刑，罰罪也。無刑民者，民皆丕變，刑措不用也。上之親下也如腹心，則下之親上也如保子之見慈母也。上下之相親如此，然後令則從，施則行。親，愛也。保，養也。慈母，養子者也。施謂設施。有所設施，民皆奉行也。因民既邇者説，遠者來懷，然後布指知寸，布手知尺，舒肘知尋，十尋而索。懷，至也。布，敷也。舒，展也。説文云：「寸，十分也，人手卻一寸動脈，謂之寸口。尺，十寸也。周制，寸、尺、咫、尋、常、仞諸度量，皆以人之體爲法。肘，臂節也，从肉从寸，寸，手口也。度人之兩臂爲尋，八尺也。」廣雅云：「索，盡也。」度始於寸，盡於尋；數始於一，終於十也。百步而堵，三百步而里，千步而井，三井而句烈，三句烈而距，司馬法：「六尺爲步，步百爲畝。」「堵」當爲「畝」，音近而譌也。以百步爲畝計之，應九百步而井；云千步者，包田閒水道途徑而言也。趙注周髀算經云：「伸員之周爲句。」烈讀曰列。鄭注稻人云：「列，田之畦畸也。」距，折而方也。此言造田野形體之法。五十里而封，百里而有都邑，乃爲畜積衣裘焉，使處者恤行者，有興亡。封，起土界也。左氏莊二十八年傳曰：「凡邑有宗廟先君之主曰都，無曰邑。」畜，聚也。積謂芻米禾薪。裘，皮衣也。處，居也。恤，憂也。「興」當爲「輿」，形近譌也。亡，無也。是以蠻夷諸夏，雖衣冠不同，言語不合，莫不來至，朝覲於王，故曰：無市而民不乏，無刑而民不違。王制曰：「中國、夷、蠻、戎、狄五方之民，言語不通，嗜欲不同。」無市而民不乏者，遺人職曰：「掌其道路之委積。凡國野之道，十里有廬，廬有飲食。三十里有宿，宿有路室，路室有委。五十里有市，市有候館，候館有積。」乏，匱也。書曰：「士制百姓於刑之中，以教祗德。」無刑者，不任刑也。不違者，民皆從教也。畢弋田獵之得，不以盈宮室也；徵斂於百姓，非以充府庫也。畢，田罔也。弋，繳射也。田獵，放獵逐禽也。四時之田，總名爲獵，爲田除害也。盈猶充也。徵，求也。斂，賦斂也。大宰職曰：「以九賦斂財賄。」鄭注曲禮云：「府謂寶藏貨賄之處，庫謂車馬兵甲之處。」慢怛以補不足，慢，寬緩也。怛，憂傷也。慢怛，謂君心廣大，憂民之憂也。補不足，謂出宮室府庫所藏，以振貧乏也。禮節以損有餘。白虎通云：「禮所以防淫佚，節其侈靡也。」又云：「禮者，盛不足，節有餘，使豐年不奢，凶年不儉，富貧不相懸也。」故曰：多信而寡貌。信，誠也。謂慢怛由於心，而德及於民。貌謂文貌。禮以節其行，故少文貌也。其禮可守，其信可復，其迹可履。其於信也，如四時春秋冬夏；其博有萬民也，如飢而食，如渴而飲；下土之人信之夫！信者，「與國人交，止於信」也。迹謂成迹。履，踐也。四時錯行，不失其序。飢渴之切，必求食飲，上之親民如此，民亦信其上之親之也。夫，歎美辭。暑熱凍寒遠若邇，暑熱凍寒，喻教也。樂記曰：「教者，民之寒暑也。」遠若邇，謂無有遠邇，聲教訖於四海也。非道邇也，及其明德也。道，路也。及，與也。書曰：「祗台德先，不距朕行。」是以兵革不動而威，用利不施而親，此之謂明主之守也。折衝乎千里之外，此之謂也。」兵謂五兵。鄭注司兵云：「鄭司農云：『五兵，戈、殳、戟、酋矛、夷矛。』玄謂車之五兵，鄭司農所云者是也。步卒之五兵，則無夷矛而有弓矢。」革謂三革。賈注國語云：「三革，甲、胄、盾，三也。」威，畏也。用，貨賄也。利，爵賞也。施，予也。親謂民親其上也。

曾子曰：「敢問何謂三至？」

孔子曰：「至禮不讓而天下治，至賞不費而天下之士說，至樂無聲而天下之民和。明主篤行三至，故天下之君可得而知也，天下之士可得而臣也，天下之民可得而用也。」篤，固也，厚也。君謂有士者，士謂守道者。

曾子曰：「敢問何謂也？」

孔子曰：「昔者明主以盡知天下良士之名，既知其名，又知其數，既知其數，又知其所在。良，賢也，能也。鄉大夫職曰：「鄉老及鄉大夫羣吏獻賢能之書於王，王再拜受之，登於天府。」射義曰：「古者天子之制，諸侯歲獻貢士於天子。」此明主所以盡知天下良士之名也。明主因天下之爵以尊天下之士，此之謂至禮不讓而天下治；因天下之祿以富天下之士，此之謂至賞不費而天下之士說；天下之士說，則天下之明譽興，此之謂至樂無聲而天下之民和。爵，謂公、侯、伯、子、男、卿、大夫、士也。尊，貴也。大宰職曰：「爵以馭其貴，祿以馭其富。」鄭注云：「班祿以富臣下。」書曰：「凡厥正人既富方穀。」譽，聲美也。人心和樂而頌聲作也。故曰：所謂天下之至仁者，能合天下之至親者也；所謂天下之至知者，能用天下之至和者也；所謂天下之至明者，能選天下之至良者也。此三者咸通，然後可以征。經解曰：「上下相親謂之仁。」逸周書王佩曰：「化行在知和。」大開武曰：「維王其明用開和之言。」孔注云：「可否相濟曰和。」書曰：「元首明哉！股肱良哉！」是故仁者莫大於愛人，知者莫大於知賢，政者莫大於官賢。有土之君脩此三者，則四海之內拱而俟，然後可以征。孟子曰：「仁者愛人。」書曰：「知人則哲，能官人。」中庸曰：「爲政在人。」拱，斂手也。俟，待也。明主之所征，必道之所廢者也。彼廢道而不行，然後誅其君，致其征，弔其民而不奪其財也。故曰明主之征也，猶時雨也，至則民說矣。孟子曰：「征之爲言正也。」致其征者，左氏襄二十五年傳曰：「鄭入陳，司徒致民，司馬致節，司空致地，乃還。」杜注云：「陳亂，故正其衆官，脩其所職，以安定之。」孔疏云：「司徒招致人民，司馬集致符節，司空檢致土地。」孟子曰：「誅其君而弔其民，若時雨降，民大悅。」是故行施彌博，得親彌衆，此之謂衽席之上乎還師。」行謂行師征伐。施，功勞也。彌，益也。博，廣也。呂氏春秋懷寵云：「義兵行地滋遠，得民滋衆也。」

哀公問五義第四十

魯哀公問於孔子曰：「吾欲論吾國之士，與之爲政，何如者取之？」魯周公世家云：「定公十五年，卒，子將立，是爲哀公。」王制曰：「凡官民材，必先論之。」士謂講學道藝者。

孔子對曰：「生乎今之世，志古之道，居今之俗，服古之服，舍此而爲非者，不亦鮮乎！」志，慕也。古之服，儒服也。舍讀曰宿舍之舍，居也。言自居於古而爲非者少也。

哀公曰：「然則今夫章甫、句屨、紳帶而搢笏者，此皆賢乎？」儒行曰：「丘少居魯，衣逢掖之衣。長居宋，冠章甫之冠。」士冠禮記曰：「章甫，殷道也。」屨人職曰：「青句素屨。」鄭注云：「句當爲絇，聲之誤也。絇謂之拘，著舄屨之頭，以爲行戒。」紳，帶之垂者也。搢，插也。笏，記事者也。玉藻曰：「笏，度二尺有六寸，其中博三寸，其殺六分而去一。」鄭注云：「殺猶杼也。天子杼上終葵首，諸侯不終葵首，大夫士又杼其下首，廣二寸半。」

孔子曰：「否！不必然。今夫端衣玄裳冕而乘路者，志不在於食葷；斬衰菅屨杖而歠粥者，志不在於飲食。故生乎今之世，志古之道，居今之俗，服古之服，舍此而爲非者，雖有，不亦鮮乎！」端衣者，禮衣端正無殺也。鄭注司服云：「端者，取其正也。衣袂皆二尺二寸而屬幅，是廣袤等也。」聘珍謂：端衣，天子諸侯皆以朱爲裳。云玄裳者，齊服也。郊特牲曰：「齊之玄也，以陰幽思也。」冕，祭服也。路，車也。葷，辛物，辛主散。齊必變食，不茹葷，不敢散其志也。喪服傳曰：「斬者何？不緝也。衰，三升。菅屨者，菅菲也。杖者何？爵也。無爵而杖者何？擔主也。非主而杖者何？輔病也。歠粥，朝一溢米，夕一溢米。」

哀公曰：「善！何如則可謂庸人矣？」

孔子對曰：「所謂庸人者，口不能道善言，而志不邑邑；不能選賢人善士而託其身焉，以爲己憂；道，言也。邑讀曰悒。一切經音義引蒼頡云：「悒悒，不舒之貌。」志不悒悒，謂志意放肆也。選，擇也。託，依也。憂，患也。孟子曰：「我猶未免爲鄉人也，是則可憂也。」動行不知所務，止立不知所定；日選於物，不知所貴；從物而流，不知所歸；五鑿爲政，心從而壞。若此，則可謂庸人矣。」務，事也。止，居也。定，安也。選，數也。中庸曰：「賤貨而貴德。」孟子曰：「從流下而忘反謂之流。」楊注荀子哀公篇云：「鑿，竅也。五鑿謂耳目鼻口及心之竅也。」聘珍謂：「五讀曰午，猶忤也。鑿，穿鑿也。五鑿爲政，謂政不率法。心從而壞，謂私心壞政也。孟子曰：『生於其心，害於其政。』」

哀公曰：「善！何如則可謂士矣？」

孔子對曰：「所謂士者，雖不能盡道術，必有所由焉；雖不能盡善盡美，必有所處焉。是故知不務多，而務審其所知；行不務多，而務審其所由；言不務多，而務審其所謂。知既知之，行既由之，言既順之，若夫性命肌膚之不可易也。富貴不足以益，貧賤不足以損。若此，則可謂士矣。」道術，謂道藝。由，從也。處，居也。孟子曰：「居仁由義，大人之事備矣。」說文云：「審，悉也，知審諦也。」謂者，所以發言之指趣也。順讀曰慎。論語曰：「敏於事而慎於言。」易，謂以物相易也。

哀公曰：「善！何如則可謂君子矣？」

孔子對曰：「所謂君子者，躬行忠信，其心不買；仁義在己，而不害不志；聞志廣博而色不伐，思慮明達而辭不争。君子猶然如將可及也，而不可及也。如此可謂君子矣。」論語曰：「躬行君子。」又曰「主忠信」。買義未詳，或云買當爲置。害，忮也，謂忮人也。志，私意也。不志謂不自私也。聞志之志讀曰識。伐，矜也。曲禮曰：「博聞强識而讓，敦善行而不怠，謂之君子。」猶然，舒和之貌。

哀公曰：「善！敢問何如可謂賢人矣？」

孔子對曰：「所謂賢人者，好惡與民同情，取舍與民同統，行中矩繩而不傷於本，言足法於天下而不害於其身，躬爲匹夫而願富，貴爲諸侯而無財。如此則可謂賢人矣。」大學曰：「民之所好好之，民之所惡惡之，此之謂民之父母。」取舍，猶舉錯也。統，理也。論語曰：「舉直錯諸枉則民服。」矩方繩直。本謂本性。不傷於本，謂行己有法，而非矯揉以失其性。害亦傷也。易曰：「或害之，悔且吝。」左氏昭八年傳曰：「君子之言，信而有徵，故怨遠於其身。」願，思也。富之言備也。孟子曰：「萬物皆備於我矣。」匹夫願富者，荀子脩身云：「君子貧窮而志廣。」說文云：「財，人所寶也。」諸侯無財者，孟子曰：「諸侯之寶三：土地、人民、政事。寶珠玉者，殃必及其身。」

哀公曰：「善！敢問何如可謂聖人矣？」

孔子對曰：「所謂聖人者，知通乎大道，應變而不窮，能測萬物之情性者也。大道，謂天地人三才之道也。應，當也。變，謂事物非常也。窮，困也。測，盡也。情者，性之發也。陸賈新語云：「聖人成之，所以能統物通變，治情性，顯仁義也。」大道者，所以變化而凝成萬物者也。易曰：「在天成象，在地成形，變化見矣。」聖人知變化之道，首出庶物，變則通之，化而裁之，故萬物得正其性命也。凝，正也。情性也者，所以理然不然取舍者也。理，治也。然否取舍，壹本於情性也。中庸曰：「唯天下至誠，爲能盡其性，能盡其性則能盡人之性，能盡人之性則能盡物之性，能盡物之性則可以贊天地之化育。」故其事大，配乎天地，參乎日月，雜於雲蜺，總要萬物，穆穆純純。其莫之能循，若天之司，莫之能職，百姓淡然不知其善。若此，則可謂聖人矣。」配，合也。參，三也。易曰：「夫大人者，與天地合其德，與日月合其明。」雜，共也。蜺，雌虹也。孟子曰：「民之望之，若大旱之望雲霓也。」總，統也。要，會也。穆穆，敬也。純讀曰肫。中庸曰：「肫肫其仁。」鄭注云：「肫肫或爲純純，懇誠貌也。」循，巡也。司，主也。說文云：「職，記微也。」淡然，定靜貌。孟子曰：「民日遷善而不知爲之者。」

哀公曰：「善。」孔子出，哀公送之。

哀公問於孔子第四十一

哀公問於孔子曰：「大禮何如？君子之言禮，何其尊也？」

孔子曰：「丘也小人，何足以知禮。」鄭注禮記云：「謙不答也。」

君曰：「否，吾子言之也。」

孔子曰：「丘聞之也，民之所由生，禮爲大，非禮無以節事天地之神明也，非禮無以辨君臣上下長幼之位也，非禮無以別男女父子兄弟之親、昏姻疏數之交也，君子以此之爲尊敬然。鄭云：「言君子以此故尊禮。」然後以其所能教百姓，不廢其會節，鄭云：「君子以其所能於禮教百姓，使其不廢此上事之期節。」有成事，然後治其雕鏤文章黼黻以嗣，鄭云：「上事行於民有成功，乃後續以治文飾，以爲尊卑之差。」其順之，然後言其喪算，備其鼎俎，設其豕腊，脩其宗廟，歲時以敬祭祀，以序宗族，則安其居處，醜其衣服，卑其宮室，車不雕幾，器不刻鏤，食不貳味，以與民同利。昔之君子之行禮者如此。」小戴「則」作「即」，「處」作「節」。鄭云：「言，語也。算，數也。即，就也。醜，類也。幾，附纏之也。言君子既尊禮，民以爲順，乃後語以喪祭之禮，就安其居處，正以衣服，教之節儉。與之同利者，上下俱足也。」孔疏云：「設其家腊者，謂喪中之奠有家有腊也。宗廟祭祀者，謂除服之後，又教爲之宗廟，以鬼享之。以序宗族者，又教祭祀末，留同姓燕飲，序會宗族也。幾謂沂鄂也，謂不雕鏤，使有沂鄂也。」

公曰：「今之君子胡莫之行也？」

孔子曰：「今之君子好色無厭，淫德不倦，荒怠傲慢，固民是盡，忤其衆以伐有道，求得當欲不以其所。古之用民者由前，今之用民者由後。今之君子莫爲禮也。」小戴「色」作「實」。鄭云：「實，猶富也。淫，放也。固，猶故也。午其衆，逆其族類也。當，猶稱也。所，猶道也。由前，用上所言。由後，用下所言。」

孔子侍坐於哀公。哀公曰：「敢問人道誰爲大？」

孔子愀然作色而對曰：「君及此言也，百姓之德也，固臣敢無辭而對。人道政爲大。」鄭云：「愀然，變動貌也。作，猶變也。德，猶福也。辭，讓也。」

公曰：「敢問何謂爲政？」

孔子對曰：「政者正也。君爲正，則百姓從政矣。君之所爲，百姓之所從也。君所不爲，百姓何從。」鄭云：「言君當務於政。」

公曰：「敢問爲政如之何？」

孔子對曰：「夫婦别，父子親，君臣嚴，三者正則庶民從之矣。」

公曰：「寡人雖無似也，願聞所以行三言之道，可得而聞乎？」鄭云：「無似，猶言不肖。」

孔子對曰：「古之爲政，愛人爲大。所以治愛人，禮爲大；所以治禮，敬爲大；敬之至也，大昏爲大。大昏至矣！大昏既至，冕而親迎，親之也。親之也者，親之也。是故君子興敬爲親，舍敬是遺親也。弗愛不親，弗敬不正，愛與敬其政之本與！」鄭云：「大昏，國君取禮也。至矣，言至大也。興敬爲親，言相敬則親。」

公曰：「寡人願有言。然冕而親迎，不已重乎？」鄭云：「已，猶大也。怪親迎乃服祭服。」

孔子愀然作色而對曰：「合二姓之好，以繼先聖之後，以爲天地社稷宗廟之主，君何謂已重乎？」鄭云：「先聖，周公也。」

公曰：「寡人固，不固，焉得聞此言也。寡人欲問，不得其辭，請少進。」鄭云：「固不固，言吾由鄙固故也。請少進，欲其爲言以曉己。」

孔子曰：「天地不合，萬物不生。大昏，萬世之嗣也，君何以謂已重焉。」

孔子遂有言曰：「內以治宗廟之禮，足以配天地之神明；出以治直言之禮，足以立上下之敬。物恥足以振之，國恥足以興之。爲政先禮，禮者，政之本與！」鄭云：「宗廟之禮，祭宗廟也。夫婦配天地，有日月之象焉。禮器曰：『君在阼，夫人在房，大明生於東，月生於西，此陰陽之分，夫婦之位也。』直，猶正也。正言，謂出政教也。政教有夫婦之禮焉。昏義曰：『天子聽外治，后聽內職，教順成俗，外內和順，國家理治，此之謂盛德。』物，猶事也。事恥，臣恥也。振，猶救也。國恥，君恥也。君臣之行有可恥者，禮足以救之，足以興復之。」

孔子遂言曰：「昔三代明王之政，必敬其妻子也有道。妻也者，親之主也，敢不敬與？子也者，親之後也，敢不敬與？君子無不敬也，敬身爲大。身也者，親之枝也，敢不敬與？不能敬其身，是傷其親；傷其親，是傷其本；傷其本，枝從而亡。三者，百姓之象也。身以及身，子以及子，配以及配。君子行此三者，則愾乎天下矣。大王之道也如此，國家順矣。」鄭云：「愾，猶至也。大王居豳，爲狄所伐，乃曰：『土地所以養人也。君子不以其所養害所養。』乃去之岐。是言百姓之身猶吾身也，百姓之妻子猶吾妻子也，不忍以土地之故而害之，去之岐而王迹興焉。」

公曰：「敢問何謂敬身？」

孔子對曰：「君子過言則民作辭，過動則民作則。君子言不過辭，動不過則，百姓不命而敬恭，如是則能敬其身。能敬其身，則能成其親矣。」鄭云：「則，法也。民者化君者也。君之言雖過，民猶稱其辭；君之行雖過，民猶以爲法。」

公曰：「敢問何謂成親？」

孔子對曰：「君子也者，人之成名也。百姓歸之名，謂之君子之子，是使其親爲君子也。是爲成其親名也已。」

孔子遂言曰：「古之爲政，愛人爲大。不能愛人，不能有其身；不能有其身，不能安土；

不能安土，不能樂天；不能樂天，不能成身。」鄭云：「有，猶保也。不能保身者，言人將害之也。不能安土，動移失業也。不能樂天，不知己過而怨天也。」

公曰：「敢問何謂成身？」

孔子對曰：「不過乎物。」鄭云：「物猶事也。」

公曰：「敢問君何貴乎天道也？」

孔子對曰：「貴其不已。如日月西東相從而不已也，是天道也。不閉其久也，是天道也。無爲物成，是天道也。已成而明，是天道也。」鄭云：「已猶止也。是天道也者，言人君法之，當如是也。日月相從，君臣相朝會也。不閉其久，通其政教，不可以倦。無爲而成，使民不可以煩也。已成而明，照察有功。」

公曰：「寡人惷愚冥煩，子識之心也。」小戴「識」作「志」。鄭云：「志讀爲識。識，知也。冥煩者，言不能明理。此事子之心所知也。欲其要言使易行。」

孔子蹴然避席而對曰：「仁人不過乎物，孝子不過乎物，是仁人之事親也如事天，事天如事親，是故孝子成身。」鄭云：「蹴然，敬貌。物猶事也。事親、事天，孝敬同也。孝經曰：『事父孝，〔一〕故事天明。』舉無過事，以孝事親，是所以成身。」

〔一〕「孝」原訛「母」，據禮記哀公問鄭注改。

公曰：「寡人既聞是言也，無如後罪何？」鄭云：「既聞此言也者，欲勤行之也。無柰後日過於事之罪何，爲讓辭。」

孔子對曰：「君之及此言也，是臣之福也。」鄭云：「善哀公及此言。此言，善言也。」

禮三本第四十二

禮有三本：天地者，性之本也；先祖者，類之本也；君師者，治之本也。無天地焉生，無先祖焉出，無君師焉治，三者偏亡，無安之人。性，生也。湯曰：「天地之大德曰生。」焉，何也。楊注荀子云：「類，種也。偏亡謂闕一也。」故禮，上事天，下事地，宗事先祖而寵君師，是禮之三本也。宗，尊也。寵，榮也。孟子曰：「書曰：『天降下民，作之君，作之師，惟曰其助上帝，寵之四方。』」

王者天太祖，諸侯不敢懷，大夫士有常宗，所以別貴始，德之本也。天太祖，謂以太祖配天也。孝經曰：「昔者周公郊祀后稷以配天。」鄭詩箋云：「懷私曰懷。」不敢懷，謂諸侯不敢祖天子，以始受封之君爲太祖也。常宗者，大傳曰「別子爲祖，繼別爲宗，繼禰者爲小宗」是也。郊止天子，社止諸侯，道及士大夫，所以別尊卑，尊者事尊，卑者事卑，宜鉅者鉅，宜小者小也。公羊僖三十一年傳曰：「天子祭天。」何注云：「郊者所以祭天也。」大傳曰：「禮，不王不禘。王者禘其祖之所自出，以其祖配之。」鄭注云：「大祭其先祖所由出，謂郊祀天也。王者之先祖，皆感大微五帝之精以生，皆用正歲之正月郊祭之。」祭法曰：「諸侯爲百姓立社曰國社，諸侯自爲立社曰侯社，大夫以下成羣立社曰置社。」鄭注云：「大夫不得特立社，與民族居百家以上，則共立一社，今時里社是也。」楊云：「道，行神也。」聘珍謂：祭法曰：「大夫立三祀，曰族厲，曰門，曰行。適士立二祀，曰門，曰行。」鄭注云：「行，主道路行作。」大夫士職在適四方，故得祀行也。陸氏禮記音義云：「鉅，大也。」故有天下者事七世，有國者事五世，有五乘之地者事三世，有三乘之地者事二世，待年而食者不得立宗廟，所以別積厚者流澤光，積薄者流澤卑也。祭法曰：「天子立七廟，諸侯立五廟，大夫立三廟，適士二廟。」韋注楚語云：「地方十里爲成，出長轂一乘。」待年而食，謂食力者也。說文云：「年，穀熟也。」左氏昭三十二年傳曰：「農夫之望歲，懼以待時。」不得立宗廟者，王制曰：「庶人祭於寢也。」積讀曰績。爾雅曰：「績，事也，功也，業也。」澤讀若孟子曰「君子之澤」。

大饗尚玄尊，俎生魚，先大羹，貴飲食之本也。樂記曰：「大饗之禮，尚玄酒而俎腥魚，大羹不和，有遺味者矣。」鄭注云：「大饗，祫祭先王，以腥爲俎實，不臑熟之；大羹，肉湆，不調以鹽菜。」聘珍謂：玄尊，明水也。司烜氏職曰：「以鑒取明水於月。」鄭注云：「明水以爲玄酒。」大饗尚玄尊而用酒，食先黍稷而飯稻粱，祭嚌大羹而飽乎庶羞，貴本而親用。禮器曰：「醴酒之用，玄酒之尚。」禮運曰：「玄酒在室，醴醆在户，粢醍在堂，澄酒在下。」鄭注少牢饋食禮云：「或言食，或言飯，食大名，小數曰飯。」嚌，嘗至齒也。飽，謂尸告飽也。庶，衆也。鄭注庖人云：「致滋味乃爲羞。」禮器曰：「大饗其王事與？三牲魚腊，四海九州之美味也。籩豆之薦，〔一〕四時之和氣也。」此覆申大饗事義，言有本有用也。貴本之謂文，親用之謂理，兩者合而成文，以歸太一，夫是謂大隆。於其本

〔一〕「薦」原訛「羞」，據禮記禮器改。

而貴之，以爲文也。以可用則親之，順其理也。事有其文，物得其理，是能經緯天地之道，故曰成文也。歸，返也。禮運曰：「夫禮必本於太一。」隆，備也。故尊之尚玄酒也，俎之生魚也，豆之先太羹也，此下本有「一也」二字，言三者皆禮之反其本者也。利爵之不啐也，史記索隱云：「案儀禮祭畢獻，祝西面告成，是爲利爵。祭初未行無算爵，故不啐入口也。」聘珍謂：利爵當是旅酬之後，祝未告利成之先，佐食獻尸者也。特牲饋食禮曰：「利洗散獻於尸。」鄭注云：「利，佐食也。言利以今進酒也。更言獻者，以利待尸禮將終，宜一進酒，嫌於加酒亦當三也。〔一〕不致爵，禮又殺也。」成事之俎不嘗也，索隱云：「成事，卒哭之祭，故記曰『卒哭曰成事』。既是卒哭始從吉祭，故受胙爵而不嘗俎也。」聘珍謂：士虞禮記曰：「三虞、卒哭、他，用剛日，亦如初，曰哀薦成事。」是卒哭祭禮與虞同也。士虞禮：主人獻尸，尸取肝擩鹽，振祭，嚌之，加于俎。鄭注云：「加于俎，以喪不志於味。」三侑之不食也，索隱云：「禮，祭必立侑以勸尸食，至三飯而後止。每飯有侑一人，故有三侑。既是勸尸，故不相食也。」一也。言三者皆禮之主其減者也。大昏之未發齊也，廟之未納尸也，始卒之未小斂也，一也。廣雅云：「發，舉也。」「齊」當爲「醮」。郊特牲曰：「壹與之齊，終身不改。」鄭注云：「齊或爲醮。」祭未納尸，先設置爲陰厭之事。坊記曰：「喪禮每加以遠，浴於中霤，飯於牖下，小斂於户内。」士喪禮曰：「卒斂徹帷。」三者皆禮之謹於始者也。大路車之素幭也，郊之麻冕也，喪服之先散帶也，一也。左氏桓二年傳曰：「大路越席。」杜注云：「大路，玉路，祀天車也。」詩曰：「鞹鞃淺幭。」毛傳云：「幭，覆式也。」司服職曰：「祀昊天上帝，則服大裘而冕。」孔注論語云：「麻冕，緇布冠，古者積麻三十升布以爲之。」雜記曰：「大功以

〔一〕「酒」原訛「爵」，據儀禮特牲饋食禮鄭注改。

上散帶。」孔疏云：「小斂之後，小功以下皆絞帶。大功以上散此帶垂，不忍卽成之，至成服乃絞。」三者皆禮之貴其質者也。

三年之哭不反也，清廟之歌一倡而三歎也，縣一罄而尚拊搏，朱絃而通越也，一也。閒傳曰：「斬衰之哭，若往而不反。」詩序云：「清廟，祀文王也。」鄭箋云：「祭文王而歌此詩也。」孔疏云：「禮記每云升歌清廟，是其事也。」鄭注樂記云：「倡，發歌句也。三歎，三人從歎之。」罄讀曰磬。明堂位曰：「拊搏玉磬。」鄭注云：「拊搏，以韋爲之，充之以糠，形如小鼓。」鄭注樂記云：「朱絃，練朱絃，練則聲濁。越，瑟底孔也，畫疏之使聲遲。」此並言聲之不尚文也。

凡禮始於脫，成於文，終於隆。脫，簡也。文，謂節文。隆，備也。故至備，情文俱盡；其次，情文佚興；其下，復情以歸太一。至，大也。禮器曰：「大備，盛德也。」禮者，因人之情而爲之節文，德盛者化神，故情文俱盡。佚讀曰迭。情文迭興，謂有本有文也。復，反也。復情以歸太一，謂反本修古，不忘其初者也。天地以合，四海以洽，日月以明，星辰以行，江河以流，萬物以倡，好惡以節，喜怒以當。以爲下則順，以爲上則明，萬變不亂，貸之則喪。張氏史記正義云：「自天地以下八事，大禮之備，情文俱盡，故用爲下則順，用爲上則明也。」

大戴禮記解詁卷二

禮察第四十六

孔子曰：「君子之道，譬猶防與？」夫禮之塞，亂之所從生也，猶防之塞，水之所從來也。塞，止也。稻人職曰：「以防止水。」鄭彼注云：「防，瀦旁隄也。」故以舊防爲無用而壞之者，必有水敗；以舊禮爲無所用而去之者，必有亂患。孔氏經解疏云：「水敗，謂水來敗於產業也。亂患，謂必有亂患之事也。」故昏姻之禮廢，則夫婦之道苦，而淫辟之罪多矣。鄭注經解云：「昏姻，謂嫁取也。壻曰昏，妻曰姻。苦，謂不至不答之類。」鄉飲酒之禮廢，則長幼之序失，而爭鬭之獄繁矣。鄭三禮目錄云：「諸侯之鄉大夫，三年大比，獻賢者能者於其君，以禮賓之，與之飲酒，於五禮屬嘉禮。」大司徒職曰：「以陽禮教讓，則民不爭。」鄭彼注云：「陽禮，謂鄉飲酒之禮也。」聘射之禮廢，則諸侯之行惡，而盈溢之敗起矣。鄭目錄云：「大問曰聘。諸侯相於久無事，使卿相問之禮。小聘使大夫。周禮曰：『諸侯之邦交，歲相問也，殷相聘也，世相朝也。』於五禮屬賓禮。名曰大射者，諸侯將有祭祀之事，與其羣臣射以觀其禮，數中者得與於祭，不數中者不得與於祭。射義於五禮屬嘉禮。鄉射者，州長春秋以禮會民，而射於州序之禮。謂之鄉者，州，鄉之屬，鄉大夫或在焉，不改其禮。」喪祭之禮廢，則臣子之恩薄，而倍死忘生之禮衆矣。大宗伯職曰：「以吉禮祀邦國之鬼神示，以喪禮哀死亡。」哀公問篇曰：「言其喪算，備其鼎俎，設其豕腊，脩其宗廟，歲時以敬祭祀。」

凡人之知，能見已然，不能見將然。禮者禁於將然之前，而法者禁於已然之後，是故法之用易見，而禮之所爲生難知也。廣雅云：「禁，止也。」論語曰：「齊之以禮。」周禮曰：「以五禮防萬民之僞。」管子心術云：「殺戮禁誅謂之法。」左氏昭二十五年傳曰：「禮，上下之紀，天地之經緯，民之所以生也。」論語曰：「民可使由之，不可使知之。」若夫慶賞以勸善，刑罰以懲惡，先王執此之正，堅如金石，行此之信，順如四時，處此之功，無私如天地，爾豈顧不用哉！然如曰禮云禮云，貴絕惡於未萌，而起敬於微眇，使民日徙善遠罪而不自知也。孔子曰：「聽訟吾猶人也，必也使無訟乎！」此之謂也。「功」當爲「公」。敬者，禮之本也。孝經曰：「禮者，敬而已矣。」

爲人主計者，莫如安審取舍，取舍之極定於內，安危之萌應於外也。爾雅曰：「安，定也。」說文云：「審，悉也，知審諦也。」顏注漢書云：「取謂所擇用也，舍謂所棄置也。」極，中也。萌，始生也。安者非一日而安也，危者非一日而危也，皆以積然，不可不察也。善不積不足以成名，惡不積不足以滅身，而人之所行，各在其取舍。積，聚也，習也。察，審也。易曰：「積善之家，必有餘慶；積不善之家，必有餘殃。臣弑其君，子弑其父，非一朝一夕之故，其所由來者漸矣，由辨之不早辨也。」又曰：「善不積不足以成名，惡不積不足以滅身。小人以小善爲无益而弗爲也，以小惡爲无傷而弗去也，故惡積而不可揜，罪大而不可解。」以禮義治之者積禮義，以刑罰治之者積刑罰；刑罰積而民怨倍，禮義積而民和親。禮運曰：「禮義也者，人之大端也。所以講信脩睦而固人肌膚之會，筋骸之束也；所以養生送死、事鬼神之大端也；所以達天道、順人情之大竇也。」怨倍，謂民心怨而行倍畔也。和親，謂善氣洽而民相親睦也。故世主欲民之善同，而所以使民之善者異。或導之以德教，或敺之以法令。導之以德教者，德教行而民康樂；敺之以法令者，法令極而民哀戚。哀樂之感，禍福之應也。導，引也。敺，謂駕馭之。康，安也。極，窮也。戚，疾也。

我以爲秦王之欲尊宗廟而安子孫與湯武同，然則如湯武能廣大其德，久長其後，行五百歲而不失，秦王亦欲至是而不能，持天下十餘年，卽大敗之。此無佗故也，湯武之定取舍審，而秦王之定取舍不審也。易曰：「君子愼始，差若毫氂，繆之千里。」取舍之謂也。案史記，秦王名政，莊襄王之子，母呂不韋姬。以東周亡後三年嗣立爲秦王。二十六年庚辰，盡滅六國，稱始皇帝。十二年辛卯，崩。明年，少子胡亥嗣立，號二世皇帝。三年甲午，趙高弒二世，立二世兄子公子嬰爲秦王。明年，子嬰降漢。前後凡十五年。易曰者，易緯通卦驗之言。始，謂其微時也。然則爲人主師傅者，不可不日夜明此。保傅曰：「傅，傅之德義；師，道之教訓。」

問：「爲天下如何？」曰：「天下，器也。今人之置器，置諸安處則安，置諸危處則危；而天下之情與器無以異，在天子所置爾。置，錯置也。荀子云：「國者，天下之大器也，重任也，不可不善爲擇所而後錯之。」湯武置天下於仁義禮樂，而德澤洽禽獸草木，廣育被蠻貊四夷，累子孫十餘世，歷年久五六百歲，此天下之所共聞也。德，恩德也。澤，謂流澤。洽，浹也。育，生也。被，猶及也。累，積也。秦王置天下於法令刑罰，德澤無一有，而怨毒盈世，民憎惡如仇讎，禍幾及身，子孫誅絶，此天下之所共見也。夫用仁義禮樂爲天下者，行五六百歲猶存，用法令爲天下者十餘年即亡，是非明敎大驗乎！敎讀曰效。人言曰：『聽言之道，必以其事觀之，則言者莫妄言。』今子或言禮義之不如法令，教化之不如刑罰，人主胡不承殷周秦事以觀之乎？」子，通稱也，對上問者之辭。承，繼也。

夏小正第四十七

正月：爾雅曰：「正月爲陬。」孔氏詩豳風疏引春秋元命包云：「夏人以十三月爲正。」尚書大傳云：「夏以日至六十日爲正。」又云「夏以孟春爲正」。月令曰「孟春之月」，鄭注云：「日月之行，一歲十二會，聖王因其會而分之以爲大數焉。觀斗所建，命其四時。此云孟春者，日月會於娵訾，而斗建寅之辰也。」聘珍謂：正月日躔娵訾，此周時厤象耳。夏時正月節日在娵訾，月中則在降婁。逸周書曰：周公正三統之義，作周月云：「惟一月既南至，昏昴畢見，日短極，斗柄建子，日月俱起於牽牛之初。」此漢書律厤志所云「周公攝政五年，正月丁巳朔旦冬至」也。冬至日在牛初度，則正月節當在危十六度，月中在室十四度，故鄭云日月會於陬訾也。但恆星每歲東移，大約七十年餘而差一度，自周溯夏，當差十六度有餘，則夏時正月中，日躔當在降婁之初。又案：尚書堯典曰：「日短星昴以正仲冬。」是堯時冬至日在元枵。初昏元枵加酉，則大梁加午而昴宿得中。自堯元載甲辰，至夏禹元歲，爲一百五十三年，所差二度有餘。夏之冬至日亦在元枵，冬至在元枵，則正月中當在降婁。新唐書厤志載大衍厤議云：「自帝堯演紀之端，在虛一度。日在虛一，鳥、火、昴、虛皆以仲月昏中，合於堯典。」斯言蓋得其實。以歲差計之，堯時冬至在虛一度，則夏時冬至在女十度。冬至在女十度，則正月節在室十六度，月中在奎七度無疑矣。啟蟄。言始發蟄也。廣雅云：「啟，開也。」蟄謂蟄蟲，物之巨細，或行，或毛，或倮，或介，或鱗，皆有之。傳云「言始發蟄也」者，釋名云：「發，撥也，撥使開也。」雁北鄉。先言雁而後言鄉者何也？見雁而後數其鄉也。鄉者何也？鄉其居也，雁以北方爲居。何以謂之居？生且長焉爾。「九月遰鴻雁」，先言遰而後言鴻雁何也？見遰而後數之則鴻雁也。何不謂南鄉也？曰：非其居也，故不謂南鄉。記鴻雁之遰也，如不記其鄉，何也？曰：鴻不必當小正之遰者也。鄭注禹貢云：「鴻，雁之屬，隨陽氣南北。」孔氏禹貢疏云：「日行夏至漸南，冬至漸北，鴻雁九月而南，正月而北。」傳云「雁以北方爲居」者，鄭注月令云：「凡鳥隨陰陽者，不以中國爲居。」云「鴻不必當小正之遰者也」者，小正九月記遰鴻雁，自中國見其遰而記也。但其居之遠近不可知，其南鄉之時，不當小正記遰之時也。雉震呴。震也者，鳴也。呴也者，鼓其翼也。正月必雷，雷不必聞，惟雉爲必聞。何以謂之？雷則雉震呴，相識以雷。說文云：「雉有十四種：盧諸雉、喬雉、鳪雉、〔一〕鷩雉、秩秩海雉、翟山雉、翰雉、卓雉、伊洛而南曰翬、江淮而南曰搖、南方曰𠭾、東方曰甾、北方曰稀、西方曰蹲。」許氏說本爾雅而文小異。呴，說文作雊，云：「雊，雌雄鳴也。雷始動，雉鳴而雊其頸。」傳云「正月必雷」者，雷，陰陽薄動也。正月三陽已盛，有與陰相薄之義，故泰卦互體爲震也。云「雷不必聞惟雉爲必聞」者，雷動地中，

〔一〕「鳪」原訛「鴇」，據說文隹部改。按：家刻本不誤。

人或不聞，雉性精剛，故獨知之應而鳴也。云「何以謂之」者，謂猶記也，言小正何以記雉震呴也。云「相識以雷」者，人聞雉鳴，則可識雷之動於地中也。漢書五行志云：「雉者聽察，先聞雷聲，故月令以紀氣。」魚陟負冰。陟，升也。負冰云者，言解蟄也。負之言背也。傳云「負冰云者言解蟄也」者，解讀若解卦，猶開也。魚，水蟲也，盛寒之時，蟄於水下，逐其溫煖；正月陽氣既上，出游於水上，近於冰。農緯厥耒。緯，束也。束其耒云爾者，用是見君之亦有耒也。說文云：「農，耕也。耒，手耕曲木也。」傳云「用是見君之亦有耒也」者，祭義曰：「天子爲藉千畝，冕而朱紘，躬秉耒。」月令曰：「乃擇元辰，天子親載耒耜，措之於參保介之御間，帥三公九卿諸侯大夫躬耕帝藉。」初歲祭耒，始用暘。初歲祭耒，始用暘也。暘也者，終歲之用祭也。其曰初云爾者，言是月始用之也。初者，始也。或曰：祭韭也。祭讀曰察。尚書大傳云：「祭之爲言察也。」耒，田器。初歲察耒者，省視田器。周禮曰「正歲簡稼器」是也。說文云：「暘，不生也。」始用暘，謂用耒耕，反其萌芽，使草不生也。傳云「暘也者終歲之用察也」者，察，殺也，謂草不生，終歲用耒以殺之也。鄭注鄉飲酒義云：「察猶察察，嚴殺之貌也。」薙氏職曰：「掌殺草，春始生而萌之，夏日至而夷之，秋繩而芟之，冬日至而耜之。」是終歲之事也。云「言是月始用之也」者，即春始生而萌之也。云「初者始也」者，爾雅釋詁文。「或曰祭韭也」五字，當在「園之燕者也」之下，脱簡在此。囿有見韭。囿也者，園之燕者也。孔氏詩秦風疏云：「有蕃曰園，有牆曰囿。」說文云：「囿，苑有垣也。」韭，菜名，一種而久者，故謂之韭。」傳云「囿也者園之燕者也」者，燕謂安居之地也。穀梁宣十五年傳曰：「古者公田爲居，井竈葱韭盡取焉。」范注云：「家作一園，以種五菜。」云「或曰祭韭也」者，王制曰：「庶人春薦韭。」時有俊風。俊者，大也。大風，南風也。何大於南風也？曰：合冰必於南風，解冰必於南風，生必於南風，收必於南風，故大之也。易曰：「撓萬物者，莫疾乎風。」傳云「大風南風也」者，説文云：「南風曰景風。」爾雅曰：「景，大也。」云「合冰必於南風解冰必於南風」者，白虎通云：「南者，任也。」十月純陰用事，陽凝於陰，任成其功，故有風以合冰。正月陰氣漸消，陽薄乎陰，任散其德，故有風以解冰。云「生必於南風收必於南風」者，任養萬物故曰生，任成萬物故曰收也。寒日滌凍塗。滌也者，變也，變而煖也。凍塗也者，凍下而澤上多也。寒，陰氣。日謂每日，言其漸也。滌，蕩除也。廣雅云：「塗，泥也。」凍塗，謂地凍釋如塗泥也。傳云「凍下而澤上多也」者，澤，潤液也，言解凍有漸，其下猶凍，而其上已見滋潤之澤也。田鼠出。田鼠者，嗛鼠也。記時也。高注淮南時則云：「田鼠，鼢鼸鼠也。」傳云「田鼠嗛鼠也」者，嗛讀曰鼸。爾雅曰：「鼢鼠，鼸鼠。」陸氏釋文引字林云：「鼸即鼢鼠也。」農率均田。率者，循也。均田者，始除田也。言農夫急除田也。農謂農夫。爾雅曰：「均，易也。」孟子曰：「易其田疇。」趙注云：「易，治也。」傳云「率者循也」者，爾雅釋詁文。云「均田者始除田也」者，除猶脩治也。云「言農夫急除田也」者，農書曰「春草冒撅，陳根可拔，耕者急發」是也。獺獻魚。獺祭魚，其必與之獻何也？曰：非其類也。祭也者，得多也。善其祭而後食之。十月豺祭獸謂之祭，獺祭魚謂之獻何也？豺祭其類，獺祭非其類，故謂之獻，大之也。説文云：「獺，如小狗也，水居食魚。」蔡氏月令章句云：「獺，毛蟲，西方白虎之屬，水居而殺魚者也。」高注淮南時則云：「獺，獱也。取鯉魚於水邊，四面陳之，謂之祭魚。」傳云「非其類也」者，類謂種類。獺爲毛蟲，魚爲鱗蟲，非其類也。云「祭也者得多也」者，爾雅曰：「多，衆也。」獺取魚於水邊，四面陳之，猶祭之美多品也。云「謂之獻大之也」者，獻者，獻其功也。左氏僖三十年傳曰：「以獻其功。」孔氏疏云：「獻者，謂呈見，旌表之也。」鷹則爲鳩。鷹也者，其殺之時也。鳩也者，非其殺之時也。善變而之仁也，故其言之也曰「則」，盡其辭也。鳩爲鷹，變而之不仁也，故不盡其辭也。爾雅曰：「鷹，鶆鳩。」郭注云：「鶆當爲鷞，字之誤也。左傳作鷞鳩是也。」杜注昭十七年左傳云：「爽鳩，鷹也。」爾雅曰：「鳲鳩，鴶鵴。」郭注云：「今之布穀也。江東呼爲獲穀。」傳云「鷹也者其殺之時也」者，謂五月鳩爲鷹，其時一陰始生，殺氣至矣。云「鳩也者非其殺之時也」者，謂正月鷹爲鳩，其時萬物並育不相害也。云「善變而之仁也」者，高注呂氏仲春紀云：「鷹化爲鳩，喙正直，不鷙擊也。」云「故其言之也曰則盡其辭也」者，廣雅云：「則，即也。」若喜其速化，故極辭也。農及雪澤。言雪澤之無高下也。雪澤者，詩曰：「雨雪紛紛，益之以霢霂。」鄭箋云：「冬有積雪，春而益之以小雨，潤澤則饒洽」是也。農夫及此雪澤，而始事於公田也。傳云「言雪澤之無高下也」者，詩云：「既優既渥，既霑既足」是也。初服于公田。古有公田焉者，古者先服公田而後服其田也。爾雅曰：「初，始也。服，事也。」詩曰：「亦服爾耕。」傳云「古有公田焉者」者，杜氏通典云：「黃帝經土設井，立步制畝，使八家爲井，井開四道，而分八宅。」云「先服公田而後服其田也」者，孟子曰：「方里而井，井九百畝，其中爲公田，八家皆私百畝，同養公田，公事畢然後敢治私事。」采芸。爲廟采也。說文云：「采，捋取也。」高注呂氏仲冬紀云：「芸，蒿菜名也。」傳云「爲廟采也」者，以爲豆實也。鞠則見。鞠者何也？星名也。鞠則見者，歲再見爾。鞠，星名。其義未聞。或云「鞠」當爲「喝」。爾雅曰：「味謂之柳。」但小正凡星言「則見」者，皆謂旦見東方，柳在正月乃昏見也。或云「鞠」當爲「祿」，聲近而譌也。聘珍謂：此說近是。蓋司祿二星在危東虛北，距西星去極九十度，入虛四度。正月節，日在室十六度，祿星距日四十度，當得旦見東方也。傳云「歲再見爾」者，祿星正月旦見東方，十月昏見西方也。初昏參中。蓋記時也云。天官書云：「參爲白虎。三星直者，是爲衡石。下有三星，銳曰伐，爲斬艾事。其外四星，左右肩股也。」聘珍謂：正月節，參去日九十度，昏刻中於南方也。斗柄縣在下。言斗柄者，所以著參之中也。天官書云：「北斗七星。」索隱云：「春秋運斗樞云：『第一天樞，第二旋，第三璣，第四權，第五衡，第六開陽，第七搖光。第一至第四爲魁，第五至第七爲杓，合而爲斗。』」說文云：「杓，北斗柄也。縣，繫也。」傳云「言斗柄者所以著參之中也」者，天官書云：「斗杓攜龍角，魁枕參首。」參中在上，斗魁枕之，則其杓在下矣。柳稊。稊也者，發孚也。說文云：「柳，小楊也。」易曰：「枯楊生稊。」王注云：「稊者，楊之秀也。」傳云「發孚也」者，廣雅云：「孚，生也。」梅杏杝桃則華。杝桃，山桃也。爾雅曰：「時，英梅。」初學記引張氏毛詩義疏云：「梅，杏類也。」說文云：「杏，果名。」高注淮南時則云：「杏有竅在中，象陰在内，陽在外，故二月其樹杏。」杝，爾雅作榹，曰：「榹桃，山桃。」郭注云：「實如桃而小，不解核。」爾雅曰：「華，荂也，木謂之華。」小正四月見杏，五月煮梅，六月煮桃，此先記其華之時也。緹縞。縞也者，莎隨也。緹也者，其實也。先言緹而後言縞何也？緹先見者也。何以謂之？小正以著名也。說文云：「緹，帛丹黃色。」縞讀曰薃。傳云「縞也者莎隨也」者，爾雅曰「薃侯莎，其實媞」是也。說文云：「莎，鎬侯也。」繫傳云：「莎一名鎬，一名侯莎。」顏注急就篇云：「莎即今青莎草也。」云「緹也者其實也」者，「實」當爲「色」，聲譌也，謂緹爲縞之色也。云「緹先見者也」者，言縞初生，其色丹黃，先見也。云「小正以著名也」者，言小正記物候之例，以其物之先著者言之也。小正緹字，爾雅作媞，二文不同，二書之義亦異，小正緹言其色，爾雅媞言其實，傳義甚明。今青莎草正月初生，未即有實，可以目驗知之。傳中「實」字當爲「色」。郭注爾雅引此傳證成彼義，誤「色」爲「實」。後人不察，反據郭注改易此傳，千載不覺矣。雞桴粥。粥也者，相粥之時也。或曰：桴，嫗伏也；粥，養也。說文云：「雞，知時畜也。」桴讀曰孚。說文云：「孚，卵孚也。」徐鍇云：「鳥之孚卵，皆如其期，不失信也。鳥裒恆以爪覆其卵。」鄭注周禮云：「粥，養也。」傳云「相粥之時也」者，九家注易云：「風應節而變，變不失時。雞時至而鳴，與風相應也。二九十八，主風精爲雞，故雞十八日剖而成雛。」云「或曰桴嫗伏也」者，樂記曰：「羽者嫗伏。」孔疏云：「伏體而生子也。」

二月：爾雅曰：「二月爲如。」月令曰「仲春之月」。聘珍謂：二月節，日在婁，月中在胃也。往耰黍，禪。禪，單也。往，謂往于田也。玉篇云：「耰，覆種也。」「黍」當爲「稷」。鄭注士昏禮云：「古文黍作稷。」孔氏月令疏引攷靈曜云：「日中星鳥，可以種稷」是也。說文云：「禪，衣不重也。」齊語曰：「旦莫從事於田野，脫衣就功。」初俊羔，助厥母粥。俊也者，大也。粥也者，養也。言大羔能食草木而不食其母也。羊蓋非其子而後養之，善養而記之也。或曰：夏有煮祭，祭者用羔。是時也不足喜樂，善羔之爲生也而記之，與羔羊腹時也。羔，羊子也。助，猶佐助也。助厥母粥者，謂大羔不待乳於其母，其母再粥小羔也。傳云「粥也者養也」者，謂生養也。樂記曰：「毛者孕鬻。」鄭注云：「鬻，生也。」云「言大羔能食草木而不食其母也」者，謂不食其母之乳也。春秋繁露云：「騶犢未能勝芻豢之食，莫如令食其母便。」又云：「羔食於其母，必跪而受之。」云「羊蓋非其子而後養之」者，說文云：「非，違也。」違，離也。」羊之性，必俟其已生之子不食其乳，違之而去，而後再粥小羔。云「善養而記之也」者，美其生長蕃息也。云「或曰夏有煮祭祭者用羔」者，爾雅曰：「夏，大也。」說文云：「煮，亯也。」謂大亨而祭也。詩曰：

「四之日，其蚤獻羔祭韭。」月令曰：「仲春之月，天子乃鮮羔開冰，先薦寢廟。」是也。云「是時也不足喜樂，善羔之爲生也而記之」者，爲猶助也。言是時獻羔之祭小正不記，而記羔之助厥母粥也。云「與羔羊腹時也」者，與，許也，嘉美之辭。爾雅曰：「腹，厚也。」善羔羊厚生之時也。**綏多女士。綏，安也。冠子取婦之時也。**「綏安也」者，爾雅釋詁文。云「冠子取婦之時也」者，博物志冠辭云：「欽順仲春之吉辰，始加昭明之元服。」是古者冠以二月也。媒氏職曰：「中春之月，令會男女。」鄭注云：「中春陰陽交，以成昏禮，順天時也。」**丁亥，萬用入學。丁亥者，吉日也。萬也者，干戚舞也。入學也者，大學也。謂今時大舍采也。**公羊宣八年傳曰：「萬者何？干舞也。」何注云：「萬者，其篇名。」傳云「丁亥者吉日也」者，吉，善也。月令曰：「仲春之月，上丁，命樂正習舞釋菜。」云「萬也者干戚舞也」者，孔氏詩邶風疏云：「公羊傳曰：『萬者何？干舞。』言干則有戚，以干戚武事，故以萬言之。是以文王世子云：『春夏學干戈。』注云：『干戈萬舞，象武也。』」云「大學也」者，王制曰：「夏后氏養國老於東序。」鄭注云「東序，大學，在國中王宮之東」是也。云「謂今時大舍采也」者，今時即二月丁亥也。大胥職曰：「春入學，舍采，合舞。」鄭注云：「鄭司農云：『舍采，謂舞者皆持芬香之采。或曰：古者，士見於君，以雉爲摯；見於師，以采爲摯。采直謂疏食菜羹之菜。或曰：學者，皆人君卿大夫之子，衣服采飾。舍采者，減損解釋盛服以下其師也。月令：仲春之月上丁，命樂正習舞釋采；仲丁又命樂正入學習樂。』玄謂舍卽釋也。『采』讀爲『菜』。始入學必釋菜，禮先師也。菜，蘋蘩之屬。」**祭鮪。祭不必記，記鮪何也？鮪之至有時，美物也。鮪者，魚之先至者也。而其至有時，謹記其時。**廣雅云：「祭，薦也。」月令曰：「薦鮪於寢廟。」孔疏云：「案爾雅釋魚云：『鮥，鮛鮪。』郭景純云：『似鱣而小，建平人呼鮥子。』一本云：『鮪似鱣，口在頷下。』音義云：『大者爲王鮪，小者爲鮛鮪，似鱣，長鼻，體無鱗甲。』」傳云「鮪之至有時美物也」者，高注淮南氾論云：「鮪，大魚，長丈餘。仲春二月，從西河上，得過龍門，便爲龍。」初學記引張氏毛詩義疏云：「鮪魚出海，三月從河上來。」穀梁成十七年傳曰：「祭者，薦其時也，薦其美也，非享味也。」

榮堇采蘩。堇，菜也。蘩，由胡。由胡者，蘩母也。蘩母者，旁勃也。皆豆實也，故記之。爾雅曰：「齧，苦堇。」郭注云：「今堇葵也。葉似柳，子如米，汋食之滑。」爾雅曰：「蘩，皤蒿。」郭注云：「白蒿。」傳云「蘩由胡，由胡者蘩母也，蘩母者旁勃也」者，孔氏隱三年左傳疏云：「陸璣云：『凡艾白色爲皤蒿，今白蒿春始生，及秋，香美可生食，又可蒸。一名遊胡，北海人謂之旁勃，故大戴禮夏小正傳曰，蘩遊胡，遊胡旁勃也。』」云「皆豆實也」者，皆，堇與蘩也。醢人職曰「饋食之豆，其實葵菹」，即堇葵也。詩曰：「于以采蘩。」毛傳云：「蘩，皤蒿也。」鄭箋云：「執蘩菜者以豆薦蘩菹。」

昆小蟲，抵蚳。昆者，衆也，由魂魂也。由魂魂也者，動也，小蟲動也。其先言動而後言蟲者何也？萬物至是動而後著。抵，猶推也。蚳，螘卵也，爲祭醢也。取之則必推之，推之不必取之，取必推而不言取。小蟲，蟄蟲也。傳云「由魂魂也者動也」者，由讀曰猶。白虎通云：「魂猶伝伝也，行不休也。少陽之氣，故動不息。」云「萬物至是動而後著」者，著見也。月令曰：「仲春之月，雷乃發聲，始電，蟄蟲咸動，啟户始出。」云「抵猶推也」者，推謂推擇也。云「蚳螘卵也，爲祭醢也」者，醢人職曰：「饋食之豆蚳醢。」鄭注云：「蚳，蛾子。」云「取必推而不言取」者，謂取其物必先推擇，推擇者，取不取未定之辭也，故不言取。

來降燕，乃睇。燕，乙也。降者，下也。言來者何也？莫能見其始出也，故曰來降。言乃睇，何也？睇者，眄也。眄者，視可爲室者也。百鳥皆曰巢，突穴取與之室，何也？操泥而就家，入人内也。爾雅曰：「燕燕，鳦。」郭注云：「詩曰：『燕燕于飛。』一名玄鳥，齊人呼鳦。」廣雅云：「睇，視也。」方言云：「睇，眄也。陳楚之間，南楚之外曰睇。」傳云「莫能見其始出也故曰來降」者，鄭注月令云：「言降者，若時始自天來，重之也。」云「視可爲室者也」者，説文云：「室，實也，从宀从至，至所止也。」云「百鳥皆曰巢」者，説文云：「鳥在木上曰巢。」云「窔穴取與之室」云云者，説文云：「窔，深也。从穴从火从求省。」穴，土窟也。顏注五行志云：「取讀曰聚。」燕之窔穴聚居，不謂之巢而謂之室者，以其能操泥而就人家入其内也。爾雅曰：「牖户之閒謂之扆，其内謂之家。」剝鱓。以爲鼓也。說文云：「剝，裂也。从刀从彔，彔，刻割也。」又云：「鱓，魚名，皮可爲鼓。」有鳴倉庚。倉庚者，商庚也。商庚者，長股也。爾雅曰：「倉庚，商庚。」郭注云：「即鶩黄也。」孔氏詩疏引陸璣云：「黄鳥，黄鸝留也。或謂之黄栗留。幽州人謂之黄鸎，一名倉庚，一名商庚，一名鶩黄，一名楚雀，齊人謂之搏黍。」榮芸，時有見稊，始收。有見稊而後始收，是小正序也。小正之序時也，皆若是也。稊者，所爲豆實。榮，華也，盛也。芸卽正月采芸，至二月則榮矣。時，是也，謂是芸也。稊，秀也。收，采取也。時有見稊始收者，言是芸於正月發稊之時始收矣。云「稊者所爲豆實」者，卽上傳云「爲廟采」也。

三月：爾雅曰：「三月爲寎。」月令曰「季春之月」。聘珍謂：三月節，日在昴，月中在畢。參則伏。伏者，非亡之辭也。星無時而不見，我有不見之時，故曰伏云。三月中後，日躔參宿，故參伏而不見也。傳云「星無時而不見，我有不見之時，故曰伏云」者，恆星隨宗動天，東出西入，逐時皆有出入地平之恆星，逐星皆有出入地平之時刻。因節氣有冬夏，晝夜有永短，人居有南北，故所見恆星出入之時刻，因時各異，隨地不同也。攝桑。桑攝而記之，急桑也。說文云：「攝，引持也。」桑，蠶所食葉木。委楊。楊則苑而後記之。說文云：「委，委隨也。从女从禾。」臣鉉等曰：「委，曲也。取其禾穀垂穗委曲之貌，故从禾。」爾雅曰：「楊，蒲柳。」傳云「苑而後記之」者，韋注晉語云：「苑，茂木也。」羵羊。羊有相還之時，其類羵羵然，記變爾。或曰：羵，羝也。羵讀曰羠，說文云：「羠，羊相羵也。羵，羠羊也。羝，牡羊也。」㲉則鳴。㲉，天螻也。爾雅曰：「㲉，天螻。」郭注云：「螻蛄也。」頒冰。頒冰也者，分冰以授大夫也。左氏昭四年傳曰：「古者日在北陸而藏冰。」又曰：「火出而畢賦。」昭十七年傳曰：「火出，於夏爲三月。」傳云「分冰以授大夫也」者，左傳曰「大夫命婦喪浴用冰」是也。采識。識，草也。識當爲蘵，爾雅曰：「蘵，黃蒢。」郭注云：「蘵草葉似酸漿，花小而白，中心黃，江東以作菹食。」妾子始蠶。先妾而後子何也？曰：事有漸也。言事自卑者始。釋名云：「妾，接也，以賤見接幸也。」鄭注月令引夏小正曰「妾子始蠶」。孔疏引皇氏云：「子謂外內子女。」山陽汪闓學云：「子指正妻，對妾文也。」爾雅曰：「蟓，桑繭。」郭注云：「食桑葉作繭者，卽今蠶。」鄭注周禮馬質云：「蠶爲龍精，月直大火，則浴其種。」執養宮事。執，操也。養，長也。宮，蠶室也。事，謂蠶事。祭義曰：「古者天子諸侯必有公桑蠶室，近川而爲之，築宮仞有三尺，棘牆而外閉之。及大昕之朝，君皮弁素積，卜三宮之夫人、世婦之吉者，使入蠶於蠶室，奉種浴於川，桑於公桑，風戾以食之。歲既單矣，世婦卒蠶，奉繭以示於君，遂獻繭於夫人。及良日，夫人繅三盆手，遂布於三宮夫人世婦之吉者，使繅，遂朱綠之，玄黃之，以爲黼黻文章。」鄭注云：「歲單，謂三月月盡之後也。言歲者，蠶歲之大功事畢於此也。」祈麥實。麥實者，五穀之先見者，故急祈而記之也。說文云：「麥，芒穀。秋種厚薶，故謂之麥。麥，金也。金王而生，火王而死。从來。有穗者，从夊。」月令曰：「季春之月，乃爲麥祈實。」鄭注云：「於含秀，求其成也。」傳云「麥實者五穀之先見者」者，鄭注周禮疾醫云：「五穀，麻黍稷麥豆也。」管子云：「麥者，穀之始也。」

越有小旱。越，于也。記是時恆有小旱。論衡云：「久暘爲旱。」顔注漢書云：「粵，古越字。」爾雅曰：「粵，于也。」

田鼠化爲鴽。鴽，鵪也。變而之善，故盡其辭也。鴽爲鼠，變而之不善，故不盡其辭也。爾雅曰：「鴽，鴾母。」郭注云：「鵪也。青州呼鴾母。」高注呂氏季春紀云：「田鼠，鼸鼠也。鴽鶉，青州謂之鴾母，周雒謂之鴽，幽州謂之鵪也。」

拂桐芭。拂也者，拂也，桐芭之時也。或曰：言桐芭始生，貌拂拂然也。爾雅曰：「榮，桐木。」郭注云：「卽梧桐。」芭讀曰葩。說文云：「葩，華也。」傳云「言桐芭始生貌拂拂然也」者，蔡氏月令章句云：「桐木之後華者也。穉之，故曰始。」易緯曰：「桐枝濡毳，而又空中，難成易傷，須成氣而後華。」

鳴鳩。言始相命也。先鳴而後鳩何也？鳩者鳴而後知其鳩也。爾雅曰：「鶌鳩，鶻鵃。」郭注云：「似山雀而小，短尾，青黑色，多聲。今江東亦呼爲鶻鵃。」孔氏昭十七年左傳疏云：「舍人云：鶌鳩一名鶻鵃，今之班鳩也。」廣雅云：「命，呼也。」

四月。爾雅曰：「四月爲余。」月令曰「孟夏之月」。聘珍謂：四月日在井。

昴則見。天官書云：「昴曰旄頭。」爾雅曰：「西陸昴也。」左氏昭四年傳曰：「西陸朝覿。」孔疏云：「鄭答其弟子孫皓云：西陸朝覿，謂四月立夏之時。」聘珍謂：四月節，昴去日四十一度，故得旦見東方也。

初昏，南門正。南門者，星也。歲再見，壹正，蓋大正所取法也。南門，亢宿上下二星名也。天官書云「亢爲疏廟，其南北兩大星曰南門」是也。亢宿四星距南第二星，去極九十六度，其北第一星，正當赤道。四月中，日在井十八度，亢第五度，去日一百零十二度，昏刻正於中也。大衍厤議以庫樓南之南門，當夏小正之南門，史記正義亦以庫樓南之南門，當亢宿上下二星，並非是。傳云「歲再見壹正」者，亢宿四月正於中，九月旦見東方，六月昏見西方也。云「蓋大正所取法也」者，廣雅云：「正，君也。」鄭注月令云：「凡記昏明中星者，爲人君南面而聽天下，視時候以授民事也。」獨於南門言取法者，晉書天文志云：「亢，天子之內朝也。總攝天下奏事，聽訟、理獄、録功者也。」鳴札。札者，寧縣也。鳴而後知之，故先鳴而後札。爾雅曰：「蚻，蜻蜻。」郭注曰：「如蟬而小。」方言云：『有文者謂之蟧。』夏小正曰：『鳴蚻，虎縣也。』」囿有見杏。囿者，山之燕者也。正月則華，四月見其實矣。鳴蜮。蜮也者，或曰屈造之屬也。說文蟈，注云蜮又从國。鄭注周禮云：「鄭司農蟈讀爲蜮。蜮，蝦蟇也。」月令曰：「螻蟈鳴。」高注淮南說林云：「鼓造一曰蝦蟇。」王萯秀。月令曰：「王瓜生。」鄭注云：「王瓜，萆挈也。今月令云『王萯生』，夏小正云『王萯莠』，未聞孰是。」詩曰：「四月秀葽。」鄭箋云：「夏小正『四月，王萯秀』。葽其是乎？」取荼。荼也者，以爲君薦蔣也。爾雅曰：「荼，苦菜。」郭注云：「詩曰『誰謂荼苦』，苦菜可食。」月令曰：「孟夏之月，苦菜秀。」傳云「以爲君薦蔣也」者，爾雅曰：「薦，進也。」說文云：「雕苽一名蔣。」膳夫職曰：「凡王之饋食用六穀。」鄭司農云：「六穀，稌黍稷粱麥苽。苽，雕胡也。」秀幽。爾雅曰：「不榮而實者謂之秀。」幽義未聞。或云：毛詩「四月秀葽」，幽，葽聲譌也。但鄭氏箋詩疑王萯爲葽，或云亦未確也。越有大旱。記時爾。鄭注月令云：「陽氣盛而常旱。」孔疏云：「以四月純陽用事。」女巫職曰：「暵旱則舞雩。」左氏桓五年傳曰：「龍見而雩。」杜注云：「龍見建巳之月。」執陟攻駒。執也者，始執駒也。執駒也者，離之去母也。陟，升也，執而升之君也。攻駒也者，教之服車數舍之也。校人職曰：「執駒。」鄭注云：「鄭司農云：『執駒無令近母。二歲曰駒。』玄謂執猶拘也。

春通淫之時，駒血氣未定，爲其乘匹傷之。」傳云「執而升之君也」者，謂擇其良者，以爲王六馬之屬也。校人職曰「掌王馬之政，辨六馬之屬」是也。云「教之服車數舍之也」者，服，閑習也。舍，釋也。廋人職曰：「佚特教駣。」鄭注云：「杜子春云：『佚當爲逸。』玄謂逸者，用之不使甚勞，安其血氣也。教駣者，始乘習之也。」

五月：爾雅曰：「五月爲臯。」月令曰「仲夏之月」。聘珍謂：五月節，日在井，月中在柳。參則見。參也者，伐星也，故盡其辭也。五月節，參去日四十二度，得且見東方也。傳云「參也者伐星也」者，毛詩召南傳云：「參，伐也。」孔疏云：「參實三星，故綢繆傳云：『三星，參也。』以伐與參連體，參爲列宿，統名之若同一宿然。但伐亦爲大星，與參互見，皆得相統。故周禮『熊斿六旒以象伐』，注云：『伐屬白虎宿，與參連體而六星。』言六旒以象伐，明伐得統參也。是以演孔圖云『參以斬伐』，公羊傳曰『伐爲大辰』，皆互舉相見之文也。故言參伐也，見同體之義。」浮游有殷。殷，衆也，浮游殷之時也。浮游者，渠略也，朝生而莫死。稱「有」何也？有見也。爾雅曰：「蜉蝣，渠略。」郭注云：「似蛣蜣，身狹而長，有角，黄黑色，聚生糞土中，朝生莫死，豬好啖之。」傳云「浮游殷之時也」者，孔氏詩曹風疏云：「陸璣云：『蜉蝣，方土語也。通謂之渠略。夏月陰雨時，地中出。樊光謂之糞中蝎蟲，隨陰雨時爲之。』」鴂則鳴。鴂者，百鷯也。鳴者，相命也。其不辜之時也，是善之，故盡其辭也。爾雅曰：「鶪，伯勞也。」郭注云：「似鶷鶡而大。左傳曰伯趙氏。」邵氏爾雅正義云：「李巡云：『伯勞一名鶪，通作鴂。』詩疏引陳思王惡鳥論云：『伯勞以五月鳴，應陰氣而動。』」傳云「其不辜之時也」者，鄭注周禮掌戮云：「辜之言枯也，謂磔之。」不辜者，不殺也。淮南天文云：「日夏至，鷙鳥不搏黄口。」高注云：「五月微陰在下，黄口肌血脆弱，未成，故鷙鳥應陰不搏也。」時有養日。養，長也。一則在本，一則在末，故其記曰「時養日」云也。「日」並當爲「白」。宋本「日」並作「白」。朱子儀禮經傳通解夏小正篇注云：「大戴日作白。」聘珍謂：白虎通三正云：「白者陰氣。」時有養白，謂五月中時陰氣方生也。傳云「養長也」者，長爲生長之長，非長短之長。云「一則在本」者，本，始也，謂一陰始生也。云「一則在末」者，末，微也，謂一陰始生而尚微也。云「故其記曰時養白云也」者，謂一陰雖微，而其勢方長，謹記其時也。乃瓜。乃者，急瓜之辭也。瓜也者，始食瓜也。山陽汪閣學云：「此似即剥瓜之瓜，非月令仲夏之王瓜也。王瓜藥物，非可食。」良蜩鳴。良蜩也者，五采具。良讀曰蜋。爾雅曰：「蜩，蜋蜩。」郭注云：「夏小正傳曰：『蜋蜩者，五彩具』。」方言云：「蟬，楚謂之蜩，宋衞之間謂之螗蜩，陳鄭之間謂之蜋蜩，秦晉之間謂之蟬。」匽之興五日翕，望乃伏。其不言生而稱興，何也？不知其生之時，故曰興。以其興也，故言之興。五日翕也。望也者，月之望也。而伏云者，不知其死也，故謂之伏。五日也者，十五日也。翕也者，合也。伏也者，入而不見也。匽讀曰蝘。詩曰：「如蜩如螗。」毛傳云：「蜩，蟬也。螗，蝘也。」孔疏云：「釋蟲云『蜋蜩、螗蜩』，舍人云：『皆蟬也。方語不同，三輔以西爲蜩，梁宋以東謂蜩爲蝘，楚語謂之蟪蛄。』陸璣疏云：『螗一名蝘虭。字林虭或作蟟也。青徐人謂之螇螰。』然則螗蝘亦蟬之别名耳。」傳云「不知其生之時」云云者，邵氏爾雅正義云：「論衡無形篇：『蠐螬化而爲復育，復育轉而爲蟬，蟬生兩翼，不類蠐螬。』是蟬以化轉而生，故小正云不知其生之時也。十五日而合，十五日而伏，即淮南説林所云蟬三十日而蜕也。」啟灌藍蓼。啟者，别也，陶而疏之也。灌也者，聚生者也。記時也。爾雅曰：「葴，馬藍。」郭注云：「今大葉冬藍也。」月令曰：「仲夏之月，令民無刈藍以染。」鄭注云：「爲傷長氣也。

此月藍始可別。夏小正曰：『啟灌藍蓼。』孔疏云：「熊氏云：灌謂叢生也。言開闢此叢生藍蓼，分移使之稀散也。」鳩爲鷹。月令曰：「季夏之月，鷹乃學習。」孔氏疏引鄭志云：「焦氏問云：『仲秋乃鳩化爲鷹，仲春鷹化爲鳩，六月何言曰鷹學習乎？』張逸答曰：『鷹雖爲鳩，亦自有真鷹可習矣。』」聘珍謂：鄭注周禮司裘云「中秋鳩化爲鷹」，故焦氏舉以爲問。張答云「自有真鷹可習」，亦遷就其說，不用小正五月鳩爲鷹之義。實則五月鳩爲鷹，六月始摯，七月祭鳥。唐蜩鳴。唐蜩者，匽也。唐讀曰螗，匽讀曰蝘。爾雅曰「螗蜩」，郭注云：「夏小正傳曰：『螗蜩者蝘。』俗呼爲蝉，江南謂之螗蛦。」初昏大火中。大火者，心也。心中，種黍菽糜時也。爾雅曰：「大火謂之大辰。」郭注云：「大火，心也。在中最明，故主時候焉。」聘珍謂：五月中，日在柳，心宿去日一百十八度，昏刻中於南方。傳云「心中種黍菽糜時也」者，說文云：「種，埶也。黍，禾屬而黏者也。」菽謂戎菽，大豆也。詩曰：「埶之荏菽。」毛傳云：「荏菽，戎菽。」鄭箋云：「戎菽，大豆也。」淮南主術云：「大火中則種黍菽。」氾勝之書云：「三月榆莢時，有雨，高田可種大豆。夏至後二十日，尚可種糜。」當爲糜，形近譌也。說文云：「糜，穄也。从黍麻聲。」一切經音義十一引蒼頡云：「穄，大黍也。似黍而不黏，關西謂之糜。」是糜亦黍屬，故可同時而種。孔氏月令疏引考靈曜云：「主夏者心星，昏中可以種黍。」是也。煮梅。爲豆實也。籩人職曰：「饋食之籩，其實棗、栗、桃、乾𧄍。」鄭注云：「乾𧄍，乾梅也。」內則曰「梅諸」，並謂煮梅，乾之爲腊也。初學記引張氏毛詩義疏云：「梅，杏類也。樹及葉皆如杏而黑耳。」暴乾爲腊，置羹臛齏中，又可含以香口。蓄蘭。爲沐浴也。說文云：「蓄，積也。蘭，香草也。」傳云「爲沐浴也」者，說文繫傳云：「本草：『蘭葉皆似澤蘭，澤蘭方莖，蘭員莖，白花紫莖。皆生澤畔，八月花。』楚辭曰：『浴蘭湯兮沐芳華。』本草：『蘭草辟不祥，故絜齊以事大神也。』臣又案：本草蘭入藥，四五月采，謂采枝葉也。」菽糜以在經中，又言之時何也？是食矩關而記之。菽，大豆。郭注爾雅釋言云：「粥之稠者曰糜。」菽糜謂以菽爲糜也。邵氏爾雅正義云：「王楨農書云：『大豆有白黑黄三種。白者粥飲，皆可拌食。』農桑輯要引氾勝之書云：『大豆保歲易爲宜，古之所以備凶年也。』」傳義未詳，舊注云：「矩關一作短閔。」頒馬。分夫婦之駒也。校人職曰：「夏祭先牧，頒馬攻特。」傳云「分夫婦之駒也」者，月令曰：「仲夏之月，游牝別羣。」鄭注云：「孕妊之欲止也。」將閒諸則，或取離駒納之則法也。閒讀曰閑，習也。詩曰：「比物四驪，閑之維則。」毛傳云：「則，法也。」傳云離駒者，卽四月傳所云離之去母者也。

六月：爾雅曰：「六月爲且。」月令曰「季夏之月」。聘珍謂：六月節，日在張，月中在翼。初昏，斗柄正在上。五月大火中，六月斗柄正在上，用此見斗柄之不正當心也，蓋當依。依，尾也。心，謂大火，心星也。尾，謂尾星。皆蒼龍之宿。六月初昏，尾中於南。天官書云：「杓攜龍角。」孟康云：「杓，北斗柄也。龍角，東方宿也。攜，連也。」案：東方七宿，角、亢、氐、房、心、尾、箕，統言之皆曰龍角，散言之則斗柄實當尾，故尾中而斗柄在上也。

煮桃。桃也者，杝桃也。杝桃也者，山桃也。煮以爲豆實也。籩人職曰：「饋食之籩，其實桃。」內則曰：「桃諸，梅諸，卵鹽。」孔疏云：「王肅云：諸，菹也。桃菹卽今之藏桃也。欲藏之時，必先稍乾之。」聘珍謂：欲乾之時，先以卵鹽煮之，故小正曰煮梅煮桃也。鷹始摯。始摯而言之何也？諱殺之辭也，故言摯云。摯讀曰擊。月令曰：「季夏之月，鷹乃學習。」鄭注云：「鷹學習，謂攫搏也。」孔疏云：「於時二陰既起，鷹感陰氣，乃有殺心，學習搏擊之事。」

七月：爾雅曰：「七月爲相。」月令曰「孟秋之月」。聘珍謂：七月節，日在翼，月中在軫。秀雚葦。未秀則不爲雚葦，秀然後爲雚葦，故先言秀。韋注周語云：「榮而不實曰秀。」詩曰：「八月雚葦。」毛傳云：「薍爲雚，葭爲葦。」孔疏云：「釋草云：『菼，薍。』樊光云：『菼初生葸息，理反騂色。海濱曰薍。』郭璞云：『似葦而小。』釋草又云『葭華』，舍人云：『葭一名華。』樊光引詩云『彼茁者葭』。郭璞云：『即今蘆也。』釋草又云『葭蘆』，郭璞云：『葦也。』然則此三草，初生者爲菼，長大爲薍，成則名爲雚；初生爲葭，長大爲蘆，成則名爲葦。小大之異名，故云薍爲雚，葭爲葦，此對文耳，散則通矣。」貍子肇肆。肇，始也。肆，遂也。言其始遂也。其或曰：肆，殺也。爾雅曰：「貍子隸。」郭注云：「今或呼豾貍。」說文云：「貍，伏獸，似貙。」鄭注周禮云：「貍，善搏者也。」湟潦生苹。湟，下處也。有湟然後有潦，有潦而後有苹草也。說文云：「潦，雨水大貌。」爾雅曰：「苹，蘋蕭。」詩曰「呦呦鹿鳴，食野之苹」是也。爾雅曰：「苹，蓱。」郭注云：「水中浮蓱。江東謂之薸。」此即月令「季春之月蓱始生」也，非生於七月者。爽死。爽也者，猶疏也。死，亡也。左氏僖十五年傳曰：「歲云秋矣，我落其實，而取其材，實落材亡。」傳云「猶疏也」者，謂疏材也。大宰職曰：「聚斂疏材。」鄭注云：「疏材，百草根實可食者。」賈疏云：「百草或取根，謂若蔆芡之屬；或取實，謂若榛栗之屬。」荓秀。荓也者，馬帚也。爾雅曰：「荓，馬帚。」郭注云：「似蓍，可以爲掃篲。」漢案户。漢也者，河也。案户也者，直户也。言正南北也。詩曰：「維天有漢。」毛傳云：「漢，天河也。」孔疏云：「河圖括地象云：『河精上爲天漢。』揚泉物理論云：『漢，水之精也，氣發而著，精華浮上，宛轉隨流，名曰天河，一曰雲漢。』」傳云「言正南北也」者，天河起自箕尾，沒於七星南畔，七月初昏，箕尾中於南，故天河自南而北也。寒蟬鳴。寒蟬也者，蝭蟧也。爾雅曰：「蜺，寒蜩。」郭注云：「寒螿也。似蟬而小，青色。」傳云「蝭蠑也」者，蠑或爲螃，玉篇、廣韻並云「蝭螃，小蟬也」。爾雅曰：「蜓蚞，螇螰。」郭注云：「即蝭螃也。一名蟪蛄，齊人呼螇螰。」初昏，織女正東鄉。天官書云：「婺女其北織女。織女，天女孫也。」張氏正義云：「在河北天紀東。」聘珍謂：東鄉者，鄉營室、東壁也。時有霖雨。左氏隱九年傳曰：「凡雨自三日以往爲霖。」灌荼。灌，聚也。荼，萑葦之秀，爲蔣褚之也。萑未秀爲菼，葦未秀爲蘆。鄭氏詩鄭風箋云：「荼，茅秀物之輕者，飛行無常。」孔疏云：「是茅草秀出之穗。」聘珍謂：掌荼職曰「以時聚荼」，既夕禮曰「茵著用荼」，皆是也。傳云「爲蔣褚之也」者，蔣，謂萑葦色青而華之時。褚，蓄也。說文云：「蔣，苽蔣也。」繫傳云：「苽，草也。青謂之苽蔣，枯謂之芻茭。」斗柄縣在下，則旦。天官書云：「斗杓攜龍角，魁枕參首，衡殷南斗。用昏建者杓，夜半建者衡，平旦建者魁。」七月初昏，斗柄建申，平旦建子，柄建子則下垂矣。

八月：爾雅曰：「八月爲壯。」月令曰「仲秋之月」。聘珍謂：八月節，日在角，月中在氐。剝瓜。畜瓜之時也。詩曰：「疆場有瓜，是剝是菹。」毛傳云：「剝瓜以爲菹也。」玄校。玄也者，黑也。校也者，若綠色然。婦人未嫁者衣之。說文云：「黑而有赤色者爲玄。」校讀曰絞。鄭注雜記云：「采青黃之間曰絞。」傳云「絞也者若綠色然」者，說文云：「綠，帛青黃色也。」玄絞之爲色，五采皆備。染人職曰：「秋染夏。」鄭注云：「染夏者，染五色。謂之夏者，其色以夏狄爲飾。禹貢曰：『羽畎夏。』狄是其總名，其類有六：曰翬，曰搖，曰鷂，曰甾，曰希，曰蹲。其毛羽五色皆備成章，染者擬以爲深淺之度，是以放而取名焉。」剝棗。剝也者，取也。詩曰：「八月剝棗。」毛傳云：「剝，擊也。」孔疏云：「棗須就樹取之，所以剝爲擊也。」㮚零。零也者，降也。零而後取之，故不言剝也。說文云：「㮚，木也。其實下垂。」爾雅曰：「降，落也。」丹鳥羞白鳥。丹鳥者，謂丹良也。白鳥，謂閩蚋也。其謂之鳥何也？重其養者也。有翼者爲鳥。羞也者，進也。不盡食也。月令曰：「羣鳥養羞。」鄭注云：「羞謂所食也。」夏小正曰：「九月，丹鳥羞白鳥。」說曰：「丹鳥也者，謂丹良也。白鳥也者，謂閩蚋也。其謂之鳥者，重其養者也。有翼爲鳥。養也者，不盡食也。」二者文異。羣鳥、丹良，未聞孰是。」孔疏云：「云夏小正曰九月丹鳥羞白鳥者，今案：大戴禮『八月丹鳥羞白鳥』，今云九月者，鄭所見本異也。丹鳥以白鳥爲珍羞，故云丹鳥羞白鳥。云『說曰丹鳥也者』以下至『不盡食』，皆小正文。『白鳥也者，謂閩蚋也，其謂之鳥者，重其所養者』，丹良是蟲，乃謂之鳥，是重其所養之物，不盡食之，雖蟲而謂鳥也。但未知丹良竟是何物，皇氏以爲丹良是螢火。今案：爾雅釋蟲郭氏等諸釋，皆不云螢火是丹良，未聞皇氏何所依據。云『二者文異，羣鳥丹良未聞孰是』者，月令云羣鳥，夏小正說者云丹良，故云羣鳥丹良未聞孰是。」辰則伏。辰也者，謂星也。伏也者，入而不見也。辰，謂辰角也。周語曰：「辰角見而雨畢。」韋注云：「辰角，大辰蒼龍之角。角，星名也。」八月節，日在角，角星與日俱没，故入而不見也。鹿人從。鹿人從者，從羣也。鹿之養也離，羣而善之。離而生，非所知時也，故記從不記離。君子之居幽也不言。或曰：人從也者，大者於外，小者於内，率之也。爾雅曰：「鹿，牡麚，牝麀，其子麛，其迹速，絶有力麉。」從，隨也。人從者，言如人之相聽從也。傳云「鹿之養也離」者，養謂孕妊生養之時，離謂離其羣也。云「羣而善之」者，說文云：「鹿之性，見食急則必旅行。」淮南泰族云：「鹿鳴興於獸，君子大之，取其見食而相呼也。」〔一〕云「離而生非所知時也，故記從不記離」者，謂鹿

〔一〕「其見」原倒，據淮南子泰族訓乙。

之性，孕妊之時，必離羣而後生小鹿，既生而後從羣，不知其離之時，第見其從而記之，不億其離而記之也。云「君子之居幽也不言」者，居，處也。幽，謂幽隱。不明之事則不言也。鴽爲鼠。三月傳曰：「鴽爲鼠，變而之不善，故不盡其辭也。」鼠，田鼠也。田鼠，害稼者也，故不善。郊特牲曰：「迎貓，爲其食田鼠也。」參中則旦。大衍厤議云：「八月參中則曙，失傳也。辰伏則參見，非中也。」聘珍謂：古法，秋分昏明中星去日百度，夏時八月中，日在氐七度，參初去日一百四十九度，非中也。

九月：爾雅曰：「九月爲玄。」月令曰「季秋之月」。聘珍謂：九月節，日在心，月中在尾。內火。內火也者，大火。大火也者，心也。爾雅曰：「大辰，房、心、尾也。大火謂之大辰。」九月日躔心尾，故大火入而不見也。說文云：「內，入也。」遰鴻鴈。遰，往也。月令曰：「季秋之月，鴻鴈來賓。」傳云「遰往也」者，鴈以北方爲居，自北而南則曰往，自南而北則曰來。主夫出火。主夫也者，主以時縱火也。王制曰：「昆蟲未蟄，不以火田。」月令曰：「季秋之月，蟄蟲咸俯在內，皆墐其戶。」又曰：「天子乃教於田獵。」傳云「縱火」者，謂縱火張羅也。陟玄鳥蟄。陟，升也。玄鳥也者，燕也。先言陟而後言蟄，何也？陟而後蟄也。月令曰：「玄鳥歸。」鄭注云：「玄鳥，燕也。歸，謂去蟄也。」熊羆貊貉鼶鼬則穴，若蟄而。爾雅曰：「熊虎醜，其子狗，絕有力麙。」說文云：「熊，獸似豕，山居，冬蟄。」爾雅曰：「羆，如熊，黃白文。」廣韻云：「貉，同貈。」說文云：「貈，似狐，善睡獸。」爾雅曰「鼶鼠」，郭注云：「夏小正曰：『鼶鼬則穴。』」爾雅曰「鼬鼠」，郭注云：「今鼬似鼦，赤黃色，大尾，啖鼠，江東呼爲鼪。」則穴者，鄭注穴氏云：「穴，搏蟄獸所藏者。」「若蟄而」者，若，順也。蟄，藏也。言此六物，順時而藏。凡獸蟄皆藏於穴中也。而，語辭。榮鞠樹麥。鞠，草也。鞠榮而樹麥，時之急也。爾雅曰：「鞠，治蘠。」郭注云：「今之秋華菊。」月令曰：「季秋之月，鞠有黃華。」樹，謂蓺植也。傳云「時之急也」者，孔氏月令疏云：「蔡氏云：陽氣初胎於酉，故八月薺麥應時而生，九月則時之急也。」

王始裘。王始裘者何也？衣裘之時也。高注呂氏孟冬紀云：「裘，温服。」司裘職曰：「季秋獻功裘。」辰繫于日。辰謂大辰，房、心、尾也。繫，聯綴也。九月辰與日俱出俱入，故云繫也。雀入于海爲蛤。蓋有矣，非常入也。月令曰：「爵入大水爲蛤。」鄭注云：「大水，海也。」高注呂氏季秋紀作「賓雀入大水爲蛤」，云：「賓雀者，老雀也。棲宿于人堂宇之閒，有似賓客，故謂之賓雀。大水，海也。傳曰『雀入于海爲蛤』，此之謂也。」說文云：「蛤，蜃屬，有三，皆生于海，千歲化爲蛤，秦謂之牡厲。又云百歲燕所化。魁蛤一名復累，老服翼所化。」

十月：爾雅曰：「十月爲陽。」鄭氏詩小雅箋云：「十月爲陽，時坤用事，嫌於無陽，故以名此月爲陽。」月令曰「孟冬之月」。聘珍謂：十月節，日在箕，月中在斗。豺祭獸。善其祭而後食之也。爾雅曰：「豺，狗足。」高注呂氏季秋紀云：「豺，獸也。似狗而長毛，其色黃。殺獸四圍陳之，所謂祭獸也。」初昏，南門見。南門者，星名也。及此再見矣。經傳文有譌變。十月初昏，南門伏，非見也。黑鳥浴。黑鳥者何也？烏也。浴也者，飛乍高乍下也。說文云：「烏，孝鳥也。」廣韻引爾雅曰：「純黑而返哺者謂之烏，小而不返哺者謂之鵶。」傳云「浴也者飛乍高乍下也」者，謂烏飛迎風而自潔其毛羽也。時有養夜。養者，長也，若日之長也。論衡說日云：「夜，陰也。」時有養夜者，鄭注周易云：「建戌之月，以陽氣既盡；建亥之月，純陰用事也。」傳云「養者長也」者，謂生長也。云「若日之長也」者，小爾雅云：「若，乃也。」漢書天文志云：「日，陽也。」十月純陰，何云陽長？易曰：「剝，窮上反下。」蓋剝卦上九一畫爲三十分，一日剝一分，至九月盡方盡。然陽氣無間可息，剝於上則生於下，至十月一日便生一分，積三十分而成一畫，故十一月一陽復而養之，則自十月始矣。十月純陰，乃所以養陽也。玄雉入于淮爲蜃。蜃者，蒲盧也。左氏昭十七年傳曰：「丹鳥氏，司閉者也。」杜注云：「丹鳥，鷩雉也。以立秋來，立冬去，入水爲蜃。」說文云：「淮水出南陽平氏桐柏大復山，東南入海。」鄭注月令云：「大蛤曰蜃。」織女正北鄉，則旦。織女，星名也。織女三星，距大星去極五十二度半，入斗五度，十月中後，旦刻見於東北方。

十一月：爾雅曰：「十一月爲辜。」月令曰「仲冬之月」。聘珍謂：十一月節，日在牛，月中在女。王狩。狩者，言王之時田也。冬獵爲狩。大司馬職曰：「中冬教大閱，遂以狩田。」鄭注云：「言守取之，無所擇也。」何注公羊傳云：「狩，猶獸也。冬時禽獸長大，遭獸可取。」說文云：「獵，放獵逐禽也。」傳云「冬獵爲狩」者，爾雅釋天文。陳筋革。陳筋革者，省兵甲也。陳，列也。傳云「陳筋革者省兵甲也」者，考工記曰：「弓人爲弓，筋也者，取其深也。函人爲甲，必先爲容，然後制革。」嗇人不從。不從者，弗行。嗇，省也。嗇人，謂省嗇徒衆也。不從，謂不從王狩也。郊特牲曰：「唯爲社田，國人畢作。」鄭注云：「畢作，人則盡行，非徒羨也。」冬狩非爲社事，故有不行者。于時月也，萬物不通。月令曰：「天氣上騰，地氣下降，天地不通，閉塞而成冬。」易曰：「先王以至日閉關，商旅不行，后不省方。」隕麋角。隕，墜也。日冬至，陽氣至始動，諸向生皆蒙蒙符矣。故麋角隕，記時焉爾。爾雅曰：「麋，牡麔，牝麎，其子麇。」說文云：「麋，鹿屬。」傳云「隕墜也」者，爾雅釋詁文。云「日冬至，陽氣至始動，諸向生皆蒙蒙符矣」者，鄭注周易云：「蒙蒙，物初生形。」是其未開著之名也。符，信也，驗也。萬物應微陽而動，皆有信驗也。月令曰：「日短至，陰陽争，諸生蕩。」鄭注云：「争者，陰方盛，陽欲起也。蕩謂物動萌芽也。」云「故麋角隕記時焉爾」者，高注淮南時則云：「麋角解墮，皆應微陽氣也。」

十二月：爾雅曰：「十二月爲涂。」月令曰「季冬之月」。聘珍謂：十二月節，日在危，月中在室。鳴弋。弋也者，禽也。先言鳴而後言弋者，何也？鳴而後知其弋也。弋，謂鷙鳥也，鷹隼之屬。繳射曰弋。十二月，鷹隼取鳥，捷疾嚴猛，亦如弋射，故謂之弋。月令曰「季冬之月，征鳥厲疾」是也。玄駒賁。玄駒也者，螘也。賁者何也？走於地中也。爾雅曰：「蚍蜉，大螘。小者螘。」方言云：「蚍蜉，齊魯之閒謂之蚼蟓，西南梁益之閒謂之玄蚼，燕謂之蛾蛘。」傳云「走於地中也」者，感陽氣而動於蟄中。納卵蒜。卵蒜也者，本如卵者也。納者何也？納之君也。爾雅曰：「蒚，山蒜。」説文云：「蒜，葷菜也。」虞人入梁。虞人，官也。梁者，主設罔罟者也。虞人，掌水之官，水虞、漁師是也。王制曰：「虞人入澤梁。」鄭注云：「梁，絶水取魚者。」傳云「罔罟」者，爾雅曰：「緵罟，謂之九罭。九罭，魚罔也。」隕麋角。蓋陽氣旦睹也，故記之也。傳云「蓋陽氣旦睹也，故記之也」者，爾雅曰：「旦，早也。」廣雅云：「睹，見也。」陽氣旦睹，謂十一月一陽來復，陽氣早見，已有隕麋角之事矣。十二月亦有隕者，物候各有不齊，故經重記之。孔氏月令疏云：「若節氣早，則麋角十一月解，故夏小正云『十一月麋角隕墜』是也。若節氣晚，則十二月麋角解，故小正云『十二月隕麋角』。」

大戴禮記解詁卷三

保傅第四十八

殷爲天子三十餘世而周受之，少閒曰：「成湯卒崩二十有二世，乃有武丁即位。武丁崩九世，乃有末孫紂即位。」漢書律厤志云：「凡殷世繼嗣三十一王，六百二十九歲。」周爲天子三十餘世而秦受之，李注文選卷十云：「戰國策呂不韋云：周凡三十七王，八百六十七年。」秦爲天子二世而亡。二世，謂始皇、胡亥也。凡十有五年。人性非甚相遠也，何殷周有道之長而秦無道之暴？其故可知也。盧注云：「孔子曰：『性相近。』暴，卒疾也。」

古之王者，太子乃生，固舉之禮，使士負之。乃，始也。固，必也。禮，謂太子生之禮。左氏桓六年傳曰：「子同生，以太子生之禮舉之，接以大牢，卜士負之。」有司參，夙興，端冕，見之南郊，見之天也。有司，謂執事者。「參」當爲「齋」，形近而譌也。齋，戒潔也。夙，早敬也。端冕，謂玄衣玄冕，卿大夫祭服也。南郊，祭天之處。郊特牲曰：「兆於南郊，就陽位也。」過闕則下，過廟則趨，孝子之道也。故自爲赤子時，教固以行矣。爾雅曰：「觀謂之闕。」廣雅云：「象，魏闕也。」下，謂下車。釋名云：「廟，貌也，先祖形貌所在也。」趨，疾行也。顏注漢書云：「赤子，言其新生，未有眉髮，其色赤。」聘珍謂：此言太子之南郊，過闕廟也。昔者周成王幼，在襁褓之中，張氏史記正義云：「繈，約小兒於背而負行。褓，小兒被也。」盧注云：「武王崩，成王年十三也。而云在繈褓之中，言其小。」聘珍謂：孔氏明堂位疏云：「王肅以家語之文，武王崩，成王年十三。鄭康成用衛宏之說，武王崩，成王年十歲也。」**召公爲太保，周公爲太傅，太公爲太師。**史記世家云：「召公奭與周同姓，姓姬氏，周武王之滅紂，封召公於北燕。其在成王時，召公爲三公。周公旦者，周武王弟也。武王既崩，卒相成王。太公望呂尚者，本姓姜氏，爲文武師。」尚書序云：「召公爲保，周公爲師，相成王，爲左右。」孔疏云：「經傳皆言成王時，太公爲太師。此言周公爲師，蓋太公薨周公代之。」**保，保其身體，**文王世子曰：「保也者，慎其身以輔翼之而歸諸道者也。」鄭彼注云：「慎其身者，謹安護之。」**傅，傅之德義，**廣雅云：「傅，敷也，相也。」傅之德義者，敷陳德義以相之也。文王世子曰：「太傅審父子君臣之道以示之。」**師，導之教訓，**文王世子曰：「師也者，教之以事而喻諸德者也。」**此三公之職也。**韓詩外傳云：「三公者何？曰司空、司馬、司徒也。」鄭注地官序官云：「三公者，內與王論道，中參六官之事。」賈疏云：「書傳云：『天子三公，一曰司徒公，二曰司馬公，三曰司空公。』鄭彼注云：『周禮天子六卿，與太宰、司徒同職者，則謂之司徒公。與宗伯、司馬同職者，則謂之司馬公。與司寇、司空同職者，則謂之司空公。一公兼二卿，舉下以爲稱。』」漢書百官公卿表云：「太師、太傅、太保，是爲三公，蓋參天子，坐而議政，無不總統，故不以一職爲官名。記曰三公無官，言有其人然後充之，舜之於堯，伊尹於湯，周公、召公於周，是也。或說司馬主天，司徒主人，司空主土，是爲三公。」**於是爲置三少，皆上大夫也，曰少保，少傅，少師。**盧注曰：「卿也，謂之孤也。」聘珍謂：漢書云：「少師、少傅、少保，是爲孤卿，與六卿爲九焉。」考工記曰：「九卿朝焉。」鄭彼注云：「六卿三孤爲九卿，三孤佐三公論道也。」**是與太子宴者也。**是，是三公三少也。宴，謂宴尼居息也。文王世子曰：「太傅在前，少傅在後，入則有保，出則有師。」盧注云：「記者因成王幼稚，周公居攝，又以王少漸賢聖之訓，長終封禪之美，故據其成事，大概同於太子，而始末敍之，取明殷周之隆師友爲先也。」故孩提，三公三少固明孝仁禮義，以導習之也。趙注孟子云：「孩提，二三歲之閒，在襁褓，知孩笑，可提抱者也。」聘珍謂：善於父母爲孝。仁，愛人以及物。禮運曰：「禮義也者，人之大端也。」習，謂便習之。逐去邪人，不使見惡行。於是比選天下端士、孝悌閑博有道術者，以輔翼之，使之與太子居處出入，故太子乃目見正事，聞正言，行正道，左視右視，前後皆正人。夫習與正人居，不能不正也，猶生長於楚，不能不楚言也。比，校也。選，擇也。荀子脩身云：「多見曰閑，多聞曰博。」道術，謂道藝也。孟子曰：「輔之翼之，使自得之。」故擇其所嗜，必先受業，乃得嘗之；擇其所樂，必先有習，乃得爲之。嗜，好也。學記曰：「時教必有正業。」嘗，試也。樂，懽也。習，重習也。論語曰：「學而時習之，不亦說乎。」爲，行也。言於正業之中，取其性之所近者而試之學，試其樂學而教之習，乃可見諸行。盧注云：「恐其懈墮，故以所味好而誘之。」孔子曰：「少成若天性，習貫之爲常。」此殷周之所以長有道也。盧注云：「言人性本或有所不能，少教成之，若天性自然也。周書曰：『習之爲常，自氣血始。』其太子幼擇師友亦然。」

及太子少長，知妃色，則入於小學。小者，所學之宮也。顏云：「妃色，妃匹之色。」盧注云：「古者太子八歲入小學，十五入大學也。」學禮曰：「帝入東學，上親而貴仁，則親疏有序，如恩相及矣。帝入南學，上齒而貴信，則長幼有差，如民不誣矣。帝入西學，上賢而貴德，則聖智在位，而功不匱矣。帝入北學，上貴而尊爵，則貴賤有等，而下不踰矣。帝入太學，承師問道，退習而端於太傅，太傅罰其不則而達其不及，則德智長而理道得矣。」盧注云：「成王年十五，亦入諸學，觀禮布政，故引天子之禮以言之。四學者，東序、瞽宗、虞庠及四郊之學也。春氣温養，故上親；夏物盛，小大殊，故上齒；秋物成實，故貴德；冬時物藏於地，唯象於天半見也，故上爵也。成王學並於正三公也。獨云太傅，舉中言也。」聘珍謂：學禮者，禮古經五十六篇中之篇名也。太學，謂成周當代之學，曰辟雍，亦曰成均者也。承師問道，謂食老更於太學而乞言也。廣雅云：「端，正也。罰，折也。」爾雅曰：「則，法也。」理道，謂治道。此五義者既成於上，則百姓黎民化輯於下矣。學成治就，此殷周之所以長有道也。百姓，謂百官族姓也。化，變也。輯，和也。書曰：「百姓昭明，協和萬邦，黎民於變時雍。」

及太子既冠，成人，免於保傅之嚴，則有司過之史，有虧膳之宰。太子有過，史必書之，史之義不得不書過，不書過則死；過書而宰徹去膳，夫膳宰之義，不得不徹膳，不徹膳則死。冠義曰：「成人之者，將責成人禮焉也。」司，主也。玉藻曰：「動則左史書之，言則右史書之。」虧，去也。膳，謂膳羞。鄭注燕禮云：「膳宰，天子曰膳夫，掌君飲食膳羞者也。」聘珍謂：周禮膳夫職曰：「掌王之食飲膳羞，以養王及后、世子。」左氏昭二十九年傳曰：「官修其方，朝夕思之，一日失職，則死及之。」於是有進善之旍，玉篇云：「旍同旌。」說文云：「旌，析羽注旄首，所以精進士卒。」盧注云：「堯置之，令進善者立於旍下也。」有誹謗之木，盧注云：「堯置之，使書政之僁失也。」聘珍謂：廣韻云：「崔豹古今注：堯設誹謗木，今之華表也。」有敢諫之鼓，盧注云：「舜置之，使諫者擊之以自聞也。」

鼓夜誦詩，鼓讀曰瞽。毛詩有瞽序釋文云：「瞽本作鼓。」鄭注大行人云：「瞽，樂師也。」夜誦詩者，漢書禮樂志云：「采詩夜誦。」顏注云：「夜誦者，其言辭或祕，不可宣露，故於夜中歌誦也。」鄭注大司樂云：「以聲節之曰誦。」工誦正諫，盧注云：「工，樂人也。」聘珍謂：正，直也。正諫，謂直陳其事而諫者，如虞箴之類是也。詩則主文而譎諫，故瞽工各異職。士傳民語。左氏襄十四年傳曰：「士傳言，庶人謗。」習與智長，故切而不攘；習，謂所習之業。長，益也。習與智長，謂能知其所習之意，而有以長其智也。切，謂切近。攘，卻也。盧注云：「量知授業，故雖勞能受也。」化與心成，故中道若性，是殷周所以長有道也。化，猶教也。成，就也。與心成者，謂知其心能救其失也。中，適也。盧注云：「覲心施化，故變善如性也。」

三代之禮，天子春朝朝日，秋莫夕月，所以明有別也。祭法曰：「王宮，祭日也。夜明，祭月也。」周語曰：「朝日夕月，以教民事君。」韋注云：「禮，天子以春分朝日，以秋分夕月，拜日於東門之外，然則夕月在西門之外必矣。」盧注云：「祭日東壇，祭月西壇，所以別內外，以端其位，教天下之臣也。」春秋入學，坐國老，執醬而親饋之，所以明有孝也。盧注云：「中春釋菜合舞，中秋班學合聲，天子視學而遂養老，教天下之孝也。」蔡氏月令章句云：「三老，國老也。」行中鸞和，步中采茨，趨中肆夏，所以明有度也。爾雅曰：「堂上謂之行，堂下謂之步，門外謂之趨。」鄭注周禮大馭云：「鸞在衡，和在軾，皆以金爲鈴。」注樂師云：「鄭司農云：肆夏、采薺，皆樂名。或曰皆逸詩。王如有車出之事，登車於大寢西階之前，反降於阼階之前。」據此則車不上於堂。此經於堂上之行而云中鸞和者，謂舉趾合其節也。周禮樂師、大馭職及小戴記玉藻並云「行以肆夏，趨以采薺」，此經云「步中采茨趨中肆夏」者，聘珍謂：堂下謂之步者，自大寢階前至於路門也。門外謂之趨者，自路門之外至於大門也。郊特牲曰「賓入大門而奏肆夏」，則肆夏實路門以外所奏，故得云趨中肆夏也。鄭注樂師云：「尚書傳曰：『天子將出，撞黃鍾之鐘，右五鐘皆應。入則撞蕤賓之鐘，左五鐘皆應。大師於是奏樂。』」據此，則王將出，既服，至堂，路門內作采茨，路門外至於大門，作肆夏，而趨路者中其節也。盧注云：「明有度，教天下儀也。」於禽獸，見其生不食其死，聞其聲不嘗其肉，故遠庖廚，所以長恩且明有仁也。孟子曰：「君子之於禽獸也，見其生不忍見其死，聞其聲不忍食其肉，是以君子遠庖廚也。」長，大也。長恩者，恩足以及禽獸也。仁，謂仁術。孟子曰：「是乃仁術也。」食以禮，徹以樂。盧注云：「禮，俎豆傳列及食之等。於飲食之間，又不忘禮樂。」聘珍謂：膳夫職曰：「卒食，以樂徹於造。」失度，則史書之，工誦之，三公進而讀之，宰夫減其膳，是天子不得爲非也。盧注云：「失孝敬禮樂之度也。」聘珍謂：左氏昭十二年傳曰：「思我王度，式如玉，式如金，形民之力，而無醉飽之心。」史，謂左右史也。廣雅云：「讀，説也。」明堂之位曰：「篤仁而好學，多聞而道慎，天子疑則問，應而不窮者，謂之道。道者，導天子以道者也。常立於前，是周公也。誠立而敢斷，輔善而相義者，謂之充。充者，充天子之志也。常立於左，是太公也。絜廉而切直，匡過而諫邪者，謂之弼。弼者，拂天子之過者也。常立於右，是召公也。博聞强記，接給而善對者，謂之承。承者，承天子之遺忘者也。常立於後，是史佚也。」禮古經有王居明堂禮，見月令及禮器鄭注。古大明堂禮見蔡邕論，明堂記見白虎通。漢書藝文志云：「明堂陰陽三十三篇。」此蓋其遺文也。篤仁，厚於仁也。道，言也。論語曰：「多聞闕疑，慎言其餘。」應，以言對也。盧注云：「誠立而敢斷，言能忠誠有立，而果於斷割。接給，謂應所問而給也。史佚，周太史尹佚也。立道於前，承於後，置充於左，列諫於右，順名義也。道者有疑則問，故或謂之疑。充者輔善，故或謂之輔。」故成王中立而聽朝，則四聖維之，是以慮無失計，而舉無過事，殷周之前以長久者，其輔翼天子，有此具也。聽，治也。維，持也。慮，謀思也。舉，猶行也。此具，謂前道後承、左充右弼也。

及秦不然，其俗固非貴辭讓也，所尚者告得也；固非貴禮義也，所尚者刑罰也。得，謂得賊。左氏襄二十八年傳曰：「使諸亡人得賊者以告。」禮察曰：「秦王置天下於法令刑罰。」故趙高傅胡亥，而教之獄，盧注云：「趙高，宦者，秦車府令。胡亥，始皇少子，二世也。」聘珍謂：秦始皇本紀云：「趙高故嘗教胡亥書及獄律令法事。」所習者，非斬劓人則夷人三族也。故今日即位，明日射人，秦本紀云：「文公二十年，法初有三族之罪。」漢書刑法志云：「秦用商鞅，造參夷之誅。」又云：「夷三族之令曰：『當三族者，皆先黥，劓，斬左右趾，笞殺之，梟其首，菹其骨肉於市。其誹謗詈詛者，又先斷舌。』」李斯傳云：「有行人入上林中，二世自射殺之。」忠諫者謂之誹謗，深爲計者謂之訞誣，盧注云：「昔伊尹諫夏桀，桀笑曰：『子爲訞言矣。』莊辛諫襄王，襄王曰：『先生爲楚國訞與。』是也。」其視殺人若芟草菅然。豈胡亥之性惡哉？彼其所以習導非其治故也。芟，刈也。廣雅云：「菅，茅也。」鄭注儀禮喪服云：「治，猶理也。」鄙語曰：「不習爲吏，如視已事。」又曰：「前車覆，後車誡。」盧注云：「視已事，觀前成事也。古諺云：『前事之不忘，後事之師也。』鄙，猶今言俗語然也。」

夫殷周所以長久者，其已事可知也；然如不能從，是不法聖知也。如讀曰而。鄭注大司徒云：

「聖，通而先識。知，明於事。」秦世所以亟絶者，其轍迹可見也；然而不辟者，是前車覆而後車必覆也。亟，急疾也。說文云：「辟，不受也。从辛从受。受辛宜辟之。」夫存亡之變，治亂之機，其要在是矣。說文云：「變，更也。」主發謂之機。

天下之命，縣於天子，天子之善，在於早諭教與選左右，心未疑而先教諭，則化易成也。盧注云：「心未疑，謂未有所知時也。」夫開於道術，知義理之指，則教之功也。開，啓也。術，藝也。指，意也。言啓之以道藝之文，而能知義理之意，此由教而入者也。若夫服習積貫，則左右已。服謂服從，習謂便習。言服習積貫而成自然，則非教之所及，在左右之人喻之而已。胡越之人，生而同聲，嗜慾不異，及其長而成俗也，參數譯而不能相通行，雖有死不能相爲者，教習然也。盧注云：「生而同聲，及其長也，重譯而曉之，不能使言語相通。嗜慾不異，至於成俗，其所行，雖有死之可畏，猶不相放爲者，皆教習使之然也。」聘珍謂：參，猶絫也。說文云：「譯，傳譯四夷之言者。」韓詩外傳云：「成王之時，越裳氏重九譯而獻白雉於周公。」晉灼注漢書云：「遠國使來，因九譯，言語乃通也。」故曰選左右早諭教最急。夫教得而左右正，左右正則天子正矣，天子正而天下定矣。書曰：「一人有慶，兆民賴之。」此時務也。盧注云：「孟子曰：『君正莫不正也，君正則國定矣。』時，猶是也。」

天子不論先聖王之德，不知國君畜民之道，不見禮義之正，不察應事之理，不博古之典傳，不閑於威儀之數，詩書禮樂無經，學業不法，凡是其屬太師之任也。論，謂討論。畜，養也。典傳，謂典籍傳記。閑，習也。威儀，曲禮也。數，品式也。無經，謂不守先王之正經也。法，常也。任，職任也。天子無恩於父母，不惠於庶民，無禮於大臣，不中於制獄，無經於百官，不哀於喪，不敬於祭，不信於諸侯，不誡於戎事，不誡於賞罰，不厚於德，不強於行，賜與侈於近臣，鄰愛於疏遠卑賤，不能懲忿窒慾，不從太師之言，凡是之屬太傅之任也。孔氏毛詩疏云：「謂他人父責王無父恩也，謂他人母責王又無母恩也。」惠，愛也。制，折也。經，常也。誡，警也。戎事，兵事也。近臣，謂左右便嬖側媚之人。「鄰」當爲「吝」。愛，惜也。懲，止也。窒，塞也。天子處位不端，受業不敬，言語不序，聲音不中律，進退節度無禮，升降揖讓無容，周旋俯仰視瞻無儀，安顧咳唾趨行不得，色不比順，隱琴瑟，凡此其屬太保之任也。爾雅曰：「業，事也。」易曰：「言有序，悔亡。」五帝德曰：「其言可信。」聲爲律。容，謂容止可觀。儀，謂有儀可象。安顧，猶內顧也。不得者，不得其宜也。比，和也。隱，藏也。白虎通云：「琴者，禁也，所以禁止淫邪，正人心也。瑟者，嗇也，閑也，所以懲忿窒慾，正人之德也。故君子無故不去琴瑟。」盧注云：「『節度』或爲『卽席』，『趨』或爲『走』。」天子宴瞻其學，左右之習反其師，答遠方諸侯不知文雅之辭，應羣臣左右不知已諾之正，簡聞小誦不傳不習，凡此其屬少師之任也。宴，猶褻也。瞻，視也。褻視其學，謂不知敬業也。習，狎也。學記曰：「燕朋逆其師。」文，典法也。雅，正也。已，黜止也。諾，相然許之辭。簡聞，謂所聞於簡策者。小誦，謂年小時所誦者。內則曰：「請肄簡諒，十有三年，學樂誦詩。」傳，述也。習，謂溫習。天子居處出入不以禮，冠帶衣服不以制，御器在側不以度，縱上下雜采不以章，忿怒說喜不以義，賦與集讓不以節，凡此其屬少傅之任也。御器，服用之器，尊者謂之御。爾雅曰：「縱，亂也。」雜采，謂服色不純。左氏襄三十年傳曰：「都鄙有章，上下有服。」杜注云：「車服尊卑各有分部，公卿大夫服不相踰。」賦與，猶賜予也。集，聚也。讓，責也。集讓，謂責備於一人也。節，猶禮也。天子宴私，安如易，樂而湛，飲酒而醉，食肉而餕，飽而强，饑而惏，暑而暍，寒而嗽，寢而莫宥，坐而莫侍，行而莫先莫後，天子自爲開門戶，取玩好，自執器皿，亟顧環面，御器之不舉不藏，凡此其屬少保之任也。易，簡也，謂苟簡。湛，淫也。醉，卒其量也。玉藻曰：「日中而餕。」鄭彼注云：「餕，食朝之餘也。」食肉而餕者，於朝食時并餕餘而食之也。强，暴也，謂暴殄也。呂氏本生云：「肥肉厚酒，務以自强。」惏，貪也。說文云：「暍，傷暑也。」嗽，欬也。疾醫職曰：「冬時有嗽上氣疾。」宥讀曰侑。鄭注聘禮云：「古文侑皆作宥。」禮運曰：「卜筮瞽侑皆在左右。」盧注云：「環，旋也。」號呼歌謠聲音不中律，宴樂雅誦迭樂序，不知日月之時節，不知先王之諱與大國之忌，不知風雨雷電之眚，凡此其屬太史之任也。號，大呼也。謠，徒歌也。鄭注磬師云：「燕樂，房中之樂。」賈疏云：「卽關雎、二南也。」誦讀曰頌。迭，更也。盧注云：「輕用雅頌也。凡禮不同，樂各有秩。苟從所好，亂其次。聲樂之失任在太史者，樂應天也。國語曰：『吾非瞽史，焉知天道。』」周禮小史職曰『若有事，則詔王之忌諱』也。」聘珍謂：周禮太史，下大夫二人，史官之長。天子言動，史必書之，故三公三少之外，太史之任爲要也。

易曰：「正其本，萬物理。失之毫釐，差之千里。」故君子慎始也。盧注云：「據易說言也。」聘珍謂：賈子六術云：「有形之物，莫細於毫，十毫爲髮，十髮爲氂。」春秋之元，詩之關雎，禮之冠昏，易之乾巛，皆慎始敬終云爾。公羊隱元年傳曰：「元年者何？君之始年也。」何注云：「元者，氣也。無形以起，有形以分，造起天地，天地之始也。」詩序云：「關雎，后妃之德也，風之始也。」禮，謂士禮，士禮，士冠第一，士昏第二也。昏義曰：「夫禮始於冠，本於昏。」易謂周易。乾爲天，坤爲地。易曰：「有天地，然後萬物生焉。」慎始敬終者，謂慎終於始也。素誠繁成。素，猶始也。郊特牲曰：「夫昏禮，萬世之始也。」廣雅云：「誠，敬也。」昏義曰：「敬慎重正昏禮也。」繁，多也，謂子孫繁衍也。成，猶終也。素誠繁成者，言昏禮於始能誠敬，必繁衍於其終也。此目下文之事。謹爲子孫娶妻嫁女，必擇孝悌世世有行義者，如是則其子孫慈孝，不敢淫暴，黨無不善，三族輔之。黨，類也。盧注云：「三族，父族、母族、妻族。」故曰：鳳凰生而有仁義之意，虎狼生而有貪戾之心，兩者不等，各以其母。嗚呼，戒之哉！無養乳虎，將傷天下。故曰素成。等，齊也。素成，猶言始終，謂有始必有終也。胎教之道，書之玉板，藏之金匱，置之宗廟，以爲後世戒。金匱，謂金縢之匱。鄭注書金縢云：「凡藏祕書，藏之於匱，必以金緘其表。」盧注云：「斯王業隆替之所由也。當重而祕之，故置於宗廟，藏以金匱也。」

青史氏之記曰：盧注云：「一曰青史子。」聘珍謂：漢書藝文志：「小説家：青史子五十七篇。古史官記事也。」古者胎教，王后腹之七月，而就宴室。盧注云：「宴室，夾室，次宴寢也。亦曰側室。自王后已下有子，月震，[一]女史皆以金環止御。王后以七月就宴室，夫人婦嬪卽以三月就其側室，皆閉房而處也。王后以七月爲節者，君聽天下之内政，自諸侯以下妻同之也。」太史持銅而御户左，太宰持斗而御户右。「史」當爲「師」。盧注云：「太師，瞽

[一]「月」原訛「曰」，據盧注改正。

者，宗伯之屬，下大夫。太宰，膳夫也，冢宰之屬，上士二人。言太宰，因諸侯之稱也。樂爲陽，故在左；飲食爲陰，故在右。斗，所以斟也。」聘珍謂：銅者，律管也。太師職曰：「掌六律六同，以合陰陽之聲。」鄭注典同云：「故書同作銅。」六律六同皆以銅爲之。御，猶待也。比及三月者，王后所求聲音非禮樂，則太師縕瑟而稱不習。三月，謂就宴室之三月，生子月辰也。禮樂，雅樂也。縕，藏也。盧注云：「謂逆序，若淫聲。」所求滋味者非正味，則太宰倚斗而言曰：「不敢以待王太子。」盧注云：「非正味，謂非秩，若不時。縕瑟倚斗，示不用。」太子生而泣，太師吹銅曰：「聲中某律。」太師職曰：「陽聲，黃鍾、太蔟、姑洗、蕤賓、夷則、無射。陰聲，大呂、應鍾、南呂、函鍾、小呂、夾鍾。」太宰曰：「滋味上某。」盧注云：「上某時味。」聘珍謂：食醫職曰：「春多酸，夏多苦，秋多辛，冬多鹹。」然后卜名，上無取於天，下無取於墜，中無取於名山通谷，無拂於鄉俗，是故君子名難知而易諱也。此所以養恩之道。內則曰：「世子生，則君沐浴朝服，夫人亦如之，皆立於阼階，西鄉，世婦抱子，升自西階，君名之。」無取於天，不以日月也。無取於墜，不以國也。無取於名山通谷者，不以山川也。無拂於鄉俗者，謂地俗所不可諱，如隱疾、畜牲、器幣是也。左氏桓六年傳曰：「周人以諱事神，名終將諱之。」

古者年八歲而出就外舍，學小藝焉，履小節焉；束髮而就大學，學大藝焉，履大節焉。盧注云：「小學，謂虎闈，師保之學也。大學，王宮之東者。束髮，謂成童。白虎通云：『八歲入小學，十五入大學』是也。此太子之禮。尚書大傳云：『公卿之太子，大夫元士嫡子，年十三，始入小學，見小節而踐小義。年二十，入大學，見大節而踐大義。』此世子入學之期也。又曰『十五年入小學，十八入大學』者，謂諸子姓既成者，至十五入小學，其早成者，十八入大學。內則曰『十年出就外傅，居宿於外，學書計』者，謂公卿已下教子於家也。」聘珍謂：馬氏通攷云：「今以諸書所載及此注詳之，則保傅及白虎通所言八歲入小學者，乃天子世子之禮。所謂小學，則在師氏虎門之左，大學則在王宮之東，亦皆天子之學也。尚書大傳所言十三入小學者，公卿大夫元士嫡子之禮。蓋公卿已下之子弟，年方童幼，未應便入天子之學，所以十年出就外傅，且學於家塾，直至十五，方令入師氏所掌虎門小學。而天子則別無私學，所以世子八歲便入小學與？」

居則習禮文，行則鳴佩玉，升車則聞和鸞之聲，是以非僻之心無自入也。禮文，謂經曲之篇卷也。古之君子必佩玉，所以爲行節也。和鸞，皆鈴也，所以爲車行節者。在衡爲鸞，在軾爲和，馬動而鸞鳴，鸞鳴而和應，聲曰和，和則敬，此御之節也。衡，車軛上横木也。軾，車前横木也。廣韻引崔豹古今注云：「五輅衡上金雀者，朱鳥也。口銜鈴。鈴謂之鑾也，或謂朱鳥鸞也。鸞口銜鈴，故謂之鸞。」鄭注經解引韓詩內傳云：「鸞在衡，和在軾前，升車則馬動，馬動則鸞鳴，鸞鳴則和應。」白虎通云：「其聲鳴曰和敬，舒則不鳴，疾則失音，明得其和也。」上車以和鸞爲節，下車以佩玉爲度，上有雙衡，下有雙璜，衝牙、玭珠以納其閒，琚瑀以雜之。盧注云：「衡，平也。半璧曰璜。衡在中，牙在傍。納其閒，納於衡璜之閒。總曰玭珠，而赤者曰琚，白者曰瑀。或曰：瑀，美玉；琚，石，次玉。」聘珍謂：鄭注玉藻云：「衡，珮玉之衡也。衝牙，居中央，以前後觸也。」說文云：「玭，珠也。从玉比聲。宋宏云：『淮水中出玭珠，玭珠之有聲。』琚，瓊琚。瑀，石之似玉者。」行以采茨，趨以肆夏，步環中規，折還中矩，進則揖之，退則揚之，然后玉鏘鳴也。環讀曰還。玉藻「步環」作「周還」。鄭注云：「周還，反行也，宜圜；折還，曲行也，宜方。揖之，謂小俛見於前也。揚之，謂小仰見於後也。鏘，聲貌。」古之爲路車也，蓋圜以象天，二十八橑以象列星，軫方以象地，三十輻以象月。故仰則觀天文，俯則察地理，前視則睹鸞和之聲，側聽則觀四時之運，此巾車教之道也。鄭注觀禮云：「凡君所乘車曰路。」白虎通車旂云：「路，大也。」攷工記曰：「軫之方也，以象地也；蓋之圜也，以象天也；輪輻三十，以象日月也；蓋弓二十有八，以象星也。」鄭彼注云：「弓，蓋橑也。」盧注云：「巾車，宗伯之屬，下大夫二人。自『青史氏』已下，太子之事也。」

周后妃任成王於身，立而不跂，坐而不差，獨處而不倨，雖怒而不詈，胎教之謂也。后妃，武王邑姜也。任，孕也。跂，舉足望也。差，不齊一也。倨，慢也。詈，罵詈。盧注云：「大任孕文王，目不視惡色，耳不聽淫聲，口不起惡言，故君子謂大任爲能胎教也。古者婦人孕子之禮，寢不側，坐不邊，立不蹕，不食邪味，割不正不食，席不正不坐，目不視邪色，耳不聽淫聲，誦詩，道正事，如此則生子形容端，心平正，才過人矣。任子之時必慎所感，感於善則善，感於惡則惡也。」成王生，仁者養之，孝者繦之，四賢傍之。成王有知，而選太公爲師，周公爲傅，此前有與計，而後有與慮，是以封泰山而禪梁甫，朝諸侯而一天下。猶此觀之，王左右不可不練也。盧注云：「養之，謂乳母也。繦之，謂保母也。四賢，慈母及子師。」白虎通云：『王者易姓而起，必升封泰山，報告之義。天以高爲尊，地以厚爲德，故增泰山之高以報天，附梁甫之厚以報地，明以成功事就，有益於天地，若高者加高而廣者增厚矣。』尚書中候曰：『昔者聖主功成道洽符出，乃封泰山。』禮緯曰：『刑法格藏，世作頌聲，封於泰山，攷績柴燎，禪於梁甫，剋石紀號，英炳巍巍，功平世教。』白虎通又曰：『王始起，日月尚促，德化未宣，獄訟未息，近不治，遠不安，故太平巡狩也。』案古受命之君，太平然後行巡狩封禪之事者，諒有義也。故管夷吾記凡封禪之君，七十二家。至於三代，唯夏禹、殷湯、周成王而已。其封山之禮要於岱，禪地之義別以云繹，其故何也？以岱宗，東方之岳，非所易者，其於衆山，可因義取尚。故白虎通以繹繹者，爲無窮之意；亭亭者，爲德法審著。凡封禪之禮，周於恆霍，乃繼體之君，獨言泰山及受命者，舉其始也。封謂負土石於泰山之陰，爲壇而祭天也。禪，謂除地於梁甫之陰，爲墠以祭地也。變墠爲禪，神之也。』聘珍謂：埤蒼云：「練，擇也。」練與揀音義同。

昔者禹以夏王，桀以夏亡；湯以殷王，紂以殷亡；闔廬以吳戰勝無敵，夫差以見禽於越；盧注云：「夫差內不納子胥之忠諫，外結怨於諸侯，無德罷百姓，故終縊於勾踐也。」聘珍謂：禽，古擒字，禽猶獲也。文公以晉國霸，而厲公以見殺於匠黎之宮；盧注云：「厲公有陽陵之會，而驕暴無道，及游於匠黎氏之家，爲欒書、中行偃劫而幽之，諸侯百姓不哀救，三月而死也。」威王以齊强於天下，而簡公以弒於檀；盧注云：「檀，臺名也。簡公，悼公之子齊侯壬也。威王，陳敬仲之後，田常之六世孫，田和之孫也。田常弒簡公，至和爲齊侯，其孫號稱王，大强於天下。」穆公以顯名尊號，二世以刺於望夷之宮；盧注云：「穆公，秦伯任好也，德公之少子，宣公之季弟。其孫孝公曰：『昔我穆公自岐之閒，修德行武，東平晉亂，以河爲界，西霸戎翟，地廣千里，天子致伯，諸侯畢賀。』顯名尊號謂此也。望夷宮，在長陵西北，長平觀東，臨涇水作之，以望北夷。二世嘗夢白虎齧其左驂，殺之，心不樂，乃問占夢者，卜言涇水爲祟，二世就望夷之宮而祠焉。趙高爲丞相，二世以天下兵寇之事而責之，趙高懼誅，遂使其壻閻樂將士卒殺之望夷之宮。」其所以君王同而功迹不等者，所任異也。盧注云：「君謂齊晉，王謂夏殷。」故成王處緥抱之中朝諸侯，周公用事也；武靈王五十而弒沙丘，任李兑也。盧注云：「武靈王，肅侯之子趙武王也。

舍其太子章，而立王子何，自號爲王父。後有太子雛，李兌圍之於沙丘，終餓於沙宮也。沙丘在今趙郡鉅鹿之南。」齊桓公得管仲，九合諸侯，盧注云：「國語曰：兵車之屬六，乘車之會三。」一匡天下，馬注論語云：「匡，正也。天子微弱，桓公帥諸侯以尊周室，一匡天下。」再爲義王。盧注云：「陽穀與召陵也。」聘珍謂：義王者，以義正王室也。再爲義王，謂首止與洮之會也。左氏僖五年傳曰：「會於首止，會王太子鄭，謀寧周也。」僖八年傳曰：「盟於洮，謀王室也。」杜彼注云：「惠王以惠后故，欲廢太子鄭而立王子帶，故齊桓帥諸侯會王太子以定其位。」又云：「王人會洮還，而後王位定。」失管仲，任豎刁、狄牙，身死不葬，而爲天下笑。一人之身榮辱具施焉者，在所任也。盧注云：「葬之爲言藏也。管仲死，桓公任豎刁、狄牙，使專國政。桓公卒，二子各欲立其所傅之公子，而諸子並爭，國亂無主。桓公屍在牀，積六十七日，十二月乙亥，其子無詭立，乃棺赴焉，七日辛巳夜殯，至九月而後葬焉。」故魏有公子無忌，而削地復得；盧注云：「公子無忌，信陵君也。時魏地多爲秦所并削，安釐王二十六年，秦昭王卒，三十年，信陵君率五國之兵攻秦而敗之，復得其地。」趙得藺相如，而秦不敢出；盧注云：「藺相如，趙惠文王之相也。嘗以和氏之璧使於秦，完璧而歸。及澠池之會，又偪秦王爲趙王擊缶，是以秦人憚焉。故曰趙有藺相如，强秦不敢闚兵阱陘。」安陵任周瞻，而國人獨立；盧注云：「諸記多爲『唐雎』。又賈子胎教與此同。『安』或爲『隱』。或云：秦破韓威魏，而隱陵君獨以五十里國存者，周瞻、唐雎之力。」楚有申包胥，而昭王反復；盧注云：「昭王爲闔廬敗於柏莒，而越在草莽。包胥棄糧跣走請救秦，遂得甲車千乘，步卒十萬，敗吳師於濁上，王反而國存。」齊有田單，襄王得其國。盧注云：「襄王，閔王之子章也。初，齊之敗，楚使淖齒將兵救齊，因相閔王，淖齒遂殺閔王。其子章變易姓名，爲莒太史家庸夫。莒中齊亡臣相聚求閔王之子欲立之，於是莒人共立章爲襄王也，以保莒城，而布告齊國曰：王既立在於莒也。襄王五年，而田單卒以卽墨之師攻破燕，迎襄王於莒，入臨淄，齊故地盡復屬齊，封田單爲安平君。」由是觀之，無賢佐俊士而能成功立名、安危繼絶者，未之有也。

是以國不務大而務得民心，佐不務多而務得賢臣，得民心者民從之，有賢佐者士歸之。文王請除炮烙之刑而殷民從，盧注云：「昔紂爲長夜之飲，百姓怨望，諸侯有叛之者，紂乃重刑辟，有炮烙之法。文王出牖里，求以洛西之田請除炮烙之刑，紂乃許之。」湯去張網者之三面而二垂至，盧注云：「湯嘗出田，見野張網四面，祝曰『自上下四方皆入吾網』。湯曰：『噫！盡之矣。』乃去其三面，而祝曰：『欲左欲右，不用命者乃入吾網。』諸侯聞之，曰：『湯德至矣！乃及禽獸。』於是朝商者三十國。二垂，謂天地之際，言通感處遠。淮南子云：『文王砥德修政，二垂至。』」越王不頹舊冢而吳人服，盧注云：「蓋句踐也。」以其前爲慎於人也。慎讀曰順。盧注云：「皆得民心也。」故同聲則異而相應，意合則未見而相親，賢者立於本朝，而天下之豪相率而趨之也。豪，謂豪俊。率，循也。趨，歸也。孟子曰：「尊賢使能，俊傑在位，則天下之士皆悅而願立於其朝矣。」何以知其然也？管仲者，桓公之讎也。鮑叔以爲賢於己而進之桓公，七十言說乃聽，遂使桓公除仇讎之心，而委之國政焉。桓公垂拱無事而朝諸侯，鮑叔之力也。盧注云：「乾時之役，管仲射桓公，中其鉤。垂拱，言無所指麾也。」管仲之所以北走桓公而無自危之心者，同聲於鮑也。盧注云：「齊在魯北。」衞靈公之時，蘧伯玉賢而不用，迷子瑕不肖而任事。史鰌患之，數言蘧伯玉賢而不聽，病且死，謂其子曰：「我即死，治喪於北堂。吾生不能進蘧伯玉而退迷子瑕，是不能正君者，死不當成禮。而置屍於北堂，於我足矣。」盧注云：「『彌』當聲誤爲『迷』也。」聘珍謂：喪禮斂於牖下，小斂於户内，大斂於阼，殯於客位，祖於庭，葬於墓。屍讀曰尸。曲禮曰：「在牀曰尸。」鄭注儀禮云：「房半以北曰北堂。」靈公往弔，問其故，其子以父言聞，靈公造然失容曰：「吾失矣。」立召蘧伯玉而貴之，召迷子瑕而退，徙喪於堂，成禮而後去，衞國以治，史鰌之力也。夫生進賢而退不肖，死且未止，又以屍諫，可謂忠不衰矣。盧注云：「因言賢者歿猶得士也。造然，驚慘之貌。貴之，進之爲卿。成禮，復正室。論語曰：『直哉史魚』。」

紂殺王子比干，而箕子被髮陽狂，盧注云：「比干諫而死，箕子曰：『知不用而言，愚也；殺其身以彰君之惡名，不忠也。二者不可，然且爲之，不祥莫大焉。』解衣被髮，爲狂而去之。」靈公殺泄冶，而鄧元去陳以族從，盧注云：「凡諸侯之卿大夫有功德者，則命之立族，使其子世之，以守宗廟。鄧元知陳之必亡，故以族去。昔宮之奇諫虞不從，亦以其族行也。」自是之後，殷并於周，陳亡於楚，以其殺比干與泄冶而失箕子與鄧元也。盧注云：「紂以文王十二年殺比干，十三年爲武王滅。陳靈公魯宣九年殺泄冶，〔一〕十一年而楚子縣焉。」燕昭王得郭隗，而鄒衍、樂毅以齊至，盧注云：「昭王，易王之子，燕王平也。能師事郭隗，而爲之立宮室，於是修先君之怨，爲齊以求士也。韓詩外傳云：以魏、齊至之。」聘珍案：史記列傳云：「齊有三騶子，其次騶衍，後孟子，如燕，昭王擁彗先驅，請列弟子之座而受業，築碣石宮，身親往師之。樂毅去趙適魏，聞燕昭王以子之之亂而齊大敗燕，燕昭王怨齊，未嘗一日而忘報齊也。

〔一〕「冶」原訛「治」，據家刻本改。

於是屈身下士，先禮郭隗以招賢者。樂毅於是爲魏昭王使於燕，燕王以客禮待之。樂毅辭讓，遂委質爲臣，燕昭王以爲亞卿。」於是舉兵而攻齊，棲閔王於莒。盧注云：「閔王，威王之孫，宣王之子齊王地。閔王三十年，昭王與晉楚合謀而伐齊，齊師大敗。樂毅爲上將，遂入臨淄。閔王出奔於衞，衞不安，去之鄒、魯，又不納焉，遂去於莒也。」燕支地計衆不與齊均也，然如所以能申意至於此者，由得士也。盧注云：「支，猶計也。昭王曰：『孤極知燕小，力不足以報之，然得賢士，與之共國，以雪先恥，孤之願也。』」故無常安之國，無宜治之民，得賢者安存，失賢者危亡，自古及今，未有不然者也。盧注云：「韓詩外傳云：『賢者之所在，其君未嘗不尊，其國未嘗不安也。』」

明鏡者，所以察形也；往古者，所以知今也。盧注云：「詩曰：『殷鑒不遠，在夏后之世。』」今知惡古之危亡，不務襲迹於其所以安存，則未有異於卻走而求及於前人也。襲，因也。迹，行也。卻，退也。太公知之，故興微子之後，而封比干之墓。興，謂起之在位也。宋世家云：「武王伐紂克殷，微子乃持其祭器，造於軍門，武王乃釋微子，復其位。」後者，謂封比干之墓，卽在興微子之後也。云太公者，事在武王方入殷之時，太公實左右之。夫聖人之於當世存者乎其不失可知也。言微子、比干亡國之賢，猶蒙其禮，況當世之存者而至失其所乎！孔氏武成疏引帝王世紀云：「殷民咸喜曰：『王之於仁人也，死者猶封其墓，況生者乎！王之於賢人也，亡者猶表其閭，況存者乎！』」

大戴禮記解詁卷四

曾子立事第四十九

曾子曰：君子攻其惡，求其過，彊其所不能，去私欲，從事於義，可謂學矣。攻，治也。惡，不善。求，索也。過，失也。惡匿於心，非攻則不去。過出於身，不求或不知。彊，勉也。私欲，情欲也。從事於義者，聞義則徙也。

君子愛日以學，及時以行，難者弗辟，易者弗從，唯義所在，日旦就業，夕而自省思，以歿其身，亦可謂守業矣。愛，惜也。愛日以學，恐玩時棄日也。及時，謂隨時也。行，謂行其所學。易曰：「君子進德修業，欲及時也。」又曰：「君子以成德爲行，日可見之行也。」弗辟，不畏難。弗從，不苟安。論語曰：「無適也，無莫也，義之與比。」爾雅曰：「就，成也。業，事也。省，察也。」歿身，謂終身也。表記曰：「俛焉日有孳孳，斃而后已。」

君子學必由其業，問必以其序。問而不決，承閒觀色而復之，雖不說亦不彊争也。學記曰：「時教必有正業。」孔疏云：「正業，謂先王正典。」序，次也。必以其序，謂不躐等也。閒，隙也。觀色者，不干逆色也。復之，再問也。說，解也。争，辨也。

君子既學之，患其不博也；既博之，患其不習也；既習之，患其無知也；既知之，患其不能行也；既能行之，貴其能讓也。君子之學，致此五者而已矣。博，廣也。習，温習也。論語曰：「君子博學於文。」又曰：「學而時習之。」知，謂心知其義也。論語曰：「溫故而知新。」行，謂身體其事也。推賢尚善曰讓。致，猶盡也。

君子博學而孱守之，微言而篤行之，行必先人，言必後人，君子終身守此悒悒。盧注云：「孱，小貌，不務大。悒悒，憂念也。」聘珍謂：微，少。篤，厚也。必先必後者，論語曰「敏於事而愼於言」也。悒悒，不舒之貌。

行無求數有名，事無求數有成，身言之，後人揚之，身行之，後人秉之，君子終身守此憚憚。盧注云：「數，猶促速。非法不言，言則爲人輔之；非德不行，行則爲人安之。憚憚，憂惶也。」聘珍謂：揚，稱也。秉，持也，謂持守之也。

君子不絕小不殄微也，行自微也不微人，人知之則願也，人不知苟吾自知也，君子終身守此勿勿也。不絕小，謂不以小善爲無益而弗爲也。殄，猶絕也。微，隱也。行自微，謂隱行善事也。不微人者，謂非陰密不使人知也。爾雅曰：「願，思也。」自思之恐行有不及。說文云：「苟，自急敕也。」論語曰：「不患莫己知，求爲可知也。」盧注云：「勿勿猶勉勉。」

君子禍之爲患，辱之爲畏，見善恐不得與焉，見不善者恐其及己也，是故君子疑以終身。禍，烖害也。辱，污也。與，及也。盧注云：「論語曰：『見善如不及，見惡如探湯。』疑者，疑善之不與，惡之及身。

己也。」

君子見利思辱，見惡思訢，嗜慾思恥，忿怒思患，君子終身守此戰戰也。訢，謂訢病。鄭注儒行云：「訢病，猶恥辱也。」患，難也。論語曰：「忿思難。」戰戰，恐懼貌。

君子慮勝氣，思而後動，論而後行，行必思言之，言之必思復之，思復之必思無悔言，亦可謂慎矣。慮，謀思也。勝，克也。氣，謂血氣。行必思言之者，緇衣曰：「可行也，不可言，君子弗行也。」復，猶覆也。無悔言者，信近於義，言可復也。此言君子之慎思也。中庸曰「慎思之」。

人信其言，從之以行，盧注云：「以言不虛。」聘珍謂：荀子云：「君子者信矣，而亦欲人之信己也。」人信其行，從之以復，盧注云：「易曰：『終日乾乾反復其道。』」復宜其類，類宜其年，亦可謂外內合矣。周語曰：「類也者，不忝前哲之謂也。萬年也者，令聞不忘之謂也。」中庸曰：「合外內之道也，故時措之宜也。」

君子疑則不言，未問則不言，兩問則不行其難者。疑，謂是非不決。問，論難也。未問不言者，不以身質言語也。兩問，謂兩事當問也。史記索隱云：「行者，先也。」學記曰：『善問者如攻堅木，先其易者，後其節目。』問必以其序也。」

君子患難除之，財色遠之，流言滅之。禍之所由生，自孅孅也，是故君子夙絕之。盧注易象傳云：「除，修也。」易曰：「君子以恐懼修省。」流言者，如水之流。滅，絕也。說文云：「孅，銳細也。夙，早敬也。」

君子己善，亦樂人之善也；己能，亦樂人之能也；己雖不能，亦不以援人。援，猶引也，取也，謂引取人之能以爲能也。

君子好人之爲善，而弗趣也；惡人之爲不善，而弗疾也。盧注云：「弗趣者，不促速之，恐其倦也。」聘珍謂：疾，急也。不急持之，恐其生亂也。疾其過而不補也，飾其美而不伐也，伐則不益，補則不改矣。疾，惡也。補，謂彌縫其闕。飾，好也。伐，矜也。言惡人之過而不爲之彌縫，俟其自改也。好人之美而不與之矜夸，恐其自足也。

君子不先人以惡，不疑人以不信，盧注云：「謂不億不信，不逆詐。」不說人之過，成人之美，存往者，在來者，朝有過夕改則與之，夕有過朝改則與之。說，言也。論語曰：「成事不說。」存，恤也。在，察也。與，許也。往者之過則恤之，來者之善則許之。論語曰：「與其進也，不與其退也，唯何甚？人潔己以進，與其潔也，不保其往也。」

君子義則有常，善則有鄉，見其一，冀其二，見其小，冀其大，苟有德焉，亦不求盈於人也。說文云：「義，己之威儀也。」緇衣曰：「衣服不貳，從容有常。」孟子曰：「可欲之謂善。」鄉，親也。論語曰：「德不孤，必有鄰。」冀，望也。一二小大，竝以人之善言。德者，得也。盈，滿也。不求盈於人者，論語曰：「無求備於一人。」表記曰：「君子以人望人，則賢者可知已矣。」

君子不絕人之歡，不盡人之禮，盧注云：「通飲食之饋，序其歡也。簡服物之禮，令其忠也。」來者不豫，往者不慎也，去之不謗，就之不賂，亦可謂忠矣。爾雅曰：「豫，樂也。」方言、廣雅竝云：「慎，憂也」。謗，毁也。賂，貨也。孟子曰：「無處而餽之，是貨之也。」來往，謂人之來往於君子。去就，謂君子之去就。豫愼謗賂，皆以君子言。忠，盡中心也。此言君子之全交也。

君子恭而不難，安而不舒，遜而不諂，寬而不縱，惠而不儉，直而不徑，亦可謂知矣。難，勞苦也。舒，猶慢也。遜，謂謙遜。諂者，傾身自下也。易曰：「用過乎儉。」儉爲吝嗇。論語曰：「猶之與人也，出納之吝。」檀弓曰：「有直情而徑行者，戎狄之道也。」易曰：「君子知柔知剛。」

君子入人之國，不稱其諱，不犯其禁，不服華色之服，不稱懼惕之言，故曰：與其奢也，寧儉；與其倨也，寧句。盧注云：「諱，國諱。禁，國禁。」聘珍謂：曲禮曰：「入竟而問禁，入門而問諱。」華者，猶榮華，容色之異也。稱，揚也。恐懼怵惕之言，悚人聽聞者。倨，傲也。句，曲之也。左氏襄二十九年傳曰：「直而不倨，曲而不屈。」

可言而不信，寧無言也。君子終日言，不在尤之中；小人一言，終身爲罪。不信，謂無徵不信也。尤，過也。左氏昭八年傳曰：「君子之言，信而有徵，故怨遠於其身；小人之言，僭而無徵，故怨咎及之。」

君子亂言而弗殖，神言弗致也，道遠日益云。殖，長也。致，至也。盧注云：「怪力亂神，子所不語。」聘珍謂：云，言也。道之旨遠，非一言可盡，君子日益其言，言以明道也。衆信弗主，靈言弗與，人言不信不和。盧注云：「不主，謂僉議所同，不爲主。」聘珍謂：廣雅云：「靈，空也。」空言，謂口惠而實不至者。弗與，不許人也。和，聲相應也。

君子不唱流言，不折辭，不陳人以其所能。唱，導也。流言滅之，不導之使行。折，挫也。盧注云：「言不苟折窮人辭也。」聘珍謂：陳人，陳説於人也。能，謂己之功能。言必有主，行必有法，親人必有方。主，本也。法，常也。易曰：「君子以言有物而行有恆。」親，近也。方，道也。易曰：「方以類聚。」多知而無親，博學而無方，好多而無定者，君子弗與也。知，謂通問相知之人。論語曰：「汎愛衆，而親仁。」無方，謂無常也。定，猶成也。君子多知而擇焉，博學而算焉，多言而慎焉。知，謂知人。擇，謂擇善。論語曰：「擇其善者而從之。」爾雅曰：「算，數也。」鄭氏易曰：「若夫雜物算德，辨是與非。」多言，謀議也。論語曰：「便便言，唯謹爾。」博學而無行，進給而不讓，好直而徑，儉而好偉者，君子不與也。進，謂進取。給，捷也。讓，謂禮讓。玉篇、廣韻並云「徑，急也」。論語曰：「直而無禮則絞。」鄭彼注云：「絞，急也。」盧注云：「偉，塞也。言好直則太徑，〔一〕爲儉又太逼塞於下也。」聘珍謂：禮器曰：「晏平仲祀其先人，豚肩不揜豆，浣衣濯冠以朝，而難爲下矣。」夸而無恥，彊而無憚，好勇而忍人者，君子不與也。夸，謂夸毗。爾雅曰：「夸毗，體柔也。」郭彼注云：「屈己卑身以柔順人也。」彊，暴也。憚，懼也。忍，謂殘忍。亟達而無守，好名而無體，忿怒而爲惡，足恭而口聖，而無常位者，君子弗與也。盧注云：「亟，數也。數自達而無所守。」聘珍謂：體，行也。爲，作也。因忿怒而作惡也。足恭，謂便辟其足，前卻爲恭，以形體順從於人。聖，通也。口聖，謂柔順其口，捷給爲通，以言語餂取人意。位者，立也。凡若此者，皆不知禮，無以立也。

〔一〕「則」原訛「而」，據家刻本改。

巧言令色，能小行而篤，難於仁矣。嗜酤酒，好謳歌，巷遊而鄉居者乎！吾無望焉耳。篤，固也。論語曰：「巧言令色鮮矣仁。」又曰：「好行小慧難矣哉！」說文云：「酤，一宿酒也，一曰買酒也。」謳，齊歌也。巷，里中道。鄉，國離邑民所封鄉也，嗇夫別治。」望，責也。無望，言其無足責也。出入不時，言語不序，安易而樂暴，懼之而不恐，說之而不聽，雖有聖人亦無若何矣。安易，謂以簡易爲安。樂暴，謂以殘暴爲樂。恐，畏也。聽，從也。臨事而不敬，居喪而不哀，祭祀而不畏，朝廷而不恭，則吾無由知之矣。畏，敬也。恭，肅也。論語曰：「居上不寬，爲禮不敬，臨喪不哀，吾何以觀之哉！」

三十四十之閒而無蓺，卽無蓺矣；五十而不以善聞矣，蓺，謂道蓺也。內則曰：「三十博學無方，遜友視志。四十方物出謀發慮。」此時猶不能於道蓺，則時過難成，可以決其無蓺矣。無蓺之人，亦安有善可聞乎。論語曰：「四十五十而無聞焉，斯亦不足畏也已。」七十而無德，雖有微過，亦可以勉矣。勉讀曰免官之免，謂退止之也。言人老而無德，雖小過當赦，亦宜免退，不與之執事也。其少不諷誦，其壯不論議，其老不教誨，亦可謂無業之人矣。諷誦，謂習詩書六蓺之文。鄭注大司樂云：「倍文曰諷，以聲節之曰誦。」論議，謂講學若出謀發慮也。業，事也。無業者，惰遊之士也。

少稱不弟焉，恥也；壯稱無德焉，辱也；老稱無禮焉，罪也。不弟，謂不遜弟也。德者，內得於己，外得於人也。辱，污也。無德則流於污下也。射義曰：「耆耋好禮，不從流俗。」無禮則敗常亂俗。罪，古作辠。廣韻云：「辠，自辛也。」言蹙鼻辛苦之憂。過而不能改，倦也；行而不能遂，恥也；慕善人而不與焉，辱也；弗知而不問焉，固也；說而不能，窮也；喜怒異慮，惑也；不能行而言之，誣也；非其事而居之，矯也；道言而飾其辭，虛也；無益而食厚祿，竊也；好道煩言，亂也；殺人而不戚焉，賊也。盧注云：「倦，傾病人。固，專固也。」聘珍謂：遂，成也。與，及也。說，謂分別解說事理也。窮，困也。慮，思也。異慮者，逐物而遷，不與心謀也。誣，欺也。矯，詐也。道言，謂道聽塗說，加以文飾。虛，空也。好道，好言也。煩，繁也。戚，憂也。孟子曰：「賊仁者謂之賊。」

人言不善而不違，近於說其言；說其言，殆於以身近之也；殆於以身近之，殆於身之矣。違，遠也。說讀曰悅。殆，幾也。身近，謂身附之也。身之，謂身親爲不善矣。人言善而色葸焉，近於不說其言；不說其言，殆於以身近之也；殆於以身近之，殆於身之矣。葸，畏懼貌。不悅其言，是不悅其善也。不悅善，則必近於不善，而身爲之矣。

故目者，心之浮也，言者，行之指也，作於中則播於外也。故曰：以其見者，占其隱者。故曰：聽其言也，可以知其所好矣。浮，孚也。指，示也。論語曰：「聽其言而信其行。」作，動也。播，揚也。占，視也。盧注云：「見隱，謂心目也。」觀說之流，可以知其術也。久而復之，可以知其信矣。觀其所愛親，可以知其人矣。盧注云：「流，謂部分。術，心術也。」聘珍謂：復者，復其言也。信，誠也。論語曰：「久要不忘平生之言，亦可以爲成人矣。」愛親，謂所親愛之人。語云「不知其人，視其友」也。臨懼之而觀其不恐也，怒之而觀其不惛也，喜之而觀其不誣也，近諸色而觀其不踰也，飲食之而觀其有常也，利之而觀其能讓也，居哀而觀其貞也，居約而觀其不營也，勤勞之而觀其不擾人也。自上涖下曰臨。盧注云：「惛，亂也。誣，妄也。文王曰：『省其喪，觀其貞良也。』」聘珍謂：約，貧困也。營，惑也。擾，撓也。不擾人，言不爲人所擾也。

君子之於不善也，身勿爲能也，色勿爲不可能也；色也勿爲可能也，心思勿爲不可能也。勿者，禁止之辭。爲，作也。能之爲言耐也。言人於不善，雖强制於外，而不可强制於中也。故爲學必克己復禮，而觀人必察其所安。太上樂善，其次安之，其下亦能自彊。盧注云：「太上，德之最上者，謂其心不爲也。其次，德之次者，謂其色不爲也。自彊，謂其身不爲。太上謂五帝，其次謂三王，其下謂五霸。孟子曰：『堯舜性之，湯武身之，五霸假之。』」仁者樂道，智者利道，愚者從，弱者畏。不愚不弱，執誣以彊，亦可謂棄民矣。盧注云：「上者率其性也，次者利而爲之。」聘珍謂：利，貪也。愚者，不明。弱者，不强。從，聽也，謂可羈而從也。畏者，畏威也。表記曰：「仁者安仁，智者利仁，畏罪者强仁。」執，攝也。誣，罔也。以惡取善曰誣。彊，暴也。古者棄民，屏之遠方，終身不齒。太上不生惡，其次而能夙絶之也，其下復而能改也。復而不改，殞身覆家，大者傾覆社稷。是故君子出言以鄂鄂，行身以戰戰，亦殆勉於罪矣。自無而有曰生。夙，早也。絶，滅也。復而不改是爲迷復。殞，歿也。覆，敗也。孟子曰：「諸侯不仁，不保社稷；卿大夫不仁，不保宗廟；士庶人不仁，不保四體。」勉讀曰免。盧注云：「鄂鄂，辨厲也。」是故君子爲小由爲大也，居由仕也，備則未爲備也，而勿慮存焉。由讀曰猶。居，謂居家也。祭統曰：「上則順於鬼神，外則順於君長，內則以孝於親，如此之謂備。」而讀曰能。

慮，思也。存，省也。言備既未備，能不自省乎。

事父可以事君，事兄可以事師長；使子猶使臣也，使弟猶使承嗣也；能取朋友者，亦能取所予從政者矣。賜與其宮室，亦猶慶賞於國也；忿怒其臣妾，亦猶用刑罰於萬民也。大學曰：「君子不出家而成教於國。孝者所以事君也，弟者所以事長也，慈者所以使衆也。」孝經曰：「事兄弟故順可移於長。」師氏職曰：「順行以事師長。」盧注云：「承嗣，謂冢子也。」聘珍謂：予，猶與也。政，謂國政。予從政，言同升諸公，與之事君也。臣妾，謂厮役之屬。是故爲善必自內始也。內人怨之，雖外人亦不能立也。內謂之家。怨，恨也。論語曰：「在邦無怨，在家無怨。」外人，邦人也。立，涖也。

居上位而不淫，臨事而栗者，鮮不濟矣。先憂事者後樂事，先樂事者後憂事。昔者天子日旦思其四海之內，戰戰惟恐不能乂；諸侯日旦思其四封之內，戰戰唯恐失損之；大夫士日旦思其官，戰戰唯恐不能勝；庶人日旦思其事，戰戰唯恐刑罰之至也。是故臨事而栗者，鮮不濟矣。盧注云：「淫，大也。乂，治也。」聘珍謂：栗讀曰慄，懼也。論語曰：「臨事而懼。」濟，成也。四封，謂四境起土爲界也。失，謂失守社稷。損，減也。大司馬職曰「野荒民散則削之」是也。官，職也。事，業也。工匠農賈各事其事。

君子之於子也，愛而勿面也，使而勿貌也，導之以道而勿强也。盧注云：「勿面，不形於面。勿貌，不以貌勞徠之。」聘珍謂：導，引也。强，謂强其所不能也。宮中雝雝，外焉肅肅，兄弟憘憘，朋友切切，遠者以貌，近者以情。爾雅曰：「室，謂之宮。雝雝，和也。肅肅，敬也。」外，謂宮之外也。憘憘，猶怡怡也。論語曰：「朋友切切偲偲，兄弟怡怡。」遠者，疏遠之人。荀子禮論云：「情貌之盡也。」楊倞注云：「貌，恭敬也。情，忠誠也。」友以立其所能，而遠其所不能。苟無失其所守，亦可與終身矣。立，成也。能，道藝也。立其所能，謂成己之道藝也。遠，疏也。不能者疏之，無友不如己也。苟，誠也。廣雅云：「守，久也。」所守，謂可久之道。

曾子本孝第五十

曾子曰：忠者，其孝之本與！說文云：「忠，敬也。」此與下文爲目也。孝子不登高，不履危，痺亦弗憑，不苟笑，不苟訾，隱不命，臨不指，故不在尤之中也。高，近危。痺讀曰庳，下也。憑，乘也。弗憑者，不臨深也。訾，毀也。隱，闇也。命，謂相命以事。不命者，孝子不服闇也。臨，以高視下也。指，謂指畫。曲禮曰：「登城不指。」尤，過也。盧注云：「敬父母之遺體，故跬步未敢忘其親。」孝子惡言死焉，流言止焉，美言興焉，故惡言不出於口，煩言不及於己。說文云：「死，澌也，人所離也。」惡言死焉者，離而去之也。流言者，如水之流，止之使不行。興，舉也。煩，辱也。不及於己者，謂人不以辱言加之也。

故孝子之事親也，居易以俟命，不興險行以徼幸。盧注云：「處安易之道以聽命也。」聘珍謂：興，猶行也。險行，謂傾危之行。徼，求也。幸，非望之福也。孝子游之，暴人違之。孝子，謂有孝德之人也。游之，謂與之游也。下陵其上曰暴，謂不孝弟人也。違，去也。曾子疾病曰：「君子慎其所去就。」出門而使不以，或爲父母憂也。險塗隘巷，不求先焉，以愛其身，以不敢忘其親也。使，謂奉命而出也。盧注云：「不爲事，或貽憂於父母也。」聘珍謂：不求先者，不以身嘗殆也。哀公問於孔子篇曰：「身也者，親之枝也，敢不敬與。」

孝子之使人也，不敢肆，行不敢自專也。父死三年，不敢改父之道。郭注爾雅云：「肆，極力也。」行不敢自專者，論語曰：「有父兄在，如之何其聞斯行之。」又曰：「父在觀其志，父歿觀其行，三年無改於父之道，可謂孝矣。」又能事父之朋友，又能率朋友以助敬也。曲禮曰：「見父之執，不謂之進不敢進，不謂之退不敢退，不問不敢對，此孝子之行也。」鄭彼注云：「敬父同志如事父。」率，循也。助，益也。言率循朋友之有孝德孝行者，以益己之敬也。

君子之孝也，以正致諫；士之孝也，以德從命；庶人之孝也，以力惡食。任善不敢臣三德。盧注云：「君子，謂卿大夫。以力惡食者，分地任力致甘美。任善，謂王者之孝。三德，三老也。白虎通云：『不臣三老，崇孝。』」聘珍謂：正，善也。白虎通云：「諫者，閒也，更也。是非相閒，革更其行也。」以正致諫者，善則歸親也。德，謂孝德。以德從命者，言先意承志，喻父母於無過，其命皆可從也。

故孝之於親也，生則有義以輔之，死則哀以莅焉，祭祀則莅之，以敬如此，而成於孝子也。盧注云：「義以輔之，喻於道。莅，臨也。」聘珍謂：成猶終也。

曾子立孝第五十一

曾子曰：君子立孝，其忠之用，禮之貴。賈子道術云：「子愛利親謂之孝，愛利出中謂之忠。」論語曰：

「生事之以禮，死葬之以禮，祭之以禮。」盧注云：「有忠與禮，孝道立。」故爲人子而不能孝其父者，不敢言人父不能畜其子者；爲人弟而不能承其兄者，不敢言人兄不能順其弟者；爲人臣而不能事其君者，不敢言人君不能使其臣者也。畜，養也。承，奉也。順，愛也。盧注云：「不可以己能而責人之不能，況以所不能。」故與父言，言畜子；與子言，言孝父；與兄言，言順弟；與弟言，言承兄；與君言，言使臣；與臣言，言事君。盧注云：「士相見禮曰『與君言言使臣，與大夫言言事君，與老者言言使弟子，與幼者言言孝父兄，與衆言言慈祥，與涖官者言言忠信』也。」

君子之孝也，忠愛以敬，反是亂也。忠愛，謂中心之愛。敬，謂嚴肅。鄭注孝經云：「敬者，禮之本也。」盡力而有禮，莊敬而安之，盡力者，論語曰「事父母能竭其力」也。釋名云：「安，晏也，晏晏然和喜，無動懼也。」微諫不倦，聽從而不怠，懽欣忠信，咎故不生，可謂孝矣。微諫，幾諫也。內則曰：「父母有過，下氣怡色，柔聲以諫也。」不倦，不勞也。謂諫若不入，起敬起孝，悅則復諫，不以爲勞也。聽從，謂父母從其諫。不怠，謂子之奉行不懈也。懽欣忠信者，樂父母之從，益盡其中心之誠也。咎，災也。故，事變也。咎故不生者，曾子事父母曰「由己爲無咎則寧」是也。盡力無禮，則小人也；致敬而不忠，則不入也。是故禮以將其力，敬以入其忠，飲食移味，居處温愉，著心於此，濟其志也。小人，細民也。不忠，謂敬不由中心也。將，行也。盧注云：「移味，隨所欲也。」聘珍謂：內則曰：「柔色以温之。」鄭彼注云：「温，藉也。承尊者，必和顏色。」愉，樂也。著，明也。濟，成也。言藉飲食居處，明其孝養之心，以成其用忠用禮之志也。

子曰：「可人也，吾任其過；不可人也，吾辭其罪。」此引孔子之言也。「人」當爲「入」，謂入諫也。任，當也。任過者，過則歸己也。說文云：「辭，訟也。」辭其罪，謂內自訟也。書曰：「于父母負罪引慝。」詩云「有子七人，莫慰母心」，子之辭也。「夙興夜寐，無忝爾所生」，言不自舍也。不恥其親，君子之孝也。子之辭，謂子之自訟也。舍，釋也。不自釋其過。恥，辱也。過成則辱至。

是故未有君而忠臣可知者，孝子之謂也；未有長而順下可知者，弟弟之謂也；未有治而能仕可知者，先脩之謂也。盧注云：「孝經曰：『以孝事君則忠，以敬事長則順。』」聘珍謂：治，治職也。先脩，脩於家也。中庸曰：「知所以脩身，則知所以治人。」故曰孝子善事君，弟弟善事長。君子一孝一弟，可謂知終矣。孝經曰：「夫孝始於事親，中於事君，終於立身也。」

曾子大孝第五十二

曾子曰：「孝有三：大孝尊親，其次不辱，其下能養。」中庸曰：「舜其大孝也與！尊爲天子。」孟子曰：「孝子之至，莫大乎尊親。」司馬遷云：「太上不辱先，其次不辱身，其次不辱禮色，其次不辱辭令。」孟子曰：「若曾子則可謂養志也。事親若曾子者可也。」公明儀問於曾子曰：「夫子可謂孝乎？」曾子曰：「是何言與！是何言與！君子之所謂孝者，先意承志，諭父母以道。參直養者也，安能爲孝乎！盧注云：「公明儀，曾子弟子。凡言於事親，未意，則先善擧之；親若有志，則承而奉之。」聘珍謂：諭者，不言而喻也。身者，親之遺體也。行親之遺體，敢不敬乎！遺，餘也。行，奉行也。孝經曰：「身體髮膚，受之父母，不敢毀傷，孝之始也。」故居處不莊，非孝也；事君不忠，非孝也；莅官不敬，非孝也；朋友不信，非孝也；戰陳無勇，非孝也。五者不遂，災及乎身，敢不敬乎！莊，恭也。莅，臨也。敬，謂敬其事。共用之謂勇。無勇，謂怯敵與輕生也。鄭云：「遂，猶成也。」災，傷害也。哀公問於孔子篇曰：「不能敬其身，是傷其親也。」故烹熟鮮香，嘗而進之，非孝也，養也。鳥獸新殺曰鮮。香，謂黍稷馨香也。嘗者，謂嘗其旨否也。養也者，謂養口體也。君子之所謂孝者，國人皆稱願焉，曰『幸哉！有子如此』，所謂孝也。稱，譽也。願，猶慕也。哀公問於孔子篇曰：「君子也者，人之成名也。百姓歸之名，謂之君子之子，是使其親爲君子也。」民之本教曰孝，其行之曰養。盧注云：「孝經曰：『夫孝，德之本也，教之所由生也。』養，謂致衣食，省安否。」養可能也，敬爲難；敬可能也，安爲難；安可能也，久爲難；久可能也，卒爲難。論語曰：「今之孝者，是謂能養。至於犬馬，皆能有養，不敬，何以別乎？」安，樂也。卒，終也。父母既歿，慎行其身，不遺父母惡名，可謂能終也。此言卒爲難之義。孝經曰：「立身行道，揚名於後世，以顯父母，孝之終也。」內則曰：「終身也者，非終父母之身，終其身也。」夫仁者，仁此者也；義者，宜此者也；忠者，中此者也；信者，信此者也；禮者，體此者也；行者，行此者也；彊者，彊此者也。樂自順此生，刑自反此作。〔一〕此者，竝謂孝也。樂，謂音樂。孟子曰：「樂之實，樂斯二者，樂則生矣，生則惡可已也，惡可已則不知足之蹈之，手之舞之。」刑，謂五刑。孝經曰：「五刑之屬三千，而罪莫大於不

〔一〕「刑」原訛「形」，據家刻本改。

孝。」夫孝者，天下之大經也。孝經曰：「夫孝，天地之經，而民實則之。」夫孝，置之而塞於天地，衡之而衡於四海，施諸後世，而無朝夕，推而放諸東海而準，推而放諸西海而準，推而放諸南海而準，推而放諸北海而準。詩云：『自西自東，自南自北，無思不服。』此之謂也。盧注云：「置，猶立也。衡，猶橫也。無朝夕，言常行也。九夷、八蠻、七戎、六狄，謂之四海。放，猶至。準，猶平也。」詩大雅文王有聲之六章也。」孝有三：大孝不匱，中孝用勞，小孝用力。博施備物，可謂不匱矣；尊仁安義，可謂用勞矣；慈愛忘勞，可謂用力矣。詩曰：「孝子不匱。」毛傳云：「匱，竭也。」博施者，孝經曰「德教加於百姓，刑於四海」也。備物者，中庸曰：「富有四海之內，宗廟饗之。」孟子曰：「以天下養，養之至也。」尊仁安義者，孟子曰：「殺一無罪，非仁也；非其有而取之，非義也。居仁由義，大人之事備矣。」周禮曰：「事功曰勞。」慈者，內則曰「慈以旨甘」是也。愛，謂孝子之有深愛也。忘勞，謂忘己之勞苦。書曰：「肇牽車牛遠服賈，用孝養厥父母。」孟子曰：「竭力耕田，供爲子職。」父母愛之，喜而不忘；父母惡之，懼而無怨；父母有過，諫而不逆。鄭注祭義云：「無怨者，無怨於父母之心。不逆，順而諫之。」父母既歿，以哀祀之加之，如此謂禮終矣。」盧注云：「哀，謂服之三年。祀，謂春秋享之。」聘珍謂：孝經曰：「孝子之喪親也，哭不偯，禮無容，言不文，服美不安，聞樂不樂，食旨不甘，此哀戚之情也。」祀之加之者，楚語曰：「祀加於舉。天子舉以太牢，祀以會；諸侯舉以特牛，祀以太牢；卿舉以少牢，祀以特牛；大夫舉以特牲，祀以少牢；士食魚炙，祀以特牲；庶人食菜，祀以魚。」祭統曰：「孝子之事親也，有三道焉。養則觀其順也，喪則觀其哀也，祭則觀其敬而時也。」

樂正子春下堂而傷其足，傷瘳，數月不出，猶有憂色。門弟子問曰：「夫子傷足瘳矣，數月不出，猶有憂色，何也？」樂正子春曰：「善如爾之問也。吾聞之曾子，曾子聞諸夫子曰：『天之所生，地之所養，人爲大矣。父母全而生之，子全而歸之，可謂孝矣；不虧其體，可謂全矣。』傷瘳，疾瘉也。鄭注祭義云：「樂正子春，曾子弟子。曾子聞諸夫子，述曾子所聞於孔子之言。」盧注云：「孝經曰『天地之性，人爲貴。人之行，莫大於孝』也。」故君子頃步之不敢忘也。今予忘夫孝之道矣，予是以有憂色。」盧注云：「『跬』當聲誤爲『頃』。」陸氏釋文云：「一舉足爲跬，再舉足爲步。」鄭注祭義云：「予，我也。」故君子一舉足不敢忘父母，一出言不敢忘父母。一舉足不敢忘父母，故道而不徑，舟而不游，不敢以先父母之遺體行殆也。一出言不敢忘父母，是故惡言不出於口，忿言不及於己。然后不辱其身，不憂其親，則可謂孝矣。爾雅曰：「一達謂之道路。」說文云：「徑，步道也。」盧注云：「不徑，不由徑也，殆，危也。」聘珍謂：舟，行水器。浮水曰游。忿言，怨言也。不及於己者，邦家無怨也。

草木以時伐焉，禽獸以時殺焉。夫子曰：「伐一木，殺一獸，不以其時，非孝也。」盧注云：「夫子，孔子。」鄭云：「曾子述其言以云。」

曾子事父母第五十三

單居離問於曾子曰：「事父母有道乎？」盧注云：「單居離，曾子弟子也。」

曾子曰：「有。愛而敬。父母之行，若中道則從，若不中道則諫，諫而不用，行之如由己。中，當也。行之，謂父母行之。由，自也。如由己者，過則歸己也。盧注云：「且俯從所行，而思諫道也。」從而不諫，非孝也；盧注云：「同父母之非，不匡諫。」諫而不從，亦非孝也。盧注云：「徒以義諫而行不從。」聘珍謂：曲禮曰：「子之事親也，三諫而不聽，則號泣而隨之。」孝子之諫，達善而不敢争辨。争辨者，作亂之所由興也。達，致也。達善，謂致其善道於親。對辨爲争，分別爲辨。由己爲無咎則寧，由己爲賢人則亂。由，用也。由己，謂父母用己之諫。無咎，謂咎故不生也。寧，安也。賢，猶勝也。謂争辨求勝也。左氏宣十五年傳曰：「民反德爲亂，亂則妖災生。」孝子無私樂，父母所憂憂之，父母所樂樂之。孝子唯巧變，故父母安之。巧，善也。變，猶化也。安，樂也。孟子曰：「舜盡事親之道，而瞽瞍厎豫也。」若夫坐如尸，立如齊，弗訊不言，言必齊色，此成人之善者也，未得爲人子之道也。」鄭注曲禮云：「坐如尸，視貌正。立如齊，磬且聽也。」盧注云：「齊，謂祭祀時。訊，問也。齊色，嚴敬其色也。爲人父之事。」聘珍謂：祭義曰：「嚴威儼恪，非所以事親也，成人之道也。」

單居離問曰：「事兄有道乎？」

曾子曰：「有。尊事之以爲己望也，兄事之不遺其言。盧注云：「望，儀象也。不遺其言，謂奉其所令。」兄之行若中道，則兄事之；兄之行若不中道，則養之。養之內，不養於外，則是越之也；養之外，不養於內，則是疏之也：是故君子內外養之也。」盧注云：「養，猶隱之。」聘珍謂：「養」讀若「中心養養」，憂念也。內謂心，外謂貌。越，疾也。疏，遠也。內外養之，謂憂誠於中，形於外，冀感悟之也。

單居離問曰：「使弟有道乎？」

曾子曰：「有。嘉事不失時也。盧注云：「謂冠娶也。」弟之行若中道，則正以使之；弟之行若不中道，則兄事之。詘事兄之道，若不可，然后舍之矣。」盧注云：「正以使之，以弟道。兄事之者，且以兄禮敬之。」聘珍謂：詘，盡也。不可，謂不可化也。舍，止也。

曾子曰：「夫禮，大之由也，不與小之自也。禮，謂成人之禮。大，謂年長者。由，用也。與讀若「可與共學」之與。小，幼小也。自，由也。言禮爲成人之用，不可遽與幼者由也。此目下經事也。內則曰：「二十而冠，始學禮。十年，朝夕學幼儀。」飲食以齒，力事不讓，辱事不齒，執觴觚杯豆而不醉，和歌而不哀。此與下節竝言小之自者幼儀是也。以齒，年齒也，內則曰「八年飲食必後長者」是也。力事者，用力之事。不讓，不責之也。幼者小力。辱事，屈褻之事，幼者所當爲，不得與成人齒也。盧注云：「觚，器也。實之曰觴。杯，盤盎盆盞之總名也。豆，醬器，以木曰豆。」聘珍謂：說文云：「醉，潰也。」不醉者，不至潰而失儀也。管子弟子職云：「先生將食，弟子饌饋，左酒右醬，左執虛豆，右執挾匕，周旋而貳。」和，聲相應也。哀，傷也。夫弟者，不衡坐，不苟越，不干逆色，趨翔周旋，俛仰從命，不見於顏色，未成於弟也。」衡，横也。越，踰也。干，犯也。逆色，謂長者不悅之色也。趨，走也。翔，行而張拱也。俛仰，猶升降也。不見於顏色者，言無倦容也。成，謂成人也。未成於弟，謂年未及成人者，其於弟道當如此。冠義曰：「已冠而字之，成人之道也。成人之者，將責成人禮焉也。」

大戴禮記解詁卷五

曾子制言上第五十四

曾子曰：「夫行也者，行禮之謂也。聘義曰：「衆人之所難而君子行之，故謂之有行。」又曰：「所貴於有行者，貴其行禮也。」夫禮，貴者敬焉，老者孝焉，幼者慈焉，少者友焉，賤者惠焉。貴者，謂公卿大夫。祭統曰：「孝者畜也，順於道，不逆於倫，是之謂畜。」慈，愛也。少，謂年少於己者。兄敬愛弟謂之友。賤，卑賤也。惠，謂恩惠。祭義曰：「貴貴，爲其近於君也；貴老，爲其近於親也；慈幼，爲其近於子也。」此禮也，行之則行也，立之則義也。行之，謂行於身也。則行者，謂爲德行也。立，置也，謂置之於天下。義，宜也。禮運曰：「禮也者，義之實也。」今之所謂行者，犯其上，危其下，衡道而彊立之，天下無道故若，天下有道，則有司之所求也。犯，干也。上，謂貴者、老者。危，厲也。下，謂幼少、賤者。彊，暴也。立，猶行也。盧注云：「衡，横也。故若，且自如也。有司所求，言爲法吏所收誅也。」故君子不貴興道之士，而貴有恥之士也。若由富貴興道者與貧賤，吾恐其或失也；若由貧賤興道者與富貴，吾恐其羸驕也。鄭注學記云：「興之言喜也，歆也。」盧注云：「或，猶惑也。」聘珍謂：釋名云：「羸，累也。」羸驕者，謂爲富貴所累而生驕也。夫有恥之士，富而不以道，則恥之；貧而不以道，則恥之。論語曰：「邦有道，貧且賤焉，恥也；邦無道，富且貴焉，恥也。」弟子無曰『不我知也』。鄙夫鄙婦相會於廧陰，可謂密矣，明日則或揚其言矣。故士執仁與義而明行之，未篤故也，胡爲其莫之聞也。弟子，曾子呼其門人也。廣韻廧同牆。爾雅曰：「牆謂之墉。」密，隱曲處也。揚，舉也。篤，厚也，固也。中庸曰：「有弗行，行之弗篤弗措也。」聞，知也。殺六畜不當，及親，吾信之矣；使民不時，失國，吾信之矣。盧注云：「凡殺有時，禮也。」聘珍謂：及親者，曾子大孝曰：「殺一獸不以其時，非孝也。」左氏昭八年傳曰：「作事不時，怨讟動於民。」孟子曰：「桀紂之失天下也，失其民也。」信，任也，言自任其咎。蓬生麻中，不扶自直；白沙在泥，與之皆黑。盧注云：「古說云，言扶化之者衆。」是故人之相與也，譬如舟車然，相濟達也。己先則援之，彼先則推之。相與，謂與共事也。舟以行水，車以行陸。濟，渡也。達，謂通之，使不陷絶也。援，引也。是故人非人不濟，馬非馬不走，土非土不高，水非水不流。濟，成也。走，趨也。管子云：「海不辭水，故能成其大；山不辭土石，故能成其高。」君子之爲弟也，行則爲人負，無席則寢其趾，使之爲夫人則否。爲弟，謂盡弟道也。行，謂道路。負，荷也。席，藉以坐者。盧注云：「分重合輕，班白不任，弟達於道路也。寢，猶止也，言裁自容也。」聘珍謂：「爲夫人」之爲，讀曰僞。廣雅云：「僞，欺也。」夫人，謂長者。近市無賈，在田無野，行無據旅，苟若此，則夫杖可因篤焉。盧注云：「無賈，無鄽邸也。無野，無田廬也。」聘珍謂：野讀曰墅，玉篇、廣韻竝云「墅，田廬也」。行，道也。據，依也。旅，處也。言君子所在皆窮也。杖，持也，謂持守也。篤，固也。論語曰：「君子固窮。」富以苟不如貧以譽，生以辱不如死以榮。辱可避，避之而已矣；及其不可避也，君子視死若歸。匡謬正俗云：「苟者，偷合之稱。所以行無廉隅，不存德義，謂之苟且。」譽，聲美也。辱，污也。榮，光明也。父母之讎，不與同生；兄弟之讎，不與聚國；朋友之讎，不與聚鄉；族人之讎，不與聚隣。盧注云：「言辱之不可避也。曲禮曰：『父之讎，弗與同戴天。』檀弓曰：『昆弟之讎，仕不與共國。其從父兄弟，則不爲魁。』」聘珍謂：聚，共也。同門曰朋，同志曰友。萬二千五百家爲鄉，五家爲鄰也。良賈深藏如虛，君子有盛教如無。」居賣貨曰賈。藏，匿也。盧注云：「言珍寶深藏若虛，君子懷德若愚也。」

弟子問於曾子曰：「夫士何如則可以爲達矣？」曾子曰：「不能則學，疑則問，欲行則比賢，雖有險道，循行達矣。達，謂行無不通。比，謂比方。險道者，傾危難測之道。循，順也。今之弟子，病下人，不知事賢，恥不知而又不問，欲作則其知不足，是以惑闇，惑闇終其世而已矣，是謂窮民也。」下人，謂下於人也。論語曰：「慮以下人。」作，爲也。惑，迷也。闇，冥也。惑闇，謂迷於不明之處。窮，困也。論語曰：「困而不學，民斯爲下矣。」

曾子門弟子或將之晉，曰：「吾無知焉。」曾子曰：「何必然！往矣。有知焉謂之友，無知焉謂之主。之，往也。知，謂所知之人。盧注云：「謂之主，且客之而已。」且夫君子執仁立志，先行後言，千里之外，皆爲兄弟。苟是之不爲，則雖汝親，庸孰能親汝乎！」不爲，不修也。汝親，謂親近之人。親汝，謂愛汝也。盧注云：「庸，用也。孰，誰也。」

曾子制言中第五十五

曾子曰：君子進則能達，退則能靜。豈貴其能達哉，貴其有功也；豈貴其能靜哉，貴其能守也。進，仕也。達，通也。退，避位。靜，安也。國功曰功。持不惑曰守。論語曰：「守死善道。」夫唯進之何功，退之何守，盧注云：「問君子進退其功守如何。」〔一〕是故君子進退有二觀焉。盧注云：「言有二等可觀。」故君子進則能益上之譽，而損下之憂；譽，樂也。損，減也。能安上而全下也。盧注云：「謂其功也。」不得志，不安貴位，不博厚祿，負耜而行道，凍餓而守仁；不得志，言君不知己志。安，處也。博，摉取也。耜，臿也，農田器。道，路也。盧注云：「謂其守也。」則君子之義也。左氏襄二十六年傳曰：「義則進，否則奉身而退。」其功守之義，有知之，則願也；莫之知，苟吾自知也。爾雅曰：「願，思也。」言思其終也，思其復也。說文云：「苟，自急敕也。」

吾不仁其人，雖獨也，吾弗親也。學記曰：「獨學而無友，則孤陋而寡聞。」論語曰：「汎愛衆而親仁。」盧注云：「人而不仁，不足友也。故周公曰：『不如我者，吾不與處，損我者也。與吾等者，吾不與處，無益我者也。吾所與處者，必賢於我。』」聘珍謂「周公曰」已下，竝呂氏春秋先識覽觀世篇文。故君子不假貴而取寵，不比譽而取食，盧注云：「不因人之貴苟求寵愛也；不校名譽以求祿也。」直行而取禮，比說而取友，盧注云：「行正則見禮也。」聘

〔一〕「如何」原倒，據盧注乙。

珍謂：左氏昭二十八年傳曰：「擇善而從之曰比。」高注國策、呂覽竝云「說，敬也」。論語曰：「善與人交，久而敬之。」有說我則願也，莫我說，苟吾自說也。爾雅曰：「說，服也，樂也。」自說者，孟子曰：「君子有三樂，而王天下不與存焉。」

故君子無悒悒於貧，無勿勿於賤，無憚憚於不聞，布衣不完，疏食不飽，蓬戶穴牖，日孜孜上仁，知我吾無訢訢，不知我吾無悒悒。盧注云：「憚憚，憂惶也。」聘珍謂：不聞，人不知也。疏食，菜食也。蓬戶，以蓬爲戶也。穴牖，鑿土室爲窗也。孜孜，不怠之意。上仁，尊仁也。訢訢，喜也。是以君子直言直行，不宛言而取富，不屈行而取位。直，正也。說文云：「宛，屈草自覆也。」巧言似之，故曰宛言。說文云：「屈，無尾也。」苟行似之，故曰屈行。位，爵位也。畏之見逐，智之見殺，固不難；詘身而爲不仁，宛言而爲不智，則君子弗爲也。畏，敬也。爾雅曰：「逐，病也。」見逐，謂人疾害之也。敬以安身而反見逐，智以保身而反見殺，皆非其罪也。難，患也。不難者，謂非其罪，君子不以爲患也。漢書音義云：「詘，古屈字。」盧注云：「小人在朝，多逐害於仁智者，君子之人，不枉言行而懷其祿也。」君子雖言不受必忠，曰道；雖行不受必忠，曰仁；雖諫不受必忠，曰智。荀子臣道云：「逆命而利君謂之忠。」道，言之理也。仁，親也，謂仁恩相親偶也。智，知也，獨知事理，不惑利害也。天下無道，循道而行，衡塗而僨，手足不揜，四支不被。循，從也。孟子曰：「天下無道，以身殉道。」盧注云：「衡，橫也。僨，僵也。手足卽四支。說者申慇懃耳。」聘珍謂：塗，路也。被，覆也。言其死於道路也。詩云：「行有死人，尚或墐之。」則此非士之罪也，有士者之羞也。詩小雅小弁之篇。毛傳云：「墐，路冢也。」鄭箋云：「道中有死人，尚有覆掩之成其墐者。」羞，恥也。言路人尚有哀人之死者。有士者不惜其士之無罪而死，恥孰甚焉。

是故君子以仁爲尊。天下之爲富，何爲富？則仁爲富也；天下之爲貴，何爲貴？則仁爲貴也。昔者，舜匹夫也，土地之厚，則得而有之；人徒之衆，則得而使之；舜唯以得之也。尊，謂尊長。易曰：「君子體仁，足以長人。」天下爲富，謂富有四海之內也。天下爲貴，謂貴爲天子也。舜匹夫也者，書曰：「有鰥在下曰虞舜。」得而使之者，謂天下大悅而歸之。唯以者，以仁也。是故君子將說富貴，必勉於仁也。論語曰：「富與貴是人之所欲也，不以其道得之，不處也。」「君子去仁，惡乎成名」。昔者，伯夷、叔齊死於溝澮之間，其仁成名於天下。史記云：「伯夷、叔齊，孤竹君之二子也，餓死於首陽山。」孔子曰：「求仁得仁，又何怨乎。」夫二子者，居河濟之間，非有土地之厚，貨粟之富也；言爲文章，行爲表綴於天下。河濟之間，即首陽之下也。酈注水經云：「河水南對首陽山。夷齊之歌所以曰『登彼西山』矣。河南有鉤陳壘，世傳武王伐紂八百諸侯所會處。河水又東，溴水入焉。又東，濟水注焉。」史記正義云：「戴延之西征記：『洛陽東北首陽山有夷齊廟。』今在偃師縣西北。」孔氏禹貢疏云：「地理志云：濟水出河東垣縣王屋山東南，至河內武德縣入河。」聘珍案：王屋山在今河南懷慶府濟源縣西北八十里。武德故城在今武陟縣東。文章，法度也。說文云：「表，上衣也，从衣从毛，古者衣裘以毛爲表。綴，合著也。」表綴者，謂以毛裘之物著於木上，以爲望視標準者也。是故君子思仁義，晝則忘食，夜則忘寐，日旦就業，夕而自省，以役其身，亦可謂守業矣。役，勞役也。論語曰：「吾嘗終日不食，終夜不寢以思，無益，不如學也。」曾子立事曰：「學必由其業。」

曾子制言下第五十六

曾子曰：「天下有道，則君子訢然以交同；天下無道，則衡言不革。訢，樂也。交同，謂上下交而其志同也。盧注云：「衡，平也。」聘珍謂：平言，言遜也。革，變也。中庸曰：「國無道，至死不變。」諸侯不聽，則不干其土；聽而不賢，則不踐其朝。是以君子不犯禁而入，聽，從也。干，冒進也。土，謂疆土。廣雅云：「賢，堅也。」踐其朝，謂履其位也。禁，忌也。不聽不賢則必忌之。從外曰入。入境及郊，問禁請命，境，界首也。邑外謂之郊。禁，謂國中政教所忌。請，猶問也。命，政令也。不通患而出危色，則秉德之士不讇矣。通，知也。患，難也。危，疑也。言未仕其國，知難則去，無遲疑之色。論語曰「亂邦不居」是也。讇，謂橫求見容也。故君子不讇富貴，以爲己說；不乘貧賤，以居己尊。說，謂容悅。乘，陵也。居，處也。論語曰：「貧而無諂，富而無驕。」凡行不義，則吾不事；不仁，則吾不長。事，謂奉事，任其役使也。長，謂官長。不長者，不爲其屬也。奉相仁義，則吾與之聚羣嚮爾；奉，承也。相，助也。聚，共也。羣，謂羣居。嚮，謂嚮往。言奉助仁義之人，君子身則與之聚羣，而心則嚮往之。寇盜，則吾與慮。慮，謀也。言君子所聚羣嚮爾之人，若遇寇盜之事，則當與其謀。孟子曰：「子思居於衞，有齊寇，或曰：『寇至，盍去諸？』子思曰：『如伋去，君誰與守。』」國有道則突若入焉，國無道則突若出焉，如此之謂義。突讀曰鴪。說文云：「鴪，疾飛貌。」盧注云：「詩曰『鴪彼晨風，鬱彼北林』也。」突若出者，如大鳥奮翼而去也。義，宜也。

夫有世義者哉？夫，謂君子。世義，謂與世相宜也。此問君子出入時宜之道，下文乃爲答之之詞。曰：「仁者殆，恭者不入，慎者不見使，正直者則邇於刑，弗違則殆於罪。曰者，答上文問詞也。盧注云：「殆，危也。仁者危之，恭者又不受也。邇，近也。違，去也。」聘珍謂：慎，謹也。使，用也。不去則罪及於身。是故君子錯在高山之上，深澤之污，聚橡栗藜藿而食之，生耕稼以老十室之邑。錯，置也，謂君子自置其身也。污，水曲也。呂氏恃君云：「冬日則食橡栗。」高彼注云：「橡，阜斗也。其狀似栗。」太史公自序云「糲藿之食」，張氏正義云：「藜，似藿而表赤。藿，豆葉也。」生，業也。生耕稼，謂以耕稼爲生也。言君子去無道之國，而隱居自給，無求於人，所謂與世相宜之道也。是故昔者禹見耕者五耦而式，過十室之邑則下，爲秉德之士存焉。」兩人共耕曰耦。式，車中小俛也。下，謂下車。盧注云：「不侮之也。」

曾子疾病第五十七

曾子疾病，曾元抑首，曾華抱足。盧注云：「疾困曰病。元、華，曾子之子。」聘珍謂：抑，按也。抱，持也。

曾子曰：「微乎！吾無夫顏氏之言，吾何以語汝哉！然而君子之務，盡有之矣。孔氏檀弓疏云：「微，無也。言無得如是與。」語，告也。務，事也。夫華繁而實寡者，天也；言多而行寡者，人也。華，草木華也。爾雅曰：「華，荂也。華荂，榮也。木謂之華，草謂之榮。不榮而實者謂之秀，榮而不實者謂之英。」論語曰：「苗而不秀者有矣夫，秀而不實者有矣夫。」孔彼注云：「言萬物有生而不育成者，喻人亦然。」鷹鶽以山爲卑，而曾巢其上，魚鼈黿鼉以淵爲淺，而蹷穴其中，卒其所以得之者，餌也。是故君子苟無以利害義，則辱何由至哉！鶽，鷙鳥也。曾讀曰增。說文云：「鳥在木上曰巢。」鼈，甲蟲也。黿，大鼈也。鼉，水蟲，似蜥易，長大。」蹷讀曰掘。穴，窟也。餌，食也。盧注云：「求生之厚，動之死地也。」親戚不說，不敢外交；近者不親，不敢求遠；小者不審，不敢言大。親戚，謂父母也。五帝本紀云：「堯二女事舜親戚，甚有婦道。」交，友也。親，愛也。審，悉也。故人之生也，百歲之中，有疾病焉，有老幼焉，故君子思其不復者而先施焉。親戚既殁，雖欲孝，誰爲孝？年既耆艾，雖欲弟，誰爲弟？故孝有不及，弟有不時，其此之謂與！疾病老幼之時，不能盡孝弟之禮。復，返也。施，行也。年，謂己之年。耆，長也。艾，老也。言孝弟之道宜及時而盡也。言不遠身，言之主也；行不遠身，行之本也。言有主，行有本，謂之有聞矣。盧注云：「知身是言行之基，可謂聞矣。」君子尊其所聞，則高明矣；行其所聞，則廣大矣。高明廣大，不在於他，在加之志而已矣。尊，崇也。說文云：「聞，知聞也。」高明以德言，廣大以業言。志，意也。易曰：「聖人崇德而廣業也。崇效天，卑法地。」與君子游，苾乎如入蘭芷之室，久而不聞，則與之化矣；與小人游，貸乎如入鮑魚之次，久而不聞，則與之化矣。是故君子慎其所去就。苾，馨香也。蘭芷皆香草。蘭亦作蕑。芷一名茝。孔氏中庸疏云：「變盡舊體而有新體，謂之爲化。」釋名云：「貸騃，貸者言以物貸予騃者，言必棄之不復得也，不相量事者之稱。」聘珍謂：人以身入小人之類，與之俱化，是以其身貸予之也。鄭注周禮云：「鮑者，於楅室中糗乾之。」次，若今市亭然。與君子游，如長日加益，而不自知也；與小人游，如履薄冰，每履而下，幾何而不陷乎哉！盧注云：「如日之長，雖日加益，而不自知也。」聘珍謂：履，踐也。每，頻也。陷，沒也。吾不見好學盛而不衰者矣，吾不見好教如食疾子矣，盧注云：「言未見好教，欲人之受，如餔疾子也。」吾不見日省而月考之其友者矣，省，察也。考，校也。言就其友省察考校己之德行道藝也。此言人之好學者。論語曰：「日知其所亡，月無忘其所能，可謂好學也已。」吾不見孜孜而與來而改者矣。」孜孜，不怠之意。來，謂來學者。改，謂改其失也。此言人之好教者。學記曰：「教也者，長善而救其失者也。」

曾子天圓第五十八

單居離問於曾子曰：「天圓而地方者，誠有之乎？」

曾子曰：「離！而聞之云乎？」中規者謂之圓，中矩者謂之方。盧注云：「而，猶汝也。汝聞則言之也。」

單居離曰：「弟子不察，此以敢問也。」

曾子曰：「天之所生上首，地之所生下首。爾雅曰：「首，始也。」天地交而萬物生，天氣下降，生自上始，地氣上騰，生自下始。上首之謂圓，萬物資始，爲天爲圓。下首之謂方。萬物資生，爲地爲方。如誠天圓而地方，則是四角之不揜也。且來，吾語汝。參嘗聞之夫子曰：天道曰圓，地道曰方，盧注云：「道曰方圓耳，非形也。」方曰幽而圓曰明。盧注云：「方者陰義，而圓者陽理，故以明天地也。」明者，吐氣者也，是故外景；幽者，含氣者也，是故內景。吐，猶出也。說文云：「景，光也。」外景者，光在內。故火日外景，而金水內景。離爲火，爲日，以二陽而周乎一陰之外，故光在外。兌爲金，以二陽而說於一陰之內，坎爲水，以一陽而陷於二陰之中，故光在內。吐氣者施，而含氣者化，是以陽施而陰化也。施，予也。化，生也。謂化其所施也。易曰「天施地生」也。陽之精氣曰神，陰之精氣曰靈。神靈者，品物之本也，而禮樂仁義之祖也，而善否治亂所興作也。神，謂天神。靈，謂地祇。說文云：「天神，引出萬物者也。地祇，提出萬物者也。品，衆庶也。」爾雅曰：「祖，始也。」盧注云：「樂由陽來，禮由陰作，仁近樂，義近禮，故陰陽爲祖也。」聘珍謂：善則治，否則亂，易曰：「天地交，泰，內陽而外陰也。天地不交，否，內陰而外陽也。」陰陽之氣各靜其所，則靜矣，各靜其所，謂各安其處也。毛詩傳云：「靜，安也。」偏則風，偏，不正也。陰入於陽，旋而無形，爲風也。俱則靁，俱，皆也。陽爲陰伏，相薄而有聲，爲靁。交則電，說文云：「電，陰陽激燿也。」亂則霧，爾雅曰：「地氣發，天不應，曰霧。」釋名云：「霧，冒也，氣蒙亂覆冒乎物也。」和則雨。陰畜陽極則和，故水從雲下也。陽氣勝則散爲雨露，陰氣勝則凝爲霜雪。勝，克也。散，布也。凝，結也。陽主散，陰主凝。說文云：「雨，水從雲下也。露，潤澤也。霜，喪也，成物者。雪，凝雨，說物者。」陽之專氣爲雹，陰之專氣爲霰，霰雹者，一氣之化也。說文云：「雹，雨冰也。霰，稷雪也。」盧注云：「陽氣在雨，溫煖如湯，陰氣薄之，不相入，轉而爲雹。陰氣在雨，凝滯爲雪，陽氣薄之，不相入，散而爲霰。故春秋穀梁說曰：『雹者，陰脅陽之象；霰者，陽脅陰之符也。』」毛蟲毛而後生，羽蟲羽而後生，毛羽之蟲，陽氣之所生也。鄭注大司徒云：「毛蟲，貂狐貒貉之屬，縟毛者也。羽蟲，翟雉之屬。」

淮南天文云：「毛羽者，飛行之類也，故屬於陽。」介蟲介而後生，鱗蟲鱗而後生，介鱗之蟲，陰氣之所生也。鄭注大司徒云：「介蟲，龜鼈之屬，水居陸生者。鱗蟲，魚龍之屬。」淮南天文云：「介鱗者，蟄伏之類也，故屬於陰。」唯人爲倮匈而後生也，陰陽之精也。盧注云：「倮匈，謂無毛羽與鱗介也。人受陰陽純粹之精，有生之貴也。」毛蟲之精者曰麟，羽蟲之精者曰鳳，介蟲之精者曰龜，鱗蟲之精者曰龍，倮蟲之精者曰聖人。爾雅曰：「麐，麕身牛尾一角。鶠，鳳，其雌皇。」易曰：「十朋之龜。」爾雅曰：「一曰神龜，二曰靈龜，三曰攝龜，四曰寶龜，五曰文龜，六曰筮龜，七曰山龜，八曰澤龜，九曰水龜，十曰火龜。」說文云：「龍，鱗蟲之長，能幽能明，能細能巨，能短能長，春分而登天，秋分而潛淵。」陸氏爾雅音義云：「三虫爲蟲，直忠切，有足者也。今人以虫爲蟲，相承假借用耳。」說文云：「虫，一名蝮，象其形物之微細，或行或飛，或毛或倮，或介或鱗，以虫爲象。」爾雅曰：「有足謂之蟲，無足謂之豸。」月令鱗毛羽介皆謂之蟲。白虎通以聖人爲倮蟲之長，自上聖下逹蠕蝡，通有蟲稱耳。龍非風不舉，龜非火不兆，此皆陰陽之際也。舉，飛動也。說文云：「兆，灼龜坼也。」際，會也。盧注云：「龜龍爲陰，風火爲陽，陰陽之會也。」茲四者，所以役於聖人也，役，謂役使。禮運曰：「聖人作則，四靈爲畜，麟鳳龜龍，謂之四靈。」是故聖人爲天地主，爲山川主，爲鬼神主，爲宗廟主。主者，主其祭祀。鬼神，謂四方百物。聖人慎守日月之數，以察星辰之行，以序四時之順逆，謂之厤；察，審也。序，次也。盧注云：「審十二月分數於昏旦，定辰宿之中見與伏，以驗時節之僭否。」截十二管，以宗八音之上下清濁，謂之律也。漢書律厤志云：「黃帝使伶倫自大夏之西，崐崘之陰，取竹之嶰厚均者，斷兩節閒而吹之，以爲黃鐘之宮。制十二筩，以聽鳳皇之鳴，以比黃鐘之宮，是爲律本。」宗，主也。盧注云：「八音，八卦之音，以律定八風之高下清濁，而準配金石絲竹也。」聘珍謂：律也者，六律六呂統謂之十二律也。書曰：「律和聲。」孔云：「律謂六律六呂。」律居陰而治陽，厤居陽而治陰，居，處也。律述地氣，故曰居陰。治陽者，節氣既得，可以考日月之行道，星辰之次舍，時候之寒暑，所治者皆天事也。厤悉天象，故曰居陽。治陰者，象數不忒，可因日星之出入，晝夜之永短，以知東西南朔之高下向背，以正作訛成易之時，所治者皆地事也。律厤迭相治也，其閒不容髮。迭，更迭也。盧注云：「厤以治時，律以候氣，其致一也。」聖人立五禮以爲民望，制五衰以別親疏，和五聲之樂以導民氣，合五味之調以察民情，正五色之位，成五穀之名。五禮，謂春官宗伯所掌吉、凶、賓、軍、嘉五禮也。盧注云：「五禮其別三十六，生民之紀在焉。」聘珍謂：五衰，五服也。鄭注喪服云：「凡服，上曰衰，下曰裳。」賈疏云：「兼解五服。五服，謂斬衰、齊衰、大功、小功、緦麻也。親者服重，疏者服輕。」五聲者，樂記曰：「宮爲君，商爲臣，角爲民，徵爲事，羽爲物。」導，宣導也。五味者，周禮曰：「春多酸，夏多苦，秋多辛，冬多鹹，調以滑甘。」調，和也。察民情者，王制曰：「中國、夷、蠻、戎、狄，皆有安居和味。」又曰：「五味異和。」五色之位者，考工記曰：「東方謂之青，南方謂之赤，西方謂之白，北方謂之黑，地謂之黃。」盧注云：「察，猶別也。五穀者，謂黍稷麻麥菽也。」序五牲之先後貴賤，諸侯之祭，牛，曰太牢；大夫之祭牲，羊，曰少牢；士之祭牲，特豕，曰饋食。盧注云：「五牲，牛羊豕犬雞。先後，謂四時所尚也。」聘珍謂：陸氏儀禮釋文云：「養牲所曰牢。」何注公羊云：「牛羊豕凡三牲，曰太牢。羊豕凡二牲，曰少牢。」鄭注儀禮云：「祭祀自熟始，曰饋食。饋食者，食道也。」無祿者稷饋，稷饋者無尸，無尸者厭也。盧注云：「庶人無常牲，故以稷爲主。」鄭注士虞禮云：「尸，主也。孝子之祭，不見親之形象，心無所繫，立尸而主意焉。」鄭注曾子問云：「厭，厭飫神也。厭有陰有陽。迎尸之前，祝酌奠奠之且饗，是陰厭也。尸謖之後，徹薦俎敦，設於西北隅，是陽厭也。」然則陰厭在尸未至之前，陽厭在尸既起之後，是厭之無尸也。

宗廟曰芻豢，山川曰犧牷，割列禳瘞，是有五牲。盧注云：「牛羊曰芻，犬豕曰豢。色純曰犧，體完曰牷。宗廟言豢，山川言牲，互文也。山川，謂岳瀆。以方色，角尺。其餘用厖索之。割，割牲也。列，𠟭辜。禳，面禳也。瘞，埋也。」聘珍謂：割牲者，以血祭祭社稷。月令曰「大割祠於公社」是也。列𠟭辜者，祭四方百物。面禳者，先鄭注雞人職云：「面禳，四面禳也。」祭山林曰埋。此之謂品物之本，禮樂之祖，善否治亂之所由興作也。」

大戴禮記解詁卷六

武王踐阼第五十九

武王踐阼，孔氏曲禮下疏云：「踐，履也。阼，主人階也。履主階行事，故云踐阼也。」三日，召士大夫而問焉，曰：「惡有藏之約，行之行，萬世可以爲子孫恆者乎？」盧注云：「惡，猶於何也。言於何有約言而行之，乃行萬世而猶得其福。」聘珍謂：藏，懷也。約，少也，要也。行之行，謂施則行也。易曰：「恆，久也。」爾雅曰：「恆，常也。」諸大夫對曰：「未得聞也。」

然後召師尚父而問焉，詩曰：「維師尚父。」鄭箋云：「師，太師也。尚父，呂望也，尊稱焉。」曰：「黄帝、顓頊之道存乎意，亦忽不可得見與？」帝繫曰：「少典產軒轅，是爲黄帝。黄帝產昌意，昌意產高陽，是爲帝顓頊。」孔氏學記疏云：「武王言黄帝、顓頊之道，恆在於意，〔一〕言意恆念之，但其道超忽已遠，亦恍惚不可得見與。與，語辭。」

師尚父曰：「在丹書。王欲聞之，則齊矣。」孔疏云：「丹書者，師説云，赤雀所銜丹書也。」聘珍謂：張氏史記周本紀正義云：「尚書帝命驗云：『季秋之月甲子，赤爵銜丹書入於酆，止於昌户。』」説文云：「齊，戒潔也。」三日，王

〔一〕「於」原訛「與」，據禮記學記孔疏改。

端冕，師尚父亦端冕，奉書而入，負屏而立。三日者，致齊三日也。孔疏云：「端冕者，謂衮冕也。其衣正幅與玄端同，故云端冕，故皇氏云：『武王端冕，謂衮冕也。』」聘珍謂：入者，入於路門也。負，背也。屏謂之樹。天子外屏，在路門之外。經云負屏者，謂師尚父入路門之後，北面而立，其屏在後。入門而猶言屏者，因屏以明所立之向背也。王下堂，南面而立。師尚父曰：「先王之道，不北面。」王行西，折而南，東面而立。

師尚父西面道書之言，堂，謂路寢之堂也。先王之道不北面者，學記曰：「大學之禮，雖詔於天子，無北面，所以尊師也。」師尚父西面者，孔疏云：「皇氏云：王在賓位，師尚父主位，故西面王庭之位。若尋常師徒之教，則師東面，弟子西面，與此異也。」曰：「『敬勝怠者吉，怠勝敬者滅，義勝欲者從，欲勝義者凶。凡事不彊則枉，弗敬則不正，枉者滅廢，敬者萬世。』勝，克也。欲，謂私欲。鄭注少牢饋食云：「從者，求吉得吉之言。」彊，自彊也。枉，橈敗也。易曰：「敬以直內。」弗敬不正者，謂存心不敬則身不正矣。藏之約，行之行，可以爲子孫恆者，此言之謂也。盧注云：「問先帝之道，庶聞要約之旨，故對此而已。」且臣聞之，以仁得之，以仁守之，其量百世；以不仁得之，以仁守之，其量十世；以不仁得之，以不仁守之，必及其世。」盧注云：「以仁得之，以仁守之，以不仁得之，以仁守之，皆謂創基之君。十百世，謂子孫無咎譽者，於十百之外，天命則有與改，其廢立大節依於此。及其世，謂止於其身也。」

王聞書之言，惕若恐懼，退而爲戒書。易曰：「君子終日乾乾夕惕若。」又曰：「君子以恐懼修省。」盧注云：「戒書者，託於物以自警戒也。」於席之四端爲銘焉，於机爲銘焉，於鑑爲銘焉，於盥盤爲銘焉，於楹爲銘焉，於杖爲銘焉，於帶爲銘焉，於履屨爲銘焉，於觴豆爲銘焉，於户爲銘焉，於牖爲銘焉，於劍爲銘焉，於弓爲銘焉，於矛爲銘焉。說文云：「席，籍也。」孔氏祭統疏云：「坐之曰席。」端，首也。銘，題勒也。机，案屬，所以坐安體者。鑑，鏡也。盥盤，承盥水者。楹，屋柱也。帶，申束衣者。觴，酒器。豆，古食肉器也。户，房室户也。牖，室之南窗也。說文云：「酋矛也，建於兵車，長二丈。」席前左端之銘曰：「安樂必敬。」盧注云：「安不忘危。」前右端之銘曰：「無行可悔。」盧注云：「當恭敬朝夕，故以懷安爲悔也。」後左端之銘曰：「一反一側，亦不可以忘。」盧注云：「言雖反側之閒，不可以忘道也。」後右端之銘曰：「所監不遠，視邇所代。」盧注云：「周監不遠，近在有殷之世。」机之銘曰：「皇皇惟敬，口生听，口戕口。」少儀曰：「言語之美，穆穆皇皇。」听，謂訴病羞辱也。書曰：「惟口起羞。」戕，害也。大學曰：「言悖而出者，亦悖而入。」盧注云：「机者，人君出令所依，故以言語爲戒也。」鑑之銘曰：「見爾前，慮爾後。」鑑見面之容。慮，思也。後，謂所不見者。盥盤之銘曰：「與其溺於人也，寧溺於淵。溺於淵猶可游也，溺於人不可救也。」溺，覆没也。人，謂庶民。緇衣曰：「夫民閉於人，而有鄙心，易以溺人。」淵，深水也。浮水曰游。盧注云：「日知所亡，學者之功，溺於民庶，大人之禍。故或以自新取戒，或以游溺爲鑑也。」楹之銘曰：「毋曰胡殘，其禍將然；毋曰胡害，其禍將大；毋曰胡傷，其禍將長。」胡，何也。殘，壞也。禍，謂禍烖。然，燒也。孟子曰：「若火之始然。」杖之銘曰：「惡乎危？於忿疐。惡乎失道？於嗜慾。惡乎相忘？於富貴。」盧注云：「惡，於何也。忿者危之道，怒甲及乙，又危之甚。杖危，故以危戒也。杖依道而行之，言身杖相賓也。因失道相忘，乃嗜慾安樂之戒也。」聘珍謂：說文云：「嗜慾，喜之也。」溺於富貴而忘其道。帶之銘曰：「火滅脩容，慎戒必恭，恭則壽。」脩，飾也。容，謂容貌。貌正曰恭。盧注云：「雖夜解息，其容不可以苟。帶於寢先釋，故因言之也。」屨屨之銘曰：「慎之勞，勞則富。」盧注云：「行慎躬勞，躬勞終福。論慎屨，亦財不費也。屨在下尤勞辱，因爲此戒。福與富音義兩施，互取焉。」觴豆之銘曰：「食自杖，食自杖，戒之憍，憍則逃。」說文云：「杖，持也。」食自杖，言食以禮自持也。憍，恣也。逃，亡也。户之銘曰：「夫名難得而易失。無懃弗志，而曰我知之乎？無懃弗及，而曰我杖之乎？擾阻以泥之，若風將至，必先搖搖，雖有聖人，不能爲謀也。」廣雅云：「懃，賴也。」志，念也。及，猶汲汲也。杖，持也。言無所倚賴而不志念，反曰知之；無所倚賴而不汲汲，反曰持之：言其不相量事也。擾讀曰獿。顏注漢書云：「獿，抆拭也。」阻讀曰「予所畜租」之租。泥，塗也。詩曰：「迨天之未陰雨，徹彼桑土，綢繆牖户。」又曰：「予室翹翹，風雨所漂搖。」左氏襄四年傳曰：「咨難爲謀。」淮南人閒訓云：「患生而救之，雖有聖知，弗能爲謀耳。」牖之銘曰：「隨天之時，以地之財，敬祀皇天，敬以先時。」隨天時者，牖所以見日也。以地財者，以木爲交窗也。盧注云：「先祭時而敬齊。」劍之銘曰：「帶之以爲服，動必行德，行德則興，倍德則崩。」服，佩也。倍，反也。崩，山壞也。盧注云：「以順誅也。」弓之銘曰：「屈伸之義，廢興之行，無忘自過。」屈伸者，弓之往來體也。易曰：「弓矢者器也，射之者人也，君子藏器於身，待時而動。」矛之銘曰：「造矛造矛，少閒弗忍，終身之羞。」造，作也。少閒，須臾也。忍，耐也。羞，恥也。盧注云：「重言造矛，見造矛之不易也。言少閒之不忍，則爲終身羞，以君子於殺之中，禮恕存焉。」予一人所聞，以戒後世子孫。盧注云：「『貽厥孫謀，以燕翼子』，武王之詩也。」

衛將軍文子第六十

衛將軍文子問於子贛盧注云：「文子，衛卿也，名彌牟。子贛，端木賜也，衛人，衛之相也。」聘珍謂：孔氏檀弓疏云：「案世本『靈公生昭子郢，郢生文子木及惠叔蘭。蘭生虎，爲司寇氏。文子生簡子瑕，瑕生衛將軍文氏。』然則彌牟是木之字。」曰：「吾聞夫子之施教也，先以詩，世道者孝悌，說之以義而觀諸體，成之以文德。蓋受教者七十有餘人，聞之孰爲賢也？」施，設也。詩，謂六詩，周禮曰「六詩：曰風，曰賦，曰比，曰興，曰雅，曰頌」是也。先以詩者，論語曰「興於詩」也。高注呂氏誣徒云：「世，時也。」道，言也。孝悌，德之本也，故時言之。說，告也。論語曰：「君子義以爲質。」觀，示也。體，行也。論語曰：「吾無行而不與二三子者。」文謂道藝，德謂德行。史記云：「孔子曰『受業身通者，七十有七人』，皆異能之士也。」孰，誰也。賢，勝也。

子貢對，辭以不知。

文子曰：「吾子學焉，何謂不知也？」辭，謝也。學，謂學於孔子也。

子貢對曰：「賢人無妄，知賢則難。故君子曰『智莫難於知人』，此以難也。」賢人，謂以賢稱人。妄，誣也。知賢，謂知人之賢。盧注云：「書曰：『知人則哲，惟帝其難之。』」

文子曰：「若夫知賢，人莫不難。吾子親游焉，是敢問也。」

子貢對曰：「夫子之門人，蓋三就焉。賜有逮及焉，有未及焉，不得辯知也。」游，謂與諸賢游於聖人之門。逮，與也。辯讀曰徧。盧注云：「三就，謂大成、次成、小成也。未及者，謂先就夫子，而或止或退，未得及已見也。或以子貢違夫子之後，有新來者也。」

文子曰：「吾子之所及，請問其行也。」

子貢對曰：「夙興夜寐，諷誦崇禮，行不貳過，稱言不苟，是顏淵之行也。孔子說之以詩，詩云：『媚茲一人，應侯順德。永言孝思，孝思惟則。』故國一逢有德之君，世受顯命，不失厥名，以御于天子以申之。崇禮者，非禮勿視，非禮勿聽，非禮勿言，非禮勿動也。湯曰：「顏氏之子，其殆庶幾乎！有不善未嘗不知，知之未嘗復行也。」論語曰：「不貳過。」盧注云：「顏回，魯人，字子淵也。詩，大雅下武之四章也。媚茲一人，謂御於天子而蒙寵愛。應侯順德，逢國君能成其德。孝思惟則，此文在前章，兼以說之，故連言也。御于天子以申之，於諸侯受爵命，未盡其能。」在貧如客，使其臣如藉，不遷怒，不探怨，不錄舊罪，是冉雍之行也。孔子曰：『有土君子，有衆使也，有刑用也，然後怒；匹夫之怒，惟以亡其身。』詩云『靡不有初，鮮克有終』，以告之。在貧，謂處約也。如客，讀曰「而客」，敬也。臣，男子賤稱也。探，遠取之也。錄，記錄也。論語曰：「不念舊惡。」盧注云：「如客，言安貧也。藉，借也，如借力然也。冉雍，魯人也，字仲弓。使，舉也。夫子因其性不好怒，故說妄怒之敗也。書曰『惟辟作威』也。詩，大雅蕩首章也。言冉雍能終其行也。」不畏强禦，不侮矜寡，其言曰性，都其富哉，任其戎，是仲由之行也。夫子未知以文也。詩云：『受小共大共，爲下國恂蒙。何天之寵，傅奏其勇。』夫强乎武哉，文不勝其質。畏，懼也。强禦，强梁禦善者。侮，侵也。孟子曰：「老而無妻曰矜，老而無夫曰寡。」都其富哉，贊美之辭也。楚語曰：「富都那豎。」韋注云：「富，富於容貌。都，閑也。」說文云：「戎，兵也。」論語曰：「可使治其賦也。」孔云：「賦，兵賦也。」夫子，謂孔子。未知，未許也。論語曰：「子路問成人，子曰：文之以禮樂。」盧注云：「其言曰性者，其言惟陳其性，不苟虛妄。仲由，衞人，字子路，一字季路，大夫也。詩，殷頌長發之五章也，頌湯伐桀除災之事。恂，信也。言下國信蒙其富。詩爲『駿龐』，或古有二文，或以義賦。『寵傅』又爲『龍敷』。」聘珍謂：中庸曰：「子路問强。」鄭彼注云：「强，勇者所好也。」廣雅云：「武，勇也。」論語曰：「質勝文則野。」又曰：「野哉由也。」恭老恤孤，不忘賓旅，好學省物而不懃，是冉求之行也。孔子因而語之曰：『好學則智，恤孤則惠，恭老則近禮，克篤恭以天下，其稱之也，宜爲國老。』恭，敬也。幼而無父曰孤。旅，客也。省，減省也。懃讀曰勤，勞也。盧注云：「物，猶事。事省則不懃也。」聘珍謂：史記云：「冉求字子有，爲季氏宰。」廣雅云：「惠，仁也。」克，能也。篤，厚也。以天下，言能左右天下也。中庸曰：「君子篤恭而天下平。」稱，舉也，謂舉而用之也。盧注云：「宜爲國之尊也，言任爲卿相也。」志通而好禮，擯相兩君之事，篤雅其有禮節也，是公西赤之行也。孔子曰：『禮儀三百，可勉能也；威儀三千，則難也。』公西赤問曰：『何謂也？』孔子曰：『貌以擯禮，禮以擯辭，是之謂也。主人聞之以成。』孔子之語人也曰：『當賓客之事則通矣。』謂門人曰：『二三子欲學賓客之禮者，於赤也。』志通者，知類通達也。鄭注周禮云：「出接賓曰擯，入贊禮曰相。」雅，正也。禮節者，禮之制度也。禮器曰：「經禮三百，曲禮三千。」鄭彼注云：「經禮，謂周禮也。周禮六篇，其官有三百六十。曲，猶事也。事禮，謂今禮也。禮篇多亡，本數未聞。其中事儀三千。」貌，謂容貌。辭，辭令也。盧注云：「公西赤，魯人也，字子華。」禮經三百，可勉學而能知。能躬行三千之威儀則難，而公西赤能躬行也。禮待貌而行，辭得禮而發，言貌所以擯贊三千之儀也。主人，謂主言行此在於人也。聞之以成者，公西赤聞之以成。」滿而不滿，實如虛，通之如不及，先生難之，不學其貌，竟其德，敦其言，於人也無所不信，其橋大人也常以皓皓，是以眉壽，是曾參之行也。孔子曰：『孝，德之始也；弟，德之序也；信，德之厚也；忠，德之正也。參也中夫四德者矣哉！』以此稱之也。滿，充也。道德充足，不自滿假也。論語曰：「有若無，實若虛。」通之，謂受業身通。論語曰：「學如不及。」難之，難能也。盧注云：「先生者猶難之，亦所謂先子之所畏也。」聘珍謂：不學其貌者，不習文貌也。竟，盡也。樂記曰：「德者，性之端也。」竟其德者，盡其性也。敦，厚也。信，誠也。無所不信者，謂尊卑長幼一以至誠與之也。橋大，謂高明廣大也。皓皓，潔白也，言孝子之潔白也。是以眉壽，以介眉壽也。韓詩外傳云：「曾子曰：吾嘗仕爲吏，祿不過鍾釜，尚猶欣欣而喜者，非以爲多也，樂道養親也。」史記云：「曾參，南武城人，字子輿。孔子以爲能通孝道，故授之業，作孝經。」盧注云：「天道曰至德，地道曰敏德，人道曰孝德。四代曰『有天德，有地德』。夫學天地之德者，皆以無私爲能也。動而樂施者，天德也；安而待化者，地德也。故天之德有廣狹矣。自餘禮義忠信已下，皆爲人德。因事則爲禮，厚其行則爲孝也。」業功不伐，貴位不善，不侮可侮，不佚可佚，不敖無告，是顓孫之行也。孔子言之曰：『其不伐則猶可能也，其不弊百姓者則仁也。詩云：「愷悌君子，民之父母。」』夫子以其仁爲大也。業，事也。自矜曰伐。善，猶喜也。不善，謂無喜色也。侮，慢也。佚，逸樂也。盧注云：「天民之窮無所告者，不陵敖之也。顓孫師，陳人也，子張字也。詩，大雅泂酌之首章也。」聘珍謂：說文云：「弊，頓仆也。」表記曰：「凱以强教之，悌以悅安之。」學以深，厲以斷，送迎必敬，上友下交，銀手如斷，是卜商之行也。孔子曰：『詩云：「式夷式已，無小人殆。」而商也，其可謂不險也。』盧注云：「學深，能深致隱賾也。厲以斷，性嚴厲而能斷決。銀，廉鍔也。如斷，言便能。卜商，衞人，字子夏，爲魏文侯師。詩，小雅節南山之四章。」聘珍謂：毛傳云：「式，用也。夷，平也。用平則已，無以小人之言至於危殆也。」不險，言不危也。貴之不喜，賤之不怒，苟於民利矣，廉於其事上也，以佐其下，是澹臺滅明之行也。孔子曰：『獨貴獨富，君子恥之，夫也中之矣。』苟，誠也。廉，猶儉也。佐，助也。以佐其下者，損上益下也。盧注云：「澹臺滅明，魯之東武城人也，字子羽，魯大夫。」聘珍謂：獨者，不與民同也。夫，謂滅明。中，得也，言得君子之道也。先成其慮，及事而用之，是故不忘，是言偃之行也。孔子曰：『欲能則學，欲知則問，欲善則訊，欲給則豫，當是如偃也得之矣。』慮，謀也。論語曰：「好謀而成。」用之，謂用其所謀也。忘，失也。史記云：「言偃，吳人，字子游。」訊，猶問也。給，足也。豫，備也。晉語曰：「豫而後給。」獨居思仁，公言言義，其聞之詩也，一日三復白圭之玷，是南宮縚之行也。夫子信其仁，以爲異姓。公，猶官也。詩曰：「白圭之玷，尚可磨也。斯言之玷，不可爲也。」序云：「衞武公刺厲王，亦以自警也。」論語曰：「南容三復白圭，孔子以其兄之子妻之。」盧注云：「南宮縚，魯人也，字子容。異姓，謂以兄之子妻之。司儀職曰『時揖異姓』。」自見孔子，入户未嘗越屨，往來過人不履影，開蟄不殺，方長不折，執親之喪，未嘗見齒，是高柴之行也。孔子曰：

『高柴執親之喪，則難能也；開蟄不殺，則天道也；方長不折，則恕也。恕則仁也，湯恭以恕，是以日躋也。』盧注云：「凡在於室，卑者之履，皆陳於户外，故雖後至而不越焉。不越人之履，不履人之影，謙慎之至也。高柴，齊人也，字子羔，爲郈宰。湯北事於葛，恭也；教網者祝，恕也。詩殷頌曰：『聖敬日躋。』」聘珍謂：蟄，蟄蟲也。開，啟也。長，生長也。折，斷也。檀弓曰：「高子皋之執親之喪也，泣血三年，未嘗見齒，君子以爲難。」說文云：「恕，仁也。」毛詩傳云：「躋，升也。」此賜之所親睹也。吾子有命而訊，賜則不足以知賢。」爾雅云：「訊，言也。」有命而訊，謂因問而言也。

文子曰：「吾聞之也，國有道，則賢人興焉，中人用焉，百姓歸焉。若吾子之語審茂，則一諸侯之相也，亦未逢明君也。」興，起也，謂起而在位也。中，正也。審，悉也。盧注云：「茂，盛也。一，皆也。」

子貢既與衞將軍文子言，適魯，見孔子曰：「衞將軍問二三子之行於賜也，不一而三，賜也辭不獲命，以所見者對矣，未知中否，請嘗以告。」孔子曰：「言之。」子貢以其質告。

孔子既聞之，笑曰：「賜！汝偉爲知人，賜！」中，當也。嘗，猶試也。以告，謂以所對告夫子也。盧注云：「質，猶實也。偉爲知人，言大爲知人也。再言賜者，善之。」

子貢對曰：「賜也焉能知人，此賜之所親睹也。」

孔子曰：「是女所親也。吾語女耳之所未聞，目之所未見，思之所未至，智之所未及者乎？」

子貢曰：「賜得，則願聞之也。」盧注云：「言未至未及者，爲其德廣厚也。」聘珍謂：得，猶足也，謂足與語也。

孔子曰：「不克不忌，不念舊惡，蓋伯夷、叔齊之行也。」盧注云：「克，好勝人。忌，有惡於人也。論語曰『伯夷叔齊不念舊惡，怨是用希』也。」聘珍謂：陸氏釋文云：「伯夷名允，字公信，孤竹君之子。伯，長也。夷，謚。一本名元。叔齊名智，字公達，伯夷之弟，齊亦謚也。夷齊名見春秋少陽篇。」晉平公問於祁傒曰：「羊舌大夫，晉國之良大夫也。其行如何？」杜氏春秋世族譜云：「平公，晉侯彪，悼公子。祁傒，晉大夫，祁午之父也。羊舌氏，晉之公族。羊舌，其所食邑。羊舌大夫，叔向祖父。」祁傒對，辭曰：「不知也。」公曰：「吾聞女少長乎其所，女其闇知之。」少長乎其所，言傒自幼長於羊舌氏之家。闇讀曰弇，深也。或云羊舌大夫爲羊舌肸，非也。據左傳成十八年，祁傒爲中軍尉，羊舌職佐之，肸之父也。襄三年，祁奚請老，於是羊舌職死矣。祁午爲中軍尉，羊舌赤佐之，肸之兄也。襄十一年，羊舌肸始見左傳，其時奚老久矣，不得反云少長乎其所也。案：唐書宰相世系表云：「晉武公子伯僑生文，文生突，羊舌大夫也。」鄭氏通志云：「晉獻侯四世孫奚，食邑於祁，遂以爲氏。」據世次，則羊舌大夫較奚先一世，故奚少長於其所。盧氏舊注文字譌脫，俗儒不察，遂以羊舌大夫爲羊舌肸云。祁傒對曰：「其幼也恭而遜，恥而不使其過宿也。恭，敬也。遜，順也。恥，謂行己有恥。宿，留也。言恥其過而速改也。其爲侯大夫也悉善，句。而謙其端也。爾雅曰：「侯，君也。」侯大夫，謂君大夫也。悉善者，詳盡善道以事君也。端，本也。易曰：

「謙也者，致恭以存其位者也。」又曰：「謙，德之柄也。」其爲公車尉也信，句。而好直其功也。公車尉，軍尉也。左氏閔二年傳曰：「羊舌大夫爲尉。」杜注云：「羊舌大夫，叔向祖父也。尉，軍尉。」信，誠也。直，正也。功，謂軍功。直其功，言卒乘之有功者正之，不使冒濫也。至於其爲和容也，温良而好禮，博聞而時出其志。』盧注云：「和容，主賓客也。」聘珍謂：主賓客，謂應對諸侯及受命而使也。博聞，謂閑習故事。志，意也。時出其志者，公羊莊十九年傳曰：「大夫受命不受辭，出竟，有可以安社稷利國家者，專之可也。」公曰：『嚮者問女，女何曰弗知也？』祁傒對曰：『每位改變，未知所止，是以不知。』蓋羊舌大夫之行也。位，爵次也。每位，謂爲侯大夫、公車尉及和容也。鄭注大學云：「止，猶自處也。」未知所止，言未知其所自處，不可以一德名也。畏天而敬人，服義而行信，孝乎父而恭於兄，好從善而斆往，蓋趙文子之行也。畏，亦敬也。服，從也。行信者，信以爲本，循而行之。斆，效也。往，古昔也。世族譜云：「趙文子，晉大夫，名武，趙朔之子。」其事君也，不敢愛其死，然亦不忘其身，謀其身不遺其友，君陳則進，不陳則行而退，蓋隨武子之行也。愛，惜也。盧注云：「不愛其死，不苟免於難也。不忘其身，不死於不義也。陳，謂陳其德教。」聘珍謂：謀，計也。遺，忘也。陳，謂陳力。君陳者，君與之陳也。論語曰：「陳力就列，不能者止。」世族譜云：「隨武子，晉大夫范會也，士蔿孫。」杜注宣十七年左傳云：「初受隨，故曰隨武子；後受范，復爲范武子。」其爲人之淵泉也，多聞而難誕也，不內辭，足以没世；國家有道，其言足以生；國家無道，其默足以容，蓋桐提伯華之行也。淵，深也。泉，水原也。爲人淵泉，謂思慮深清不測也。誕，欺詐也。說文云：「辭，訟也。」不內辭者，無行可悔，不內自訟也。没世，謂終身。生，起也，謂興起在位也。「桐提」左傳作「銅鞮」。孔氏左傳昭五年疏云：「銅鞮伯華名赤，字伯華，食邑於銅鞮。」世族譜云：「赤，羊舌職之子。」外寬而內直，自設於隱栝之中，直己而不直於人，以善存，亡汲汲，蓋蘧伯玉之行也。易曰：「君子敬以直內。」設，置也。隱讀曰櫽。荀子性惡云：「枸木必將待櫽栝烝矯，然後直。」楊注云：「櫽栝，正曲木之木也。」盧注云：「自設於隱栝之中，能以禮自罩直也。」聘珍謂：直，正也。不直於人者，正己而不求於人也。易曰：「成性存存。」孔疏云：「存，謂保其終也。」亡，無也。汲汲，欲速也。論語曰：「君子哉蘧伯玉，邦有道則仕，邦無道則可卷而懷之。」盧注云：「伯玉，衞大夫蘧瑗也。」孝子慈幼，允德稟義，約貨去怨，蓋柳下惠之行也。允，信也。稟，敬也。約，少也。貨，謂貨利。去，除也。論語曰：「放於利而行多怨。」盧注云：「柳下惠，魯士師展禽也，食采於柳下，惠，諡也。」其言曰：『君雖不量於臣，臣不可以不量於君。是故君擇臣而使之，臣擇君而事之，有道順君，無道橫命。』晏平仲之行也。量，度也。少儀曰：「事君者，量而後入，不入而後量。」橫讀曰衡。史記云：「晏平仲嬰者，萊之夷維人也。」國有道，即順命；無道，即衡命。張氏正義云：「衡，秤也。謂國無道則制秤量之，可行即行。」德恭而行信，終日言，不在尤之內，在尤之外，貧而樂也，蓋老萊子之行也。尤，過也。漢書藝文志班氏自注云：「老萊子，楚人，與孔子同時。」易行以俟天命，居下位而不援其上，觀於四方也，不忘其親，苟思其親，不盡其樂，以不能學爲己終身之憂，蓋介山子推之行也。」易，平易也。俟，待也。援，扳引也。盧注云：「晉大夫介之推也。」

大戴禮記解詁卷七

五帝德第六十二

宰我問於孔子曰：「昔者予聞諸榮伊令，黃帝三百年。請問黃帝者人邪？抑非人邪？何以至於三百年乎？」宰予，字子我，魯人也，孔子弟子。榮伊，人姓名，書序有榮伯。馬注云：「榮伯，周同姓畿內諸侯，爲卿大夫也。」周語有榮夷公，韋注云：「榮，國名。」周書王會有榮氏，以國爲氏者也。令，教言也。顏氏家訓云：「邪者，未定之辭，北人即呼爲『也』。」

孔子曰：「予！禹湯文武成王周公可勝觀也。夫黃帝尚矣，女何以爲？先生難言之。」勝，盡也。尚，上也，言久遠也。何以爲，言何用爲此也。史記云：「百家言黃帝，其文不雅馴，薦紳先生難言之。」

宰我曰：「上世之傳，隱微之說，卒業之辨，闇昏忽之意，非君子之道也，則予之問也固矣。」卒，終也。業，事也。辨，分別也。謂事既終，而猶爭辨之。闇昏忽之意，謂其意幽暗恍忽，不自知發問之端。固，謂不達於禮。

孔子曰：「黃帝，少典之子也，曰軒轅。史記云：「黃帝者，少典之子，姓公孫，名曰軒轅。」索隱云：「少典者，諸侯國號，非人名也。黃帝本姓公孫，長居姬水，因改姬姓。居軒轅之丘，因以爲名，又以爲號。」生而神靈，張氏史記正義云：「言神異也。易曰『陰陽不測之謂神』，書曰『人惟萬物之靈』，故謂之神靈也。」**弱而能言**，史記索隱云：「弱謂幼弱時也。蓋未合能言之時而黃帝卽言，所以爲神異也。」**幼而慧齊**，史記「慧」作「徇」。裴氏集解云：「徇，疾；齊，速也。言聖德幼而疾速也。」索隱云：「斯文未是。〔一〕今案：徇、齊，皆德也。書曰『聰明齊聖』，左傳曰『子雖齊聖』，謂聖德齊肅。〔二〕又案：孔子家語及大戴禮竝作『叡齊』，一本作『慧齊』。叡、慧，皆智也。太史公採大戴禮而爲此紀，今彼文無作『徇』者。史記舊本亦有作『濬齊』。蓋古字假借『徇』爲『濬』，濬，深也，義亦竝通。爾雅『齊』『速』俱訓爲疾。尚書大傳曰『多聞而齊給』。鄭注云：『齊，疾也。』今裴氏注云徇亦訓疾，未見所出。或當讀『徇』爲『迅』，迅於爾雅與齊俱訓疾，則迅濬雖異字，而音同也。又爾雅曰：『宣，徇，遍也。濬，通也。』是『遍』之與『通』義亦相近。言黃帝幼而才智周遍，且辯給也。」**長而敦敏**，敦，厚也。敏，猶勉也。**成而聰明**。史記正義云：「成謂年二十冠，成人也。聰明，聞見明辯也。」**治五氣，設五量，撫萬民，度四方，教熊羆貔豹虎，以與赤帝戰于版泉之野。三戰，然後得行其志。**五氣，謂五行之氣。漢書律厤志云：「黃帝起五部。」孟康云：「五部，謂五行也。」漢書律厤志云：「量者，龠、合、升、斗、斛也。」度，計量也。說文云：「貔，豹屬。豹，似虎，圜文，出貉國。」赤帝者，炎帝神農之後也。史記云：「炎帝欲侵陵諸侯，諸侯咸歸軒轅。軒轅乃修德振兵，教熊羆貔貅貙虎，以與炎帝戰於阪泉之野。」酈注水經㶟水條下云：「魏土地記：『下洛城東南六十里，有涿鹿城，城東一里有阪泉，泉上有黃帝祠。』晉太康地記云：『阪泉，亦地名也。』」黃帝

〔一〕「是」原作「明」，據史記索隱改。

〔二〕原「謂」上衍「齊」，據史記索隱删。

黼黻衣，大帶，黼裳，乘龍扆雲，以順天地之紀，幽明之故，死生之說，存亡之難。白與黑謂之黼，黑與青謂之黻。上曰衣，下曰裳。言衣裳始有章采也。大帶，所以申束衣。乘龍者，左傳曰：「古者畜龍。」釋名云：「扆，倚也，在後所依倚也。」扆雲者，杜注左傳云：「黃帝受命有雲瑞，故以雲記事也。」易曰：「仰以觀於天文，俯以察於地理，是故知幽明之故；原始反終，故知死生之說。」史記索隱云：「存亡，猶安危也。」易曰『危者安其位，亡者保其存』是也。難，猶說也。凡事是非未盡，假以往來之辭，則曰難。」時播百穀草木，故教化淳鳥獸昆虫，播，布也。時播者，以時布種也。草木，謂疏材之屬。淳，和也。昆者，衆也。說文云：「虫，一名蝮，物之微細，或行，或毛，或蠃，或介，或鱗，以虫爲象。」故此經曰昆虫也。厤離日月星辰，極畋土石金玉，勞心力耳目，節用水火材物。史記厤書索隱云：「系本及律厤志，黃帝使羲和占日，常儀占月，臾區占星氣，伶倫造律呂，大橈作甲子，隸首作算數，容成綜此六術而著調厤也。」聘珍謂：離者，別其位次。極，致也。畋，取也。節，制也。禮運曰：「用水火金木飲食必時。」祭法曰：「黃帝正名百物，以明民共財。」生而民得其利百年，死而民畏其神百年，亡而民用其教百年，故曰三百年。」畏，心服也。易曰：「利用出入，民咸用之，謂之神。」

宰我請問帝顓頊。

孔子曰：「五帝用記，三王用度，女欲一日辨聞古昔之說，躁哉予也！」

宰我曰：「昔者，予也聞諸夫子曰：『小子無有宿問。』」記，謂傳記。度，意度也。五帝代遠，須用傳記；三王時近，可度而知。論語曰：「殷因於夏禮，所損益可知也；周因於殷禮，所損益可知也。」辨讀曰徧。宿，留也。

孔子曰：「顓頊，黃帝之孫，昌意之子也，曰高陽。史記云：「帝顓頊高陽者，黃帝之孫而昌意之子也。」孔氏左傳疏云：「先儒舊說及譙周古史考皆以顓頊、帝嚳爲帝之身號，高陽、高辛皆國氏土地之號。」洪淵以有謀，疏通而知事，養材以任地，履時以象天，依鬼神以制義，治氣以教民，絜誠以祭祀。洪，大也。淵，深。材，謂百穀草木。任地者，任其力勢所能生育。履，步也。履時，謂推步四時。象，法也。依，準也。制，斷也。義，宜也。率神從天，居鬼從地，以斷幽明之宜。楚語曰「顓頊命南正重司天以屬神，命火正黎司地以屬民，使復舊常，無相侵瀆」是也。氣，謂五行之氣。教民，謂播五行於四時，使民知布種百穀也。絜，明也。乘龍而至四海，北至於幽陵，南至于交阯，西濟于流沙，東至于蟠木。動靜之物，大小之神，日月所照，莫不祗勵。」楚辭云「北至幽陵」，王注云：「幽陵，猶幽州也。」王制曰：「南方曰蠻，雕題交阯。」又曰：「自西河至於流沙，千里而遙。」漢地理志云：「流沙在居延西北，名居延澤。」史記集解云：「海外經云：東海中有山焉，名曰度索。上有大桃樹，屈蟠三千里。」史記正義云：「動物謂鳥獸之類，靜物謂草木之類。大謂五嶽四瀆，小謂丘陵墳衍。」聘珍謂：爾雅曰：「祗，敬也。」廣雅云：「勵，勸也。」

宰我曰：「請問帝嚳。」

孔子曰：「玄囂之孫，蟜極之子也，曰高辛。史記云：「帝嚳高辛者，黃帝之曾孫也。高辛父曰蟜極，蟜極父曰玄囂，玄囂父曰黃帝。」生而神靈，自言其名。博施利物，不於其身。聰以知遠，明以察微。高注呂氏不侵云：「於，厚也。」聘珍謂：不厚其身，如禹之菲飲食、惡衣服、卑宮室之類是也。楚語曰「明能光照之，聰能聽徹之」也。順天之義，知民之急。仁而威，惠而信，修身而天下服。天之義，謂天時之宜。急，困難也。仁而威，謂德威也。書曰「德威惟畏」。信，實也。取地之財而節用之，撫教萬民而利誨之，厤日月而迎送之，明鬼神而敬事之。撫，安存也。利，養也。厤讀曰歷。爾雅曰：「歷，相也。」相日月之出入而察之，若寅賓寅餞然，故曰迎送之。其色郁郁，其德嶷嶷。其動也時，其服也士。春夏乘龍，秋冬乘馬，黃黼黻衣，執中而獲天下，日月所照，風雨所至，莫不從順。」郁郁，文章貌。嶷嶷，高貌。動，謂動衆使民也。服，用也。士，有道德之稱。獲，得也，得其心也。

宰我曰：「請問帝堯。」

孔子曰：「高辛之子也，曰放勳。史記云：「帝嚳娶陳鋒氏女，生放勳。」馬注尚書云：「堯，謚也。翼善傳聖曰堯。放勳，堯名。」其仁如天，其知如神，就之如日，望之如雲。富而不驕，貴而不豫。左傳曰：「如天之無不覆也。」易曰：「知幾其神乎。」豫謂逸豫。黃黼黻衣，丹車白馬，伯夷主禮，龍、夔教舞，舉舜、彭祖而任之，四時先民治之。丹車者，丹漆之車，言車有采飾也。鄭語曰：「姜，伯夷之後也。」伯夷能禮於神以佐堯。」龍、夔，二臣名。舞，謂樂舞。」史記索隱云：「彭祖卽陸終氏之第三子籛鏗之後，後爲大彭，亦稱彭祖。」四時先民治之者，命羲和仲叔分宅東南西北，以正春夏秋冬，而敬授人時也。流共工於幽州，以變北狄；放驩兜于崇山，以變南蠻；殺三苗于三危，以變西戎；殛鯀于羽山，以變東夷。鄭注尚書云：「共工，水官也。其人名氏未聞。先祖居此官，故以官氏也。堯末時，羲和之子皆死，庶績多闕而官廢。當此之時，驩兜、共工更相薦舉。馬云：

『三苗，國名也。縉雲氏之後爲諸侯，蓋饕餮也。』鯀，臣名，禹父也。幽州，北裔。崇山，南裔。三危，西裔。殛，誅也。羽山，東裔也。」史記索隱云：「變，謂變其形及衣服，同於夷狄也。」其言不貳，其行不回，四海之內，舟輿所至，莫不說夷。」貳，疑也。回，邪也。夷，平也。

宰我曰：「請問帝舜。」

孔子曰：「蟜牛之孫，瞽叟之子也，曰重華。史記云：「虞舜者，名曰重華。」重華父曰瞽叟，瞽叟父曰橋牛。」馬云：「舜，謚也。」好學孝友，聞于四海，陶家事親，寬裕温良，敦敏而知時，畏天而愛民，恤遠而親親。荀子云：「不學不成，舜學於務成昭。」書曰：「父頑母嚚，象傲，克諧以孝。」史記云：「舜順適不失子道，兄弟孝慈。」「家」當爲「稼」。孟子曰：「自耕稼陶漁。」史記云：「舜耕歷山，陶河濱。」知時者，史記云「惟時相天事」，正義云：「惟在順時，視天所宜而行事也。」承受大命，依于倪皇。承受大命者，受堯陟帝位之命也。「依」讀如「依乎中庸」。「倪」讀曰「蓺」。禮運曰「功有蓺」，鄭注云「蓺或爲倪」，是「蓺」「倪」古文通也。「蓺皇」卽「蓺祖」。書曰：「正月朔日，受終于文祖。」又曰：「格于蓺祖。」鄭注云：「蓺祖，文祖，猶周之明堂。」又云：「文祖者，五府之大名，猶周之明堂。」司馬貞云：「尚書帝命驗曰：『五府，五帝之廟。蒼曰靈府，赤曰文祖，黃曰神斗，白曰顯紀，黑曰玄矩。唐虞謂之五府，夏謂世室，殷謂重屋，周謂明堂，皆祀五帝之所也。』」叡明通知，爲天下工，叡，聖也。通知，能知人也。工，官也。爲天下工，言爲天下舉賢建官也。此與下文爲目也。使禹敷土，主名山川，以利於民；書曰：「禹敷土，隨山刊木，奠高山大川。」又曰：「禹平水土，主名山川。」使后稷播種，務勤嘉穀，以作飲食；書曰：「棄！黎民阻飢，汝后稷，播時百穀。」又曰：「暨稷播，奏庶艱食鮮食。」羲和掌厤，敬授民時；書曰：「乃命羲和，欽若昊天，厤象日月星辰，敬授人時。」此堯所命也，舜時仍掌其舊職。使益行火，以辟山萊；孟子曰：「舜使益掌火，益烈山澤而焚之。」辟讀曰闢，開也。萊，草穢也。伯夷主禮，以節天下；主，典也。鄭注尚書云：「禮，天事、地事、人事之禮也。」節，限制也。書曰：「伯夷作秩宗。」夔作樂，以歌籥舞，和以鍾鼓；書曰：「夔！命汝典樂。」又曰「歌永言」。蔡氏月令章句云：「樂聲曰歌，樂容曰舞。」籥，管也。和，應也。秉籥而舞，其節與鍾鼓相應。皋陶作士，忠信疏通，知民之情；鄭云：「士，察也。主察獄訟之事。」書曰：「皋陶作士。」又曰：「士制百姓于刑之中，以教祇德。」契作司徒，教民孝友，敬政率經。書曰：「契作司徒，敬敷五教。」馬云：「五教，五品之教。」鄭云：「五品，父母兄弟子也。」率，循也。經，常也，謂五常也。其言不惑，其德不慝，舉賢而天下平。慝，邪也。此結上文知人爲天下工也。南撫交趾、大教，王制曰：「南方曰蠻，雕題交趾，有不火食者矣。」酈注水經云：「尚書大傳曰：堯南撫交趾，於禹貢荆州之南，垂幽荒之外，故越也。」大教，未詳，或云當爲「北發」，五帝本紀亦作「北發」，索隱云：「『北發』當云『北户』，南方有地名北户。」聘珍謂：爾雅曰「觚竹、北户」，郭注云：「北户在南。」鮮支、渠廋、氐羌，「鮮」讀曰「析」。馬注禹貢云：「析支在河關西。」通典云：「党項羌在古析支之地。」應劭注漢書武帝紀云：「禹貢渠搜屬雍州，在金城河關之西，西戎也。」鄭詩商頌箋云：「氐羌，夷狄國在西方者也。」孔疏云：「氐羌，其居在秦隴之西。」北山戎、發、息慎，齊語曰：「北伐山戎」，韋注云：「山戎，今之鮮卑。」史記索隱云：「『山戎』下少一『北』字，北發是北方國名。」鄭云：「息慎，或謂之肅慎，東北夷。」杜注左氏昭九年傳云：「肅慎在玄菟北三千餘里。」東長、鳥夷羽民。長、鳥夷，謂長夷、鳥夷也。史記云：「東長、鳥夷」，索隱云：

〔『長』下少一『夷』字。長夷、鳥夷也，長是夷號。」夏本紀云「鳥夷皮服」，集解引鄭云：「鳥夷，東北之民，賦食鳥獸者。」淮南原道云：「舜能理三苗，朝羽民。」舜之少也，惡顇勞苦，二十以孝聞乎天下，三十在位，嗣帝所，五十乃死，葬于蒼梧之野。」惡顇，猶顦顇也。書曰：「舜生三十，徵庸三十，在位五十載，陟方乃死。」史記云：「舜年二十以孝聞，年三十堯舉之，年五十攝行天子事，年五十八堯崩，年六十一代堯踐帝位。踐帝位三十九年，南巡狩，崩于蒼梧之野。葬于江南九疑，是爲零陵。」

宰我曰：「請問禹。」

孔子曰：「高陽之孫，鯀之子也，曰文命。史記云：「夏禹名曰文命。禹之父曰鯀，鯀之父曰帝顓頊。」敏給克濟，其德不回，其仁可親，其言可信，聲爲律，身爲度，稱以上士，亹亹穆穆，爲綱爲紀。爾雅曰：「濟，成也。」聲爲律者，聲中律呂也。身爲度者，身合度數也。稱，舉也。孔氏鄉飲酒義疏云：「上，正也。」廣雅云：「士，事也。」稱以上士者，稱其聲與身，而正音樂、尺度之事也。夏本紀云：「天下皆宗禹之明度數聲樂。」亹亹，勉也。穆穆，敬也。孔氏詩假樂疏云：「綱紀者，以結綱喻爲政，謂立法度以理治之。」巡九州，通九道，陂九澤，度九山。巡，行也。「州」當爲「川」，形近而譌。下文云「平九州」，不當複出。史記索隱云：「九川者，弱、黑、河、漾、江、沇、淮、渭、洛也。」聘珍謂：九道者，爾雅曰：「一達謂之道路，二達謂之歧旁，三達謂之劇旁，四達謂之衢，五達謂之康，六達謂之莊，七達謂之劇驂，八達謂之崇期，九達謂之逵。」陂，澤障也。九澤者，雷夏、大野、彭蠡、震澤、雲夢、滎播、菏澤、孟豬、豬野。九山者，合黎、三危、積石、嶓冢、岷、王屋、桐柏、鳥鼠同穴、熊耳，即九川所從出者。爲神主，爲民父母，左準繩，右規矩，履四時，據四海，平九州，戴九天，明耳目，治天下。左氏襄十四年傳曰：「夫君，神之主而民之望也。」夏本紀云：「禹爲山川神主。」準平，繩直，規圓，矩方。據，定也。九州者，冀、兗、青、徐、揚、荆、豫、梁、雍也。舜肇十有二州，至禹復爲九焉。左氏襄四年傳曰：「芒芒禹跡，畫爲九州」是也。九天者，廣雅云：「東方昦天，東南陽天，南方赤天，西南朱天，西方成天，西北幽天，北方玄天，東北鸞天，中央鈞天。」舉皋陶與益以贊其身，舉干戈以征不享不庭無道之民，四海之內，舟車所至，莫不賓服。」贊，佐也。史記云：「禹立而舉皋陶薦之，且授政焉，而皋陶卒。而后舉益，任之政。」孟子曰：「征者，上伐下也。」書曰：「惟時有苗弗率，汝徂征，禹乃會羣后，誓于師。」穀梁昭三十二年傳曰：「諸侯不享覲。」范注云：「享，獻也。」詩曰「榦不庭方」，毛傳云：「庭，直也。」廣雅云：「賓，敬也。」

孔子曰：「予！大者如說，民說至矣。予也非其人也。」大者如說，言無有大如此說者也。民者，先民也。毛詩小旻傳云：「昔曰先民。」

宰我曰：「予也不足誠也，敬承命矣！」

他日，宰我以語人。有爲道諸夫子之所，孔子曰：「吾欲以顏色取人，於滅明邪改之。吾欲以語言取人，於予邪改之。吾欲以容貌取人，於師邪改之。」宰我聞之，懼，不敢見。仲尼弟子列傳云：「澹臺滅明，武城人，字子羽，狀貌甚惡，欲事孔子，孔子以爲材薄。既已受業，退而脩行，名施乎諸侯。孔子聞之，曰：『吾以言取人，失之宰予；以貌取人，失之子羽。』」宰予字子我，利口辯辭。顓孫師，陳人，字子張。

帝繫第六十三

少典產軒轅，是爲黃帝。史記云：「黃帝者，少典之子，姓公孫，名曰軒轅。」又云：「有土德之瑞，故號黃帝。」

黃帝產玄囂，玄囂產蟜極，蟜極產高辛，是爲帝嚳。史記云：「帝嚳高辛者，黃帝之曾孫也。高辛父曰蟜極，蟜極父曰玄囂，玄囂父曰黃帝。自玄囂與蟜極，皆不得在位。至高辛，即帝位。高辛於顓頊爲族子。」又云「顓頊崩，而玄囂之孫高辛立，是爲帝嚳」也。帝嚳產放勳，是爲帝堯。史記云：「帝堯者，放勳。」又云：「帝嚳崩，而摯代立。帝摯立，不善，崩，而弟放勳立，是爲帝堯。」

黃帝產昌意，昌意產高陽，是爲帝顓頊。史記云：「帝顓頊高陽者，黃帝之孫而昌意之子也。」又云：「黃帝崩，葬橋山。其孫昌意之子高陽立，是爲帝顓頊也。」顓頊產窮蟬，窮蟬產敬康，敬康產句芒，句芒產蟜牛，蟜牛產瞽叟，瞽叟產重華，是爲帝舜，及產象，敖。史記云：「虞舜者，名曰重華。重華父曰瞽叟，瞽叟父曰橋牛，橋牛父曰句望，句望父曰敬康，敬康父曰窮蟬，窮蟬父曰帝顓頊，顓頊父曰昌意：以至舜七世矣。自從窮蟬以至帝舜，皆微爲庶人。舜父瞽叟盲，而舜母死，瞽叟更娶妻而生象，象傲。」顓頊產鯀，鯀產文命，是爲禹。史記云：「夏禹名曰文命。禹之父曰鯀，鯀之父曰帝顓頊，顓頊之父曰昌意，昌意之父曰黃帝。禹者，黃帝之玄孫而帝顓頊之孫也。禹之曾大父昌意及父鯀皆不得在帝位，爲人臣。」又云：「自黃帝至舜、禹，皆同姓而異其國號，以章明德。故黃帝爲有熊，帝顓頊爲高陽，帝嚳爲高辛，帝堯爲陶唐，帝舜爲有虞，帝禹爲夏后而別氏，姓姒氏。契爲商，姓子氏。棄爲周，姓姬氏。」

黄帝居軒轅之丘，娶于西陵氏之子，謂之嫘祖氏，産青陽及昌意。青陽降居泜水，昌意降居若水。山海西山經云：「玉山西四百八十里曰軒轅之丘。」郭注云：「黄帝居此丘，因號軒轅丘。」説文云：「丘，土之高也，非人所爲也。」史記云：「黄帝居軒轅之丘，而娶於西陵之女，是爲嫘祖。嫘祖爲黄帝正妃，生二子，其後皆有天下。其一曰玄囂，是爲青陽，青陽降居江水；其二曰昌意，降居若水。」聘珍謂：泜水卽江水也。説文云：「江水出蜀湔氐徼外崏山。」水經云：「岷山在蜀郡氐道縣，大江所出。若水出蜀郡旄牛徼外，東南至故關，爲若水也。」酈注云：「黄帝長子昌意，德劣，不足紹承大位，降居斯水爲諸侯焉。」昌意娶于蜀山氏，蜀山氏之子謂之昌濮氏，産顓頊。史記云：「昌意娶蜀山氏女，曰昌僕，生高陽，高陽有聖德焉。」酈氏水經注云：「昌意娶蜀山氏女，生顓頊於若水之野，有聖德。二十登帝位，承少皥金官之政，而以水德寶厤矣。」顓頊娶于滕氏，滕氏奔之子，謂之女祿氏，産老童。老童娶于竭水氏，竭水氏之子，謂之高緺氏，産重黎及吴回。郭注山海經云：「世本云：顓頊娶于滕墳氏，謂之女祿，産老童。老童娶于根水氏，謂之驕福，産重及黎。」史記集解引徐廣云：「世本云：老童生重黎及吴回。」楚世家云：「重黎爲帝嚳高辛居火正，帝嚳命曰祝融。共工氏作亂，帝嚳使重黎誅之而不盡，帝乃以庚寅日誅重黎，而以其弟吴回爲重黎後，復居火正，爲祝融。」

吴回氏産陸終。陸終氏娶于鬼方氏，鬼方氏之妹，謂之女隤氏，産六子，孕而不粥，三年，啟其左脅，六人出焉。孕，褱子也。粥，生也。易曰「婦孕不育」。兩腋下謂之脅。太平御覽引世本云：「吴回氏生陸終，陸終娶于鬼方氏之妹，謂之女隤，生子六人，孕而不育，三年啟其左脅，三人出焉；啟其右脅，三人出焉。」楚世家云：「吳回生陸終，陸終生子六人，坼剖而生焉。」其一曰樊，是爲昆吾；其二曰惠連，是爲參胡；其三曰籛，是爲彭祖；其四曰萊言，是爲云鄶人；其五曰安，是爲曹姓；其六曰季連，是爲芈姓。 樊、惠連、籛、萊言、安、季連，皆其名也。 昆吾、參胡、彭祖、云鄶人、曹姓、芈姓，乃其氏也。 氏或以國，或以字。 是爲曹姓，是爲芈姓者，史記云「姓曹氏、姓芈氏」是也。 楚世家云：「陸終生子六人，坼剖而生，其長一曰昆吾，二曰參胡，三曰彭祖，四曰會人，五曰曹姓，六曰季連，芈姓，楚其後也。」集解云：「虞翻曰：『昆吾名樊，爲己姓，封昆吾；彭祖名翦，爲彭姓，封於大彭。』」索隱云：「宋衷曰：『昆吾，國名，己姓所出。參胡，國名，斟姓，〔一〕無後。求言名也，〔二〕妘姓所出，鄶國也。安，名也。曹姓者，諸曹所出也。季連，名也。芈姓，諸楚所出，楚之先。』」 季連産什祖氏，什祖氏産内熊，九世至于渠婁鯀出。 九世，謂自内熊以下九世也。 渠婁鯀出，未詳。 楚世家云：「季連生附沮，附沮生穴熊。其後中微，或在中國，或在蠻夷，弗能紀其世。」

自熊渠有子三人： 其孟之名爲無康，爲句亶王；其中之名爲紅，爲鄂王；其季之名爲疵，〔三〕爲戚章王。 楚世家云：「周成王之時，封熊繹於楚蠻，封以子男之田，姓芈氏，居丹陽。 其後熊渠生子三人。

〔一〕「斟」原訛「斯」，據史記楚世家索隱改。

〔二〕「求」原訛「萊」，據史記楚世家索隱改。

〔三〕「疵」應從史記楚世家作「疵」。

當周夷王時，熊渠曰：「我蠻夷也，不與中國之號謚。」乃立其長子康爲句亶王，中子紅爲鄂王，少子執疵爲越章王，〔一〕皆在江上楚蠻之地。」

昆吾者，衞氏也。參胡者，韓氏也。彭祖者，彭氏也。云鄶人者，鄭氏也。曹姓者，邾氏也。季連者，楚氏也。此言陸終六子皆有爵土，當周之時，其地則爲衞、韓、彭、鄭、邾、楚也。「氏」竝讀曰「是」，鄭注觀禮云：「古文『是』爲『氏』也。」衞氏也者，杜注左氏哀十七年傳云：「衞有觀在於昆吾氏之墟，今濮陽城中。」聘珍謂：杜云濮陽者，在今直隸大名府開州。韓氏也者，古參胡地，周以封韓。左傳曰：「韓，武之穆也。」春秋前爲晉所滅，其地在今陝西同州府韓城縣。彭氏也者，鄭語曰：「大彭豕韋爲商伯矣。」韋注云：「大彭，陸終第三子曰籛，爲彭姓，封於大彭，謂之彭祖，彭城是也。豕韋，彭姓之别封於豕韋者。」聘珍謂：彭城，春秋時爲宋邑。楚漢之閒爲西楚，在今徐州府銅山縣。鄭氏也者，鄭語曰：「妘姓，鄔、鄶、路、偪陽。」韋注云：「陸終第四子曰求言，爲妘姓，封於鄶，鄶，今新鄭也。」鄭語曰：「桓公東寄帑與賄，虢鄶受之十邑，皆有寄地。」韋注云：「後桓公之子武公竟取十邑之地而居之，今河南新鄭是也。」邾、楚至周猶是陸終之裔。杜氏春秋世族譜云：「邾國，曹姓，顓頊之後有陸終氏，產六子，其第五子曰安，邾卽安之後也。周武王封其苗裔邾挾爲附庸，居邾，今魯國鄒縣是也。」聘珍謂：杜云魯國鄒縣者，今山東兖州府鄒縣。世族譜云：「楚，芈姓，顓頊之後也。其後有鬻熊，事周文王，早卒。成王封其曾孫熊繹於楚，以子男之田，居丹陽，今南郡枝江是也。」杜氏通典云：「楚初都丹陽，爲今秭歸。後徙枝江，亦曰丹陽。」聘珍謂：楚封丹陽，在今宜昌府歸州東南。楚遷丹陽，在今荆州

〔一〕「疵」原訛「疪」，據史記楚世家改。按：家刻本不誤。

府枝江縣西，春秋初楚尚都此。

帝嚳卜其四妃之子，而皆有天下。上妃，有邰氏之女也，曰姜原氏，產后稷；次妃，有娀氏之女也，曰簡狄氏，產契；次妃曰陳隆氏，產帝堯；次妃曰陬訾氏，產帝摯。史記周本紀云：「周后稷名棄，其母有邰氏女，曰姜原。姜原爲帝嚳元妃。」殷本紀云：「殷契母曰簡狄，有娀氏之女，爲帝嚳次妃。」五帝本紀云：「帝嚳娶陳鋒氏女，生放勳；娶陬訾氏女，生摯。」藝文類聚引世本云：「陳酆氏之女，曰慶都，生帝堯。陬訾氏之女，曰常儀，生帝摯。」

帝堯娶于散宜氏之子，謂之女皇氏。太平御覽引宋注世本云：「女皇氏生丹朱。」帝舜娶于帝堯之子，謂之女匽氏。書曰：「釐降二女于媯汭，嬪于虞。」史記云：「堯妻之二女。」索隱云：「列女傳云：『二女，長曰娥皇，次曰女英。』系本作『女瑩』，大戴作『女匽』。」正義云：「女英生商均。」鯀娶于有莘氏之子，謂之女志氏，產文命。史記索隱云：「案世本：『鯀娶有辛氏女，謂之女志，是生高密。』宋衷云：『高密，禹所封國。』」玉篇引世本云：「鯀生高密，是爲禹也。」禹娶于塗山氏之子，謂之女憍氏，產啟。書曰「娶于塗山」。史記云：「夏后帝啟，禹之子，其母塗山氏之女也。」

勸學第六十四

君子曰：學不可以已矣。青取之於藍，而青於藍；水則爲冰，而寒於水。木直而中繩，輮而爲輪，其曲中規，枯暴不復挺者，輮使之然也。已，止也。青，東方色也。藍，染青草。冰，水凍也。中，合也。繩，所以爲直者。輮讀若煣揉。輪，謂車輪。規，所以爲圜者。考工記曰：「規之以眡其圜也。」枯，朽也。暴，墳起也。言車輪之久而敝也。挺，直也。此竝言學能化其本質，故不可以已也。是故不升高山，不知天之高也；不臨深谿，不知地之厚也；不聞先王之遺道，不知學問之大也。易曰：「君子學以聚之，問以辨之。」于越、戎貉之子，生而同聲，長而異俗者，教使之然也。杜氏世族譜云：「越者，姒姓，封於會稽，自號於越。『於』者，夷言發聲也。」鄭注既夕記云：「今文『于』爲『於』。」保傅曰：「胡越之人，生而同聲，嗜慾不異，及其長而成俗也，參數譯而不能相通，教習然也。」是故木從繩則直，金就礪則利，君子博學如日參己焉，故知明則行無過。詩云：「嗟爾君子，無恆安息。靖恭爾位，好是正直。神之聽之，介爾景福。」神莫大於化道，福莫長於无咎。廣雅云：「礪，磨也。」史記索隱云：「參，驗也。」已謂己躬也。言博學者，如每日驗諸躬行，則所知之理益明，所行亦無過矣。詩，小雅小明之五章也。毛傳云：「息，猶處也。靖，謀也。介、景，皆大也。」韓注易繫辭傳云：「神也者，變化之極。」道者，先王之遺道。福者，大慶之辭。易曰：「无咎者，善補過也。」

孔子曰：「吾嘗終日思矣，不如須臾之所學；吾嘗跂而望之，不如升高而博見也。」升高而招，非臂之長也，而見者遠；順風而呼，非聲加疾也，而聞者著。假車馬者，非利足也，而致千里；假舟檝者，非能水也，而絕江海。君子之性非異也，而善假於物也。論語曰：「吾嘗終日不食，終夜不寢以思，無益，不如學也。」跂，舉足也。博，廣也。著，明也。假，借也。檝，櫂也。絕，渡也。呂氏用衆云：

「善學者，假人之長，以補其短。」南方有鳥，名曰蝱鳩，以羽爲巢，編之以髮，繫之葦苕，風至苕折，子死卵破，巢非不完也，所繫者然也。西方有木，名曰射干，莖長四寸，生於高山之上，而臨百仞之淵，木莖非能長也，所立者然也。蓬生麻中，不扶自直。蘭氏之根，懷氏之苞，漸之滫中，君子不近，庶人不服，質非不美也，所漸者然也。「蝱」讀曰「蒙」。楊注荀子云：「蒙鳩，鷦鷯也。」聘珍謂：編，聯次也。葦苕，蘆秀也。折，斷也。鳥未孚曰卵。完，固也。說文云：「鳥在木曰巢。」葦苕草屬，非可繫之處。一切經音義引廣志云：「射干，巢於絕巖高木也。」廣雅云：「莖，本也。」蘭氏、懷氏，未詳。史記三王世家云：「蘭根與白芷，漸之滫中，君子不近，庶人不服者，所以漸然也。」漸，漬也。說文云：「滫，久泔也。服，用也。」此言爲學當慎其所處也。

是故君子靖居恭學，脩身致志，處必擇鄉，游必就士，所以防僻邪而道中正也。靖，安也。恭，敬也。學記曰：「退息必有居學。」致，盡也。處，居止也。游，謂從游。論語曰：「里仁爲美，擇不處仁，焉得知。」又曰：「居是邦也，事其大夫之賢者，友其士之仁者。」道，由也。

物類之從，必有所由。榮辱之來，各象其德。肉腐出蟲，魚枯生蠹。殆教亡身，禍災乃作。强自取折，柔自取束。邪穢在身，怨之所構。布薪若一，火就燥；平地若一，水就溼。草木疇生，禽獸羣居，物各從其類也。由，自也。象，似也。德有吉凶，榮辱象之。易曰：「樞機之發，榮辱之主也。」蠹，害物之蟲。殆，危也。聖人脩道之謂教。殆教者，攻乎異端，以危正道。亡，忘也。亡身，謂不有其身也。柔，懦也。束，拘也。懦不能立，則爲物所拘。構，成也。疇，類也。是故正鵠張而弓矢至焉，林木茂而斧斤至焉，樹成蔭而鳥息焉，醯酸而蜹聚焉。故言有召禍，行有招辱，君子慎其所立焉。鄭注禮記云：「畫布曰正，棲皮曰鵠。」陸氏釋文云：「正、鵠皆鳥名也。一曰：正，正也。鵠，直也。大射則張皮侯而棲鵠，賓射張布侯而設正也。」廣雅云：「醯，酢也。」楊注荀子正名云：「酸，暑濕之酸氣也。」蚋，蚊也。說文云：「秦晉謂之蚋，楚謂之蚊。」易曰：「君子以立不易方。」

積土成山，風雨興焉；積水成川，蛟龍生焉；積善成德，神明自傳，聖心備矣。積，聚也。易曰：「善不積，不足以成名。」又曰「以通神明之德」。傳，謂傳述也。是故不積跬步，無以致千里；不積小流，無以成江海。騏驥一躒，不能千里；駑馬無極，功在不舍。楔而舍之，朽木不折；楔而不舍，金石可鏤。跬，一舉足也。淮南說林云：「步之遲，百舍不休，千里可致。」史記李斯傳云：「河海不擇細流，故能就其深。」說文云：「騏，馬青驪，文如博棊也。驥，千里馬也。」躒，動也。駑駘，最下馬也。極，盡也。舍，止也。楔讀曰鍥，刻也。鏤，彫飾也。夫螾無爪牙之利，筋脈之强，上食晞土，下飲黃泉者，用心一也；蟹二螯八足，非虵䱇之穴，而無所寄託者，用心躁也。玉篇云：「螾，蟺螾也。」蟺螾仄行，即寒蚓也。孟子曰：「夫蚓上食槁壤，下飲黃泉。」晞，乾也。廣雅云：「蜅蟹蛫也。其雄曰鯢鱧，其雌曰博帶。」楊云：「螯，蟹首上如鉞者。」玉篇云：「䱇，魚，似蛇。」與鱓同。說文云：「蟹，有二敖八足，旁行，非蛇䱇之穴，無所庇。」是故無憤憤之志者，無昭昭之明；無縣縣之事者，無赫赫之功。憤憤，積憤也。縣縣，長也。赫赫，盛也。行跂塗者不至，事兩君者不容。目不能兩視而明，耳不能兩聽而聰。螣虵無足而騰，鼫鼠五伎而窮。跂讀曰岐。爾雅曰：「螣，螣蛇。」陸氏釋文云：「字林云：『神蛇也。』愼子云：『螣蛇游霧。』」伎讀曰技。說文云：「鼫，五技鼠也。能飛不能過屋，能緣不能窮木，能游不能渡谷，能穴不能掩身，能走不能先人。」詩云：「鳲鳩在桑，其子七兮。淑人君子，其儀一兮。其儀一兮，心若結兮。」君子其結於一也。詩，曹風鳲鳩篇。鄭箋云：「儀，義也。善人君子，其執義當如一也。」毛傳云：「言執義一，則用心固。」昔者，瓠巴鼓瑟而沈魚出聽，伯牙鼓琴而六馬仰秣。高注淮南說山云：「瓠巴，楚人。仰秣，仰頭吹吐，謂馬笑也。」聘珍謂：六馬者，周禮曰「校人辨六馬之屬」，謂種馬、戎馬、齊馬、道馬、田馬、駑馬。夫聲無細而不聞，行無隱而不形。玉居山而木潤，淵生珠而岸不枯。爲善而不積乎，豈有不至哉！高注淮南說山云：「玉，陽中之陰，故能潤澤草木。珠，陰中之陽，有光明，故岸不枯。」湯曰：「善不積，不足以成名。」

孔子曰：野哉！君子不可以不學。野，鄙略也。言人氣質鄙略者，由於不學之故也。見人不可以不飾，不飾無貌，無貌不敬，不敬無禮，無禮不立。夫遠而有光者，飾也；近而逾明者，學也。飾，修飾也。貌，謂文貌。論語曰：「不學禮無以立。」逾，益也。譬之如洿邪，水潦灟焉，莞蒲生焉，從上觀之，誰知其非源泉也。洿邪，濁水不流之地。水潦，雨水也。灟讀曰屬。莞，草名；蒲，水草也：並可以作席者。原，水泉本也。此言人有美質，亦如原泉；質不美者，學以化之，及其成功，與美質者無異。珠者，陰之陽也，故勝火；玉者，陽之陰也，故勝水：其化如神。楚語曰：「珠足以禦火災，玉足以庇蔭嘉穀，使無水旱之災。」韋注云：「珠，水精。」鄭注周禮玉府云：「玉是陽精之純者，食之以禦水氣。」賈疏云：「玉是火精。」故天子藏珠玉，諸侯藏金石，大夫畜犬馬，百姓藏布帛，不然，則强者能守之，知者能秉之，賤其所貴而貴其所賤，不然，矜寡孤獨不得焉。言德尊者所藏貴，德卑者所藏賤，喻學優者德厚，學淺者德薄，無分於矜寡孤獨也。子貢曰：「君子見大川必觀，何也？」說文云：「川，貫穿通流水也。」李巡注爾雅云：「水流而分，交錯相穿，故曰川也。」孔子曰：「夫水者，君子比德焉。偏與之而無私，似德；與，及也。偏與之者，水流溼也。無私，謂其本性就下，非有私也。德者，得其性者也。宋元本竝作「偏與」，今俗本「偏」作「徧」，形近譌也。若作「徧與」，則於下文「所不及者」相違異矣。所及者生，所不及者死，似仁；易曰：「潤萬物者，莫潤乎水。」孟子曰：「民非水火不生活。」白虎通云：「仁者好生。」其流行庳下倨句，皆循其理，似義；庳讀曰卑。倨，直也。句，曲也。循，從也。理，條理也。荀子議兵云：「義者循理。」其赴百仞之谿，不疑，似勇；赴，趣也。水注川曰谿。疑，止也。韓子曰：「不疑之謂勇。」淺者流行，深淵不測，似智；李注爾雅云：「淵，藏也。」智者洪深而有謀。弱約危通，似察；說文云：「弱，橈也。」謂橈曲也。約，纏束也，言水之旋繞也。危，險。通，達也。弱約危通者，謂水流於曲處則繞之，危地皆能達。察，明也。纖微皆審謂之察。春秋繁露云：「水循嶽赴下，不遺小閒，既似察者。」受惡不讓，似貞；惡，垢穢也。讓，辭也。釋名云：「貞，定也，精定不動惑也。」苞裹不清以入，鮮潔以出，似善化；苞裹，藏納也。鮮，明也。潔，清也。化，變也。謂納汙而流潔，若變化其汙然。必出，量必平，似正；出，行也。必出者，孟子曰「水無有不下也」。量，斗斛名，喻科坎也。易曰：「坎不盈，祇既平。」左傳曰：「正直為正。」盈不求概，似厲；盈，滿也。楊云：「概，平斗斛之木。」盈不求概，謂盈科則進，滿而不溢也。廣雅云：「厲，方也。」此與上經「似正」互文相足。易曰：「坤六二之動，直以方也。」折必以東西，似意；折謂曲折。必以東西者，孟子曰：「水信無分於東西也。」似意者，意東而東，意西而西也。是以見大川必觀焉。」

大戴禮記解詁卷八

子張問入官第六十五

子張問入官於孔子，孔子曰：「安身取譽爲難也。」官，猶仕也。安，定也。易曰：「君子安其身而後動。」又曰：「危以動則民不與也。」譽，聲美也。詩曰：「在彼無惡，在此無射。庶幾夙夜，以永終譽。」

子張曰：「安身取譽如何？」

孔子曰：「有善勿專，教不能勿搢，已過勿發，失言勿踦，不善辭勿遂，行事勿留。君子入官，自行此六路者，則身安譽至而政從矣。盧注云：「專，爲自納於己。『進』或聲誤爲『搢』。」聘珍謂：學記曰：「今之教者，言及於數，進而不顧其安。」不能勿進者，論語曰：「舉一隅不以三隅反，則不復也。」毛詩傳云：「發，行也。」論語曰：「不貳過。」易曰：「有不善未嘗不知，知之未嘗復行也。」玉篇云：「踦，曲也。」失言勿踦，謂言之或失，不可曲諱也。說文云：「辭，訟也。」廣雅云：「遂，行也。」大學曰：「必也使無訟乎！無情者不得盡其辭。」盧注云：「凡行政事，勿稽留之。上六者可以自通，故稱路也。」且夫忿數者，獄之所由生也；距諫者，慮之所以塞也；慢易者，禮之所以失也；墮怠者，時之所以後也；奢侈者，財之所以不足也；專者，事之所以不成也；歷者，獄之所由生也。君子入官，除七路者，則身安譽至而政從矣。數，疾也。獄，訟也。距，止也。慮，思也。樂記曰：「慢易以犯節。」墮，廢也。怠，懈也。時後，謂失時也。專，謂專欲。左傳曰：「專欲難成。」盧注云：「歷，歷亂也。」故君子南面臨官，大城而公治之，精知而略行之，合是忠信，考是大倫，存是美惡，而進是利，而除是害，而無求其報焉，而民情可得也。「城」當爲「誠」，形聲之誤也。誠，信實也。無私曰公。倫，理次。存，察也。盧注云：「精知者，當先是六路。略行者，謂度時而施。能合是六路之忠信，及進除七路之利害，施焉而不求報，則民情不失矣。」故臨之無抗民之志，勝之無犯民之言，量之無狡民之辭，養之無擾於時，愛之勿寬於刑，言此則身安譽至而民自得也。周書謚法曰：「逆天虐民曰抗。」勝之者，以理屈之。犯，陵也。量，度也。狡謂狡詐。擾，亂也。無擾於時者，孟子曰：「不違農時，穀不可勝食也。」寬，縱也。樂記曰：「刑以防其奸。」廣雅云：「言，從也。」故君子南面臨官，所見邇，故明不可弊也；所求邇，故不勞而得也；所以治者約，故不用衆而譽至也。邇，近也。弊，敗也。約，要也。用，謂役用之也。盧注云：「言所見先求於近者。中庸曰：『舜其大知也與！舜好問而好察邇言也。』所求邇，言所求自近始，故詩云：『無佃甫田，勞心忉忉。』」法象在內，故不遠，源泉不竭，故天下積也，而木不寡短長，人得其量，故治而不亂。左氏襄三十一年傳曰：「君子在位，作事可法，德行可象。」內，謂身也。原，水泉本也。竭，盡也。積，聚也。原泉喻法象。「而木」讀曰「如」。寡，罕也。言天下既聚，則人材不寡，如木之或短或長，隨人之量度而用之，人材各得其用，而天下治矣。故六者貫乎心，藏乎志，形乎色，發乎聲，若此則身安而譽至，而民自得也。貫，習也。盧注云：「志者，心之府也。聲，言也。」故君子南面臨官，不治則亂至，亂至則爭，爭之至又反於亂。是故寬裕以容其民，慈愛以優柔之，而民自得也已。盧注云：「亂至，民錯亂也。」聘珍謂：争，競也。反，猶重也。曾子曰：「争辨者，作亂之所由興也。」中庸曰：「寬裕温柔，足以有容也。」優柔，謂委從之以俟其化。故躬行者，政之始也；調悦者，情之道也。善政行易則民不怨，言調悦則民不辨法，仁在身則民顯以佚之也。始，本也。調悦，和悦也。易曰：「説以先民，民忘其勞；説以犯難，民忘其死：説之大民勸矣哉！」行易，謂民之奉行不難也。言，號令也。辨法，争法也。左氏昭六年傳曰：「民知有辟，則不忌於上；竝有争心，以徵於書，而徼倖以成之。」仁，謂躬行調悦也。身，謂臨官者之身。顯，明也。佚，樂也。財利之生徵矣，貪以不得；徵，明也。大學曰：「生財有大道。」專利爲貪。不得，謂貨悖而入者亦悖而出。善政必簡矣，苟以亂之；簡，約也。苟謂苟簡。論語曰：「居敬而行簡，不亦可乎！居簡而行簡，無乃太簡乎！」善言必聽矣，詳以失之；聽，從也。詳，審察也。過於伺察，則心多疑惑，而善言不行矣。規諫日至，煩以不聽矣。煩，亂也。言臨官者心亂，有不聽者，若罔聞知也。言之善者，在所日聞；行之善者，在所能爲。爲，猶行也。盧注云：「君子言之善者，在於終日言之；君子行之善者，在其能躬行。記聽而失之，則無益於言行也。」故上者，民之儀也；有司執政，民之表也；邇臣便辟者，羣臣僕之倫也。荀子君道云：「君者，儀也。」有司執政，謂卿大夫也。表，標準也。邇臣便辟，謂侍御之臣。盧注云：「倫，理也。言是羣臣羣僕之綱理也。」故儀不正則民失誓，表弊則百姓亂，邇臣便辟不正廉，而羣臣服汙矣。故不可不慎乎三倫矣。釋名云：「誓，制也。」失誓，謂無所拘制也。弊，頓仆也。廉，潔也。盧注云：「服，事也。汙，濫也。言私謁也。」故君子脩身，反道察說，而邇道之服存焉。反，復也。易曰：「反復其道。」服，事也。盧注云：「脩身當本於道，而省其說，則近道之事存。」是故夫工女必自擇絲麻，良工必自擇齎材，賢君良上必自擇左右始。故佚諸取人，勞於治事；勞於取人，佚於治事。故君子欲譽，則謹其所便；欲名，則謹於左右。絲，蠶所吐也。麻，謂麻草可緝績者。齎讀曰資。便，謂便嬖。荀子君道云：「便嬖左右者，人主之所以窺遠收衆之門戶牖嚮也，不可不早具也。」故上者辟如緣木者，務高而畏下者滋甚。六馬之離，必於四面之衢；民之離道，必於上之佚政也。故上者尊嚴而絶，百姓者卑賤而神，民而愛之則存，惡之則亡也。緣，循也。滋，益也。離，散也。爾雅曰：「四達謂之衢。」佚，失也。論語曰：「上失其道，民散久矣。」絶，截也，謂截然高峻而無所倚也。神者，不測者也。易曰：「陰陽不測之謂神。」故君子南面臨官，貴而不驕，富恭有本能圖，脩業居久而譚，情邇暢而及乎遠，察一而關於多，一物治而萬物不亂者，以身爲本者也。爾雅曰：「恭，敬也。圖，謀也。」盧注云：「本爲身也，謂能謀其身也。」聘珍謂：業，事功也。居，安也。廣韻云：「譚，大也。」業安於久而自大也。易曰：「可久則賢人之德，可大則賢人之業。」暢，達也。關，通也。多，衆也。故君子莅民，不可以不知民之性，達諸民之情，既知其以生有習，然後民特從命也。故世舉則民親之，政均則民無怨。莅亦臨也。盧注云：「性爲仁義禮智之等，情爲喜怒愛惡之屬。」性者生之質，情者人之欲。生，謂性也。習，調節也。世舉，言治。」聘珍謂：既知其以生有習者，謂知民之各秉性情而生，而有以教習之。均，平也。故君子莅民，不臨以高，不道以遠，不責民之所不能。今臨之明王之成功，而民嚴而不迎也；道以數年之業，則民疾，疾則辟矣。明王之成功，不高不遠，民所能從者。嚴，敬也。迎讀曰逆。不逆，謂不違背也。數年之業，高遠事也。疾，病也。辟，謂僻違也。故古者冕而前旒，所以蔽明也；統絖塞耳，所以弇聰也。故水至清則無魚，人至察則無徒。說文云：「冕，大夫以上冠也。邃延垂瑬紞纊。古者黃帝初作冕。」旒，說文作「瑬」，云：「瑬，垂玉也。」蔽，隱也。統，玉篇作「黈」，云：「黈，黃色。」大戴禮：「黈纊塞耳。」揜聽也。絖，古纊字。白虎通云：「纊塞耳。」說文云：「纊，絮也。」聘珍謂：塞猶充也，塞耳即充耳也。以纊爲之謂之絖，垂玉石象於末謂之瑱。以絖貫瑱，縣之於耳，謂之絖耳。自天子諸侯公卿大夫，瑱之玉石，絖之采色，一如冕旒之制。周禮掌於弁師。詩衞風淇澳篇毛傳云：「充耳謂之瑱。天子玉瑱，諸侯以石。」詩齊風著篇鄭箋云：「以素爲充耳，謂所以縣瑱者，或名爲絖。織之人君五色，臣則三色而已。飾之以瓊華者，謂縣絖之末，所謂瑱也。人君以玉爲之。〔一〕瓊華，石色似瓊也。青，絖之青。黃，絖之黃。瓊瑩，石色似瓊似瑩也。瓊英，猶瓊華也。」故枉而直之，使自得之；優而柔之，使自求之；揆而度之，使自索之。民有小罪，必以其善以赦其過，如死使之生，其善也。是以上下親而不離。盧注云：「民有邪枉，教之使自得也。孟子曰：『匡之直之，使自得之。』優柔，謂寬教之。揆度，謂量民之材而施教之。」聘珍謂：善，賢能也。周禮曰：『議賢之辟，議能之辟。』赦，宥也。過，誤也。如死使之生，謂宥過無大也。其善也者，謂民有所勸勉而益進於善也。故惠者，政之始也。政不正，則不可教也；不習，則民不可使也。惠，愛也。政，謂法制禁令。不可教者，雖令不從也。習謂教習。故君子欲言之見信也者，莫若先虛其內也；欲政之速行也者，莫若以身先之也；欲民之速服也者，莫若以道御之

〔一〕原脱「之」，據毛詩著鄭箋補。

也。盧注云:「虛其內,謂內外相應。」故不先以身,雖行必隣矣;不以道御之,雖服必强矣;故非忠信,則無可以取親於百姓矣;外內不相應,則無可以取信者矣。四者治民之統也。」鄰,近也。必鄰者,行而不遠。强,勉强也。孟子曰:「以力服人者,非心服也,力不贍也。」左傳曰:「上思利民,忠也。」經解曰:「民不求其所欲而得之,謂之信。」親,愛也。外內不相應者,所令反其所好也。統,紀也。盧注云:「四者,謂以身先及以道御之、忠信及內外相應也。」

盛德第六十六

聖王之盛德,人民不疾,六畜不疫,五穀不災,諸侯無兵而正,小民無刑而治,蠻夷懷服。易曰:「窮神知化,德之盛也。」疾,病也。疫,病流行也。災,謂水旱蟲螟之類。兵,謂戎兵。周禮大司馬職曰:「以九伐之法正邦國。」鄭注云:「諸侯有違王命,則出兵以征伐之,所以正之也。」刑,謂五刑。懷,來也。

古者天子常以季冬考德,以觀治亂得失。凡德盛者治也,德不盛者亂也,德盛者得之也,德不盛者失之也。是故君子考德,而天下之治亂得失可坐廟堂之上而知也。德盛則脩法,德不盛則飾政,法政而德不衰,故曰王也。大宰職曰:「歲終,則令百官府各正其治,受其會,聽其致事,而詔王廢置。」鄭注云:「歲終,周季冬月也。」聘珍謂:廟堂者,大廟明堂也。法卽下經所云五法,政卽五政。法政而德不衰者,修法飾政而德乃永盛。盧注云:「王者,往也,民所歸也。」

凡人民疾、六畜疫、五穀災者，生於天，天道不順生於明堂不飾，故有天災則飾明堂也。順，循也。不順者，不循其序也。釋名云：「飾，拭也，物穢者，拭其上使明，由他物而後明，猶加文於質上也。」盧注云：「淮南子云：『明堂之制，行明堂之令，以調陰陽之氣，而知四時之節，以辟疾之災也。』」凡民之爲姦邪竊盜歷法妄行者，生於不足，不足生於無度量也。無度量則小者偷墮，大者侈靡而不知足。故有度量則民足，民足則無爲姦邪竊盜歷法妄行者。故有姦邪竊盜歷法妄行之獄，則飾度量也。李注文選引韋昭云：「歷，干也。」說文云：「度，法制也。量，稱輕重也。」荀子禮論云：「人生而有欲，欲而不得，則不能無求；求而無度量分界，則不能不爭。」偷，苟且。墮，廢也。靡讀曰糜，謂財物糜散凋敝也。凡不孝生於不仁愛也，不仁愛生於喪祭之禮不明。喪祭之禮所以教仁愛也，致愛故能致喪祭，春秋祭祀之不絕，致思慕之心也。夫祭祀，致饋養之道也。死且思慕饋養，況於生而存乎？故曰：喪祭之禮明，則民孝矣。故有不孝之獄，則飾喪祭之禮也。仲尼燕居曰：「嘗禘之禮所以仁昭穆也，饋奠之禮所以仁死喪也。」致，盡也。盧注云：「孝經曰：『春秋祭祀以時，思之也。』經解曰：『喪祭之禮廢，則臣子之恩薄，而倍死忘生者衆矣。』」凡弒上生於義不明。義者，所以等貴賤、明尊卑，貴賤有序，民尊上敬長矣。民尊上敬長而弒者，寡有之也。朝聘之禮所以明義也，故有弒獄，則飾朝聘之禮也。等，差也。序，次也。周禮曰：「春見曰朝。」又曰：「春朝諸侯而圖天下之事。」聘，問也。周禮曰：「時聘曰問。」又曰：「時聘以結諸侯之好。」盧注云：「經解曰：『朝聘之禮廢，則君臣之義失，諸侯之行惡，而倍畔侵陵之敗起矣。』」凡鬬辨生於相侵陵也，相侵陵生於長幼無序，而教以敬讓也。故有鬬辨之獄，則飾鄉飲酒之禮也。辨，争也。侵，犯。陵，侮也。周禮曰：「以陽禮教讓則民不争。」鄭注云：「陽禮，謂鄉飲酒之禮也。」盧注云：「經解曰：『鄉飲酒之禮廢，則長幼之序失，而争鬬之獄煩矣。』」凡淫亂生於男女無別，夫婦無義。昏禮享聘者，所以別男女，明夫婦之義也。故有淫亂之獄，則飾昏禮享聘也。昏禮享聘者，昏義曰：「舅姑共饗婦以一獻之禮，奠酬，舅姑先降自西階，婦降自阼階，以著代也。」內則曰：「聘則爲妻。」鄭注云：「聘，問也。妻之言齊也。以禮聘問，則得與夫敵體。」盧注云：「經解曰：『昏姻之禮廢，則夫婦之道苦，而淫辟之罪多矣。』」

故曰：刑罰之所從生有源，不務塞其源，而務刑殺之，是爲民設陷以賊之也。設，置也。陷，穿地爲塹，所以禦禽獸，其或超踰，則陷焉。賊，害也。盧注云：「禮察曰『禮禁將然之前，法施已然之後』也。」刑罰之源，生於嗜慾好惡不節。說文云：「嗜慾，喜之也。」樂記曰：「夫民有血氣心知之性，而無喜怒哀樂之節。」盧注云：「總言百姓犯刑罰之所由。」故明堂，天法也，禮度，德法也，所以御民之嗜慾好惡，以慎天法，以成德法也。刑法者，所以威不行德法者也。盧注云：「明堂，天神所在也。王者於此，則天無私勤施之法。禮謂三百三千也。」聘珍謂：度，數度也。德法者，躬行心德，垂爲法象也。易曰：「君子以制數度，議德行。」御，理也。慎讀曰順。威，畏也，令可畏懼也。

故季冬聽獄論刑者，所以正法也。法正，論吏公行之。聽，平治也。獄，謂邦國都鄙官府之獄訟。論刑者，周禮曰「以五刑之法詔刑罰，以辨罪之重輕」是也。正，定也。論，擇也。吏，羣吏治人者也。無私爲公。是故古者天子孟春論吏德行，論，考也。德行，外内之稱，在心爲德，施之爲行。能理功、能德法者爲有德，理功，治功也。周禮曰：「治功曰力。」鄭注云：「制法成治，若咎繇是也。」盧注云：「有德，謂外内善也。」能行德法者爲有行，行，用也，謂奉行也。有行者，聘義曰：「衆人之所難，而君子行之，故謂之有行。」能理德法者爲有能，理，謂綜治有條理也。大宰職曰「以聽官府之六計，弊羣吏之治」，二曰廉能。能成德法者爲有功。成者，功就不可易也。周禮曰：「國功曰功。」有功者亦貴有德，有能者亦貴有行，文義互相備，故上文總言論吏德行也。故論吏而法行，事治而功成。季冬正法，孟春論吏，治國之要也。吏，奉法者也。事，立功者也。盧注云：「春論班賞，冬考量刑，則莫不懲勸矣。」

德法者御民之銜也，吏者轡也，刑者筴也，天子御者，内史太史左右手也。古者以法爲銜勒，以官爲轡，以刑爲筴，以人爲手，故御天下數百年而不懈墮。説文云：「銜，馬勒口中，从金从行。銜，行馬者。」轡，御者所執。釋名云：「轡，拂也，牽引拂戾以制馬也。」筴，馬箠也。説文云：「御，使馬者，从彳从卸。」徐鍇云：「卸，解車馬也。或彳或卸，御者之職。」盧注云：「太史内史，皆宗伯之屬。太史下大夫二人，内史中大夫一人，俱親王之官也。書曰太史内史，云内史太史左右手，則太史爲左史，内史爲右史焉。」説文云：「勒，馬頭絡銜也。」善御馬者，正銜勒，齊轡筴，均馬力，和馬心，故口無聲，手不搖，筴不用，而馬爲行也。善御民者，正其德法，飭其官，而均民力，和民心，故聽言不出於口，刑不用而民治，是以民德美之。飭，整治也。五帝本紀云：「信飭百官。」均民力者，周禮均人職曰：「掌均地征，均地守，均地職，均人民牛馬車輦之力征。」

和民心者，經解曰：「發號出令而民悅謂之和。」聽言，謂聽訟之言。不出於口者，論語曰：「必也使無訟乎！」民荷其恩，謂之德美，大之詞也。夫民善其德，必稱其人，故今之人稱五帝三王者，依然若猶存者，其法誠德，其德誠厚。善，猶美也。稱，譽也。依然，思慕之貌。法誠德者，法本於德也。厚，猶大也，深也。夫民思其德，心稱其人，朝夕祝之，升聞於皇天，上帝歆焉，故永其世而豐其年。祝，祈也。歆，猶欣也。永，長也。詩曰：「自天降康，豐年穰穰。」不能御民者，棄其德法，譬猶御馬，棄銜勒而專以筴御馬，馬必傷，車必敗，無德法而專以刑法御民，民心走，國必亡。走，去也。孟子曰：「失其民者，失其心也。」亡，滅也。盧注云：「淮南子曰：『舜無佚民，造父無佚馬。』」亡德法，民心無所法循，迷惑失道，上必以爲亂無道，苟以爲亂無道，刑罰必不克，成其無道，上下俱無道。亡，無也。法循者，效法遵循也。迷，誤也。惑，謂惑闇。克，勝也。成其無道者，刑罰不中，則民手足無所措，而爲倍畔之事矣。上下俱無道者，孟子曰「上無道揆也，下無法守也，朝不信道，工不信度，君子犯義，小人犯刑」是也。故今之稱惡者，必比之於夏桀、殷紂，何也？曰：法誠不德，其德誠薄。夫民惡之，必朝夕祝之，升聞於皇天，上帝不歆焉。故水旱並興，災害生焉。故曰：德法者，御民之本也。其德，謂凶德也。釋名云：「薄，迫也，單薄相逼迫也。」祝，詛也。

古之御政以治天下者，冢宰之官以成道，司徒之官以成德，周禮，天官冢宰掌邦治，地官司徒掌邦教。爾雅曰：「冢，大也。」干寶云：「濟其清濁，和其剛柔，而納之中和，曰宰。」鄭云：「司徒主衆徒，地者載養萬物。天子立司徒掌邦教，亦所以安擾萬民。」盧注云：「天性發施故爲道，地理含藏故主德。道德者，包五性內外之稱也。天地之官尊，故總焉。」宗伯之官以成仁，周禮，春官宗伯掌建邦之天神、人鬼、地祇之禮。鄭云：「宗，尊也。伯，長也。不言司者，鬼、神、祇，人之所尊，不敢主之故也。」以成仁者，仲尼燕居曰：「郊社之義，所以仁鬼神也；嘗禘之禮，所以仁昭穆也；饋奠之禮，所以仁死喪也；射鄉之禮，所以仁鄉黨也；食饗之禮，所以仁賓客也。」司馬之官以成聖，周禮，夏官司馬掌邦政。鄭云：「馬者，武也。言爲武者也。」盧注云：「聖，通也。夏氣物充達。又征伐者所以平通天下。」司寇之官以成義，周禮，秋官司寇掌邦刑。鄭云：「寇，害也。秋者，遒也，如秋義，殺害、收聚、斂藏於萬物也。」司空之官以成禮。周禮曰：「冬官其屬六十，掌邦事。」鄭云：「象冬所立官也。是官名司空者，冬閉藏萬物，天子立司空，使掌邦事，亦所以富立家，使民無空者也。」以成禮者，盧注云：「凡宗社之設，城郭之度，宮室之量，典服之制，皆冬官所職也。」故六官以爲轡，司會均入以爲軜，故御四馬，執六轡，御天地與人與事者，亦有六政。周禮：「司會掌邦之六典、八法、八則之貳，以逆邦國都鄙官府之治。」鄭云：「會，大計也。司會，主天下之大計，計官之長。」詩曰：「鋈以觼軜」，毛傳云：「軜，驂內轡也。」鄭箋云：「軜，繫於軾前。」四馬六轡者，孔氏毛詩疏云：「每馬有二轡，四馬當八轡矣。諸文皆言六轡者，以驂馬內轡納之於觖，故在手者惟六轡耳。」盧注云：「六政，謂道、德、仁、聖、禮、義也。」是故善御者，正身同轡，均馬力，齊馬心，惟其所引而之，以取長道，盧注云：「不違於節，故任其馳。」聘珍謂：引，導引也。馬在車前，故曰引。之，往也。取，趣也。道，路也。遠行可以之，考工記曰：「攻國之人行地遠。」之亦往也。急疾可以御。急疾，謂馬馳驟也。御，止也。天地與人事，此四者聖人之所乘也。乘，治也。是故天子御者，太史內史左右手也，六官亦六轡也。天子三公合以執六官，均五政，齊五法，以御四者，故亦惟其所引而之。以之道則國治，以之德則國安，以之仁則國和，以之聖則國平，以之義則國成，以之禮則國定，此御政之體也。三公，太師、太傅、太保也。鄭云：「三公者，內與王論道，外參六官之事。」聘珍謂：五政者，五行之政，明堂月令所施於四時者也。盧注云：「五法，謂仁義禮智信。四者，天地與人與事。治典經邦國，教典安邦國，禮典和邦國，政典平邦國，刑典詰邦國。體國經野，事官之職。」過，失也，人情莫不有過，過而改之，是不過也。是故官屬不理，分職不明，法政不一，百事失紀，曰亂也，亂則飭冢宰。屬，官衆也。理，治也。分，辨也。大宰職曰「以官府之六屬舉邦治，以官府之六職辨邦治」也。紀，總要之名也。飭，謂警飭。地宜不殖，財物不蓄，萬民飢寒，教訓失道，風俗淫僻，百姓流亡，人民散敗，曰危也，危則飭司徒。殖，生也。月令曰：「善相丘陵、阪險、原隰，土地所宜，五穀所殖，以教道民。」財讀曰材，謂草木。物謂鳥獸。周禮曰「司徒辨十有二土之名物，以蕃鳥獸，以毓草木」；又曰「以荒政十有二聚萬民」；又曰「因此五物者，民之常，而施十有二教焉」。僻，邪也。王制曰「志淫好僻」。敗，潰也。民逃其上曰潰。釋名云：「危，阢也，阢阢不固之言也。」父子不親，長幼無序，君臣上下相乘，曰不和也，不和則飭宗伯。乖，戾也。周禮，宗伯掌邦禮，以和邦國，以統百官，以諧萬民。賢能失官爵，功勞失賞祿，爵祿失則士卒疾怨，兵弱不用，曰不平也，不平則飭司馬。賢能，謂有德者。司士職曰：「以德詔爵，以功詔祿。」王制曰：「司馬辨論官材，論進士之賢者，以告於王，而定其論。論定然後官之，任官然後爵之，位定然後祿之。」司勳職曰：「掌六鄉賞地之法，以等其功。國功曰功，事功曰勞。」司勳司士竝司馬之屬也。士卒者，周禮，百人爲卒，卒長皆上士。左傳曰：「衆散爲弱。」周禮曰：「司馬佐王平邦國。」刑罰不中，暴亂姦邪不勝，曰不成也，不成則飭司寇。周禮，司寇掌邦禁，以佐王刑邦國。書曰：「司寇掌邦禁，詰姦慝，刑暴亂。」百度不審，立事失理，財物失量，曰貧也，貧則飭司空。審，悉也。論語曰「審法度」。事，謂司空所掌富邦國、養萬民、生百物之事。理，條理也。財謂幣帛，物謂器用。量，度也。

故曰，御者同是車馬，或以取千里，或數百里者，所進退緩急異也，治者同是法，或以治，或以亂者，亦所進退緩急異也。五帝三王其法誠德，夏桀、殷紂法誠不德。德惟治，否德亂，進退緩急存乎德也。

明堂第六十七

明堂者，古有之也。盧注云：「明堂之作，其代未得而詳也。案淮南子言神農之世，祀於明堂，明堂有蓋，四方。又漢武帝時，有獻黃帝明堂圖者，四面無壁，中有一殿。然其由或始於此也。」凡九室，一室而有四戶八牖，三十六戶，七十二牖。隋書牛弘傳引蔡邕明堂月令論云：「明堂制度之數，九室以象九州，三十六戶七十二牖，以四戶八牖乘九宮之數也。」以茅蓋屋，蓋，覆也。左傳曰：「清廟茅屋，昭其儉也。」上圓下方。曾子天圓曰：「天道曰圓，地道曰方。」明堂者，所以明諸侯尊卑。明堂位曰：「昔者周公朝諸侯於明堂，天子負斧依南鄉而立。三公中階之前，北面東上；諸侯之位阼階之東，西面北上；諸伯之國西階之西，東面北上；諸子之國門東，北面東上；諸男之國門西，北面東上。明堂也者，明諸侯之尊卑也。」外水曰辟雍。牛弘傳引明堂陰陽録云：「明堂之制，周圜行水，左旋以象天。」蔡邕云：「水闊二十四丈，象二十四氣，於外以象四海。」盧注云：「韓詩説辟圜如璧，雍以水。不言圓言辟者，取辟有德。不言辟水言雍，雍，和也。」聘珍謂：王制曰：「大學在郊，天子曰辟廱。」孔氏詩靈臺疏云：「大戴禮政穆篇曰：大學，明堂之東序也。」南蠻，東夷，北狄，西戎。明堂位曰：「九夷之國東門之外，西面北上；八蠻之國南門之外，北面東上；六戎之國西門之外，東面南上；五狄之國北門之外，南面東上；九采之國應門之外，北面東上。四塞世告至。此周公明堂之位也。」明堂月令。盧注云：「於明堂之中，施十二月之令。」赤綴户也，白綴牖也。赤，南方色；盛陽之氣也。白者，陰氣。盧注云：「綴，飾也。」二九四七五三六一八。此五行生成之數，明堂九室所取法也。鄭注易繫辭傳云：「天一生水於北，地二生火於南，天三生木於東，地四生金於西，天五生土於中。地六成水於北，與天一并；天七成火於南，與地二并；地八成木於東，與天三并；天九成金於西，與地四并；地十成土於中，與天五并。」經言五不言十者，鄭注月令云：「土生數五，成數十。但言五者，土以生爲本。」鄭注考工記云：「木室於東北，火室於東南，金室於西南，水室於西北，土室於中央。」賈疏云：「五行先起東方，故東北方之室言木，其實東北之室兼水矣；東南之室兼木矣，西南之室兼火矣，西北之室兼金矣。以其中央太室有四堂，四角之室皆有室，故知義然也。」聘珍謂：鄭賈據五室而言。若此經九室，五行亦有相兼之義。蓋二四三一爲四正，九七六八爲四角。三八二七四九一六皆左旋。五爲中央，爲太廟太室。二爲明堂太廟，七爲明堂右个，明堂右个卽總章之左个，是火而兼金。四爲總章太廟，九爲總章右个，總章右个即玄堂之左个，是金而兼水。二爲玄堂太廟，六爲玄堂右个，玄堂右个即青陽之左个，是水而兼木。三爲青陽太廟，八爲青陽右个，青陽右个即明堂之左个，是木而兼火矣。堂高三尺，東西九筵，南北七筵，上圓下方。蔡云：「堂高三尺，以應三統。」考工記曰：「周人明堂，度九尺之筵，東西九筵，南北七筵。」鄭注云：「明堂者，明政教之堂，周度以筵，亦王者相改也。」九室十二堂，室四户，户二牖，其宫方三百步。蔡云：「明堂制度之數，十二堂以應日辰。」牛弘傳引太山盛德記云：「殿垣方，在內，水周於外，水內徑三百步。」聘珍謂：六尺爲步，十尺爲丈。三百步，凡一百八十丈。每室東西九筵，筵九尺，三室占地二十四丈三尺。南北七筵，三室占地一十八丈九尺。是南北餘地一百六十一丈一尺，東西餘地一百五十五丈七尺，以爲每室中閒空道，寬廣應過於其室。四户八牖，遥相對向，竝非聯綴爲之，故左个右个得以隨其時之方位，開其户牖。在近郊，近郊三十里。古者明堂、靈臺、辟雍爲一。五經異義云：「公羊説，皆在國之東南二十五里。東南，少陽用事，萬物著見。用二十五里者，吉行五十里，朝行莫反也。」此經言三十里者，約成數也。或以爲明堂者，文王之廟也。孝經曰：「宗祀文王於明堂，以配上帝。」五經異義云：「講學大夫淳于登説，周公祀文王於明堂，以配上帝。上帝，五精之神，太微之庭有五帝座星。古周禮、孝經説，明堂，文王之廟，夏后氏曰世室，殷人曰重屋，周人曰明堂，周公所以祀文王於明堂，以昭事上帝。謹案：今禮古禮各以義説，無明文以知之。」鄭氏云：「淳于登之言，取義於孝經援神契。援神契説『宗祀文王於明堂以配上帝』，曰明堂者，上圓下方，八窗四闥，布政之宫，在國之陽。帝者，諦也。象上可承五精之神。五精之神，實在太微，於辰爲巳。是以登云然。」孔氏毛詩靈臺疏云：「盧植禮記注云：『明堂即太廟也。天子太廟，上可以望氣，故謂之靈臺；中可以序昭穆，故謂之太廟；圜之以水，似璧，故謂之辟廱。古法皆同一處，近世殊異分爲三耳。』蔡邕月令論云：『取其宗廟之清貌，則曰清廟；取其正室之貌，則曰太廟；取其堂，則曰明堂；取其四門之學，則曰太學；取其周水圜如璧，則曰辟廱。異名而同耳，其實一也。』穎子容春秋釋例云：『太廟有八名，其體一也。肅然清靜，謂之清廟；行禘祫，序昭穆，謂之太廟；告朔行政，謂之明堂；行饗射，養國老，謂之辟廱；占雲物，望氛祥，謂之靈臺；其四門之學，謂之太學；其中室，謂之太室；總謂之宮。』賈逵、服虔注左傳，亦云『靈臺在太廟明堂之中』。此等諸儒，皆以廟、學、明堂、靈臺爲一也。」朱草日生一葉，至十五日，生十五葉，十六日一葉落，終而復始也。盧注云：「孝經援神契曰：『朱草生，蓂莢孳，嘉禾成，萐莆生。』蓂莢，堯時俠階而生，以記朔也。朱草可食，王者慈仁則生。其形無記朔之狀，蓋說不詳。」周時德澤洽和，蒿茂大以爲宮柱，名蒿宮也。此天子之路寢也。不齊不居其屋。竹書紀年云：「周德既隆，草木茂盛，蒿堪爲宮室。」此天子之路寢也者，謂此蒿宮制如路寢也。爾雅曰：「無東西廂有室曰寢。」天子將有祀事於明堂，則致齊於此宮。待朝在南宮，視朝於治朝，天子待朝於門屏之閒，謂之宁。孔氏曲禮疏云：「天子受朝於路門外之朝，於門外而宁立，以待諸侯之至，故曰當宁而立也。」此經是朝諸侯於明堂，與治朝異制，故待於南宮，南宮卽明堂太廟也。揖朝出其南門。周禮曰：「土揖庶姓，時揖異姓，天揖同姓。」南門者，南宮之門，卽明堂太廟南嚮之户。經言此者，明天子見諸侯，惟在明堂，南面。若青陽、總章、玄堂，皆是告朔行令之宮，而非朝諸侯之地。明堂位曰「朝諸侯於明堂，天子負斧依，南嚮而立」是也。

大戴禮記解詁卷九

千乘第六十八

公曰：「千乘之國，何氏論語集解云：「馬云：『司馬法「六尺爲步，步百爲畝，畝百爲夫，夫三爲屋，屋三爲井，井十爲通，通十爲成，成出革車一乘」。然則千乘之賦，其地千成，居地方三百一十六里有畸，唯公侯之封乃能容之，雖大國之賦亦不是過焉。』包云：『千乘之國者，百里之國也。古者井田，方里爲井，十井爲乘，百里之國適千乘也。』融依周禮，包依王制、孟子，疑義，故兩存焉。」受命於天子，周禮曰：「七命賜國，八命作牧，九命作伯。」通其四疆，通，達也。疆，界也。封人職曰：「凡封國，設其社稷之壝，封其四疆。」教其書社，房注管子小稱云：「古者羣居二十五家，則共置社。書社，謂以社數書於策。」孔子世家索隱云：「書社者，書其社之人名於籍。」聘珍謂：教其書社者，郊特牲曰「簡其車賦，歷其卒伍，而君親誓社，以習軍旅」也。循其灌廟，循，順也。灌，聚也。順其昭穆，聚羣廟之主於太廟，而行大祭之禮。建其宗主，建，立也。周禮曰：「宗以族得民，主以利得民。」左氏定四年傳曰：「分魯公以殷民六族，條氏、徐氏、蕭氏、索氏、長勺氏、尾勺氏，使帥其宗氏，輯其分族，將其醜類，以法則周公，用即命於周，是使之職事於魯。」晉語曰「再世以下主之」，韋注云：「大夫稱主。」先鄭注周禮云：「主謂公卿大夫世世食采不絕者。」設其四佐，四佐，謂三卿司徒、司馬、司空，又周禮公之國有孤一人，謂之孤卿，是爲四也。孔氏王制疏云：「崔氏云：大國三卿，司徒兼冢宰之事，司馬兼宗伯之事，司空兼司寇之事，故春秋左傳云『季孫爲司徒，叔孫爲司馬，孟孫爲司空』。」賈氏周禮典命疏云：「魯是侯爵，非上公，亦得置孤者，魯爲州牧，立孤與公同。」列其五官，五官，謂下大夫五人也。孔氏王制疏云：「五人者，謂司徒之下置小卿二人，一是小宰，一是小司徒。司空之下亦置二小卿，一是小司寇，一是小司空也。司馬之下，惟置一小卿小司馬也。」處其朝市，處，制也。考工記曰：「建國面朝後市。」爲仁如何？」

子曰：「不仁國不化。」易曰：「君子體仁，足以長人。」化，謂教成於上而易俗於下也。

公曰：「何如之謂仁？」

子曰：「不淫於色。」左傳曰：「貪色爲淫。」淫於色必害於德。

子曰：「重記「子曰」者，公不能復問，孔子創通大義而廣言之也。立妃設如太廟然，乃中治，中治不相陵，不相陵斯庶嬪違，違則事上靜，靜斯潔信在中。爾雅曰：「妃，匹也。」左氏桓二年傳曰：「嘉耦曰妃。」楊注荀子云：「設謂制置。」如太廟然者，禮器曰：「太廟之內敬矣。君親制祭，夫人薦盎；君親割牲，夫人薦酒。」中，猶內也。賈注國語云：「妾御曰嬪。」違讀曰章，明也。庶嬪違者，嫡庶之分明也。靜，安也。潔，明也。中，謂宮中。朝大夫必慎以恭，出會謀事必敬以慎，言長幼小大必中度。朝讀如左傳「楚子朝其大夫」。曲禮曰：「諸侯相見於御地曰會。」出會謀事者，左氏昭三年傳曰「有事而會」是也。言，謂在會之言。孔氏莊二十三年左傳疏云：「諸侯之序，以爵不以年。」言長幼，謂國之大小也。沈氏云：「爵同者據年之長幼。」說文云：「度，法制也。」此國家之所以崇也。崇，尊也。由宮中以及朝廷，由朝廷以及四國，皆有禮度，而國勢尊矣。立子設如宗社，宗社先示威，威明顯見，辨爵集德，是以母弟官子咸有臣志，莫敢援於外，大夫中婦私謁不行，此所以使五官治執事政也。 此言立世子之道，或國無適子而立衆庶者。 宗社，謂宗廟社稷。 爾雅曰：「咸，則也。」辨爵者，立子以貴也。 集，合也。 集德者，年鈞以德也。 官猶公也。 公子，謂羣公子也。 援於外者，左氏桓十一年傳曰：「君多內寵，子無大援，將不立。」左氏文六年傳曰：「晉襄公卒，趙孟曰：立公子雍，秦大而近，足以爲援。」大夫，謂嬖大夫。 中婦，謂嬖妾。謁，請也。 左氏莊二十八年傳曰：「晉驪姬嬖，欲立其子，賂外嬖梁五與東關嬖五，譖羣公子而立奚齊。」執事，羣有司也。 政，正也。 嗣子正，而朝廷莫不正矣。 夫政以教百姓，百姓齊以嘉善，故蠱佞不生，此之謂良民。 國有道則民昌，此國家之所以大遂也。 論語曰：「政者，正也。」正朝廷以正百官，正百官以正萬民。 齊，同也。 嘉，樂也。 蠱，惑亂也。 以邪導人謂之佞。 昌，盛也。 遂，順也。 卿設如大門，大門顯美，小大尊卑中度，開明閉幽，內祿出災，以順天道，近者閑焉，遠者稽焉。 卿，謂上卿執政者。 王制曰：「諸侯之上大夫，卿。」李注爾雅云：「宮中南嚮大門，應門也。」度，數也。 小大尊卑中度者，考工記曰：「應門二徹參个。」鄭注云：「二徹之內八尺，三个二丈四尺。」考工記曰：「王宮門阿之制，五雉。」鄭注云：「雉長三丈，高一丈。 度高以高，度廣以廣。」內，入也。 祿，福也。 近者，羣臣。 遠者，萬民。 閑，法也。 稽，猶考也，議也。 小宰職曰：「帥治官之屬，而觀治象之法。」 太宰職曰：「縣治象之法於象魏，使萬民觀治象。」先鄭司農云：「象魏，闕也。」孫注爾雅云：「宮門雙闕，舊章縣焉，使民觀之，因謂之觀。」君發禁，宰而行之以時，通於地，散布於小，理天之災祥，地寶豐省，及民共饗其祿，共任其災，此國家之所以和也。 禁，政教也。 鄭注聘禮云：「宰，上卿，貳君事者。 諸侯謂司徒爲宰。」 干寶云：「濟其清濁，和其剛柔，而納之中和，曰宰。」時，天時也。地，謂地利。通者，周語曰「順時覛土」是也。散布，謂布德。小者，物之微也。散布於小者，月令曰「立春之月，命相布德和令，禁止伐木，毋覆巢，毋殺孩蟲，胎夭飛鳥，毋麛毋卵」是也。理，謂變理。天反時爲災。吉氣爲祥。地實，謂五地之物生。陸氏釋文云：「地以萬物爲實也。」豐，饒也。省，減也。及，與也。饗，受也。祿亦福也。任，當。災，禍也。國有四輔，輔，卿也。卿設如四體，毋易事，毋假名，毋重食。卿，謂小卿下大夫也。如四體者，中庸曰：「體羣臣也。」孔疏云：「言接納羣臣，與之同體也。」毋易事者，官不易方也，言官守其業，無相踰易。毋假名者，名位不同，禮亦異數，毋相假借。食，稍食也。凡事，尚賢進能使知事，爵不世，能之不愆。賢，有德行者。能，有道蓺者。周禮曰：「以德詔爵，以能詔事。」不世者，仕無世官也。愆，失也。能之不愆，謂有能者不失其所也。凡民，戴名以能，戴，載也。名者，大司馬職曰：「縣鄙各以其名。」鄭注云：「縣鄙，謂縣正、鄙師至鄰長也。」以能者，鄉大夫職曰：「使民興能，入使治之。」賈疏云：「以爲比長、鄰長已上之官，治民之貢賦田役於內也。」食力以時成，以事立。鄭注禮器云：「食力，謂農工商也。」以時成者，孟子曰：「不違農時，穀不可勝食也。」左傳曰：「穡人成功。」以事立者，周禮曰：「任工以飭材事，任商以市事。」鄭注冠義云：「立，猶成也。」此所以使民讓也。讓者，推賢尚能也。民咸孝弟而安讓，此以怨省而亂不作也，此國之所以長也。安讓則怨省，孝弟則亂不作。詩曰：「民之無良，相怨一方。受爵不讓，至于己斯亡。」論語曰：「其爲人也孝弟，而好犯上者，鮮矣。不好犯上，而好作亂者，未之有也。」長，久也。下無用，則國家富；鄭注周禮云：「下，猶去也。」淮南齊俗云：「不器無用之物。」富，足也。書曰：「不貴異物賤用物，民乃足。」上有義，則國家治；上，猶尚也，貴也。義讀曰儀。左傳曰：「有儀可象。」

周禮曰：「以儀辨等，則民不越。」鄭注云：「故書『儀』或爲『義』，杜子春讀爲儀。」長有禮，則民不爭，長，老也。禮，謂鄉飲酒之禮。周禮曰：「以陽禮教讓，則民不爭。」鄭注云：「陽禮，謂鄉飲酒之禮也。」立有神，則國家敬，周禮曰：「肆師掌立國祀之禮。」又曰：「以祀禮教敬，則民不苟。」兼而愛之，則民無怨心，廣雅云：「兼，同也。愛，親也。」昏義曰：「同尊卑以親之也。」周禮曰：「以陰禮教親，則民不怨。」鄭注云：「陰禮，謂男女之禮。昏禮以時，則男不曠，女不怨。」以爲無命，則民不偷。爲，脩爲也，謂脩其教也。無命者，不言吉凶禍福之命。王制曰：「脩其教，不易其俗。」周禮曰：「以俗教安，則民不偷。」賈疏云：「偷，苟且也。」昔者先王本此六者而樹之德，此國家之所以茂也。樹，立也。樹之德者，論語曰「爲政以德」也。茂者，盛也。設其四佐而官之。春秋元命苞云：「官之爲言宣也。」此文與下經爲總目。司徒典春，以教民之不則時、不若、不令。周禮司徒爲地官，於侯國則兼冢宰。典，主也。謂主春時布德和令之事。則，法也。時，謂天時。農書云：「春土冒橛，陳根可拔，耕者急發。」若，順也。令，善也。民有不知時，不若不令者，司徒咸教之。成長幼老疾孤寡，以時通于四壃。有閫而不通，有煩而不治，則民不樂生，不利衣食。成，平也。禮運曰「使老有所終，壯有所用，幼有所長，矜寡孤獨廢疾者，皆有所養」也。時，謂春時。通，達也。四壃，謂四境。自國中以至四境，〔一〕民情無不達也。閫，閉也。煩，亂也。不利衣食者，其民人不獲享其土利。凡民之藏貯以及山川之神明加于民者，發國功謀，齊戒必敬，會時必節。鄭注周禮云：

〔一〕「自」原訛「至」，據家刻本改。

「凡，計數之。」藏貯，蓄積也。月令曰：「命宰歷卿大夫，至於庶民，土田之數，而賦犧牲，以供山林名川之祀。」祭法曰：「山林川谷丘陵能出雲，爲風雨，見怪物，皆曰神。」又曰：「山林川谷丘陵，民所取財用也。」廣雅云：「發，舉也。」功，勞也。謀，謨也。發國功謀，謂舉先世之以功定國，與謨法施於民者而祀之。祭法曰：「法施於民則祀之，以勞定國則祀之。」會，至也。時，謂祭時。節，禮節也。日、厤、巫、祝，執伎以守官，俟命而作，祈王年，禱民命及畜穀、蜚征、庶虞草。日，謂日者卜筮掌日之術也。厤，謂厤正，主治厤數者。巫祝，謂司巫、大祝之屬，並掌鬼神之事者。執伎守官者，王制曰：「凡執伎以事上，不貳事，不移官。」命，謂司徒之命。作，起也，起而各執其事也。祈，求也。祈王年者，大祝職曰「年祝」是也。禱，告事求福也。禱民命者，小祝職曰：「順豐年，逆時雨，寧風旱，弭災兵，遠辠疾。」並民命之所關也。畜穀，謂六畜五穀。蜚征，謂飛禽走獸也。庶虞草，謂山虞、澤虞所掌之山澤林麓。並禱之者，欲使上下草木鳥獸咸若也。方春三月，緩施生育，動作百物，於時有事，享于皇祖皇考，朝孤子八人，以成春事。緩，和也。育，養也。動作百物者，月令曰：「季春之月，生氣方盛，陽氣發泄，句者畢出，萌者盡達。」享于祖考者，周禮曰「以祠春享先王」也。朝，召也，召而饗之也。孤子，死王事者之子也。郊特牲曰「春饗孤子」是也。司馬司夏，以教士車甲。鄭三禮目錄云：「司馬象夏所立之官。馬者，武也，言爲武者也。夏整齊萬物。」聘珍謂：士者，國之勇力之士，能用五兵者。周禮屬於司右。司右，司馬之屬官也。王制曰：「有發，則命大司徒教士以車甲。」蓋此勇力之士，無事則教於司馬之屬；若軍師發卒，則司徒教以兵車衣甲之儀。凡士執伎論功，脩四衞，強股肱，質射御，才武聰慧，治衆長卒，所以爲儀綴於國。執伎，謂持五兵之藝。功，猶力也。脩，備也。四衞者，宿衞王宮必居四角四中，於徼候便也。質，主也。治衆長卒者，周禮曰：「百人爲卒，卒長皆上士。」毛詩傳云：「綴，表也。」出可以爲卒，誘於軍旅，四方諸侯之遊士，國中賢餘、秀興閱焉。出，謂司馬出軍。卒讀曰帥。左氏閔二年傳曰：「夫帥師專行，謀誓軍旅。」誘，教也。周禮「萬有二千五百人爲軍，五百人爲旅」。賢餘，卿大夫之餘子之賢者。興，升也。秀興者，造士之秀升於司馬者也。閱，具數也。司馬辨論官材，故四方之遊士，國中之賢秀，皆當悉數而省視之。方夏三月，養長秀，蕃庶物，於時有事，享于皇祖皇考，爵士之有慶者七人，以成夏事。爾雅曰：「不榮而實者謂之秀。」周禮曰：「以禴夏享先王。」慶，善也。祭統曰：「夏祭曰禘。古者於禘也，發爵賜服，順陽義也。」司寇司秋，以聽獄訟，治民之煩亂，執權變民中。鄭云：「寇，害也。秋者，遒也，如秋義，殺害、收聚、斂藏於萬物也。」聽，平治也。獄，謂相告以罪名者。訟，謂以財貨相告者。賈云：「此對文，散則通矣。」周禮曰：「刑新國用輕典，刑平國用中典，刑亂國用重典。」執權變民中者，執其輕重之權，以變化其民使歸於中也。凡民之不刑，刑，正人之法。不刑者，不法，下文所云是也。崩本以要閒，崩，壞也。本，常也。要，徼也。閒，隙也。謂敗壞官府常法，而伺候閒隙以行其詐。作起不敬，以欺惑憧愚。作起，謂動作起事。敬，畏也。不敬，不畏法也。憧愚，無定識之民。作於財賄、六畜、五穀曰盜；泉貨曰財。布帛曰賄。誘居室家有君子曰義；句有譌變，未詳其義。子女專，曰媄；專，擅也。謂不待父母之命，媒妁之言。説文云：「媄，巧也。一曰女子笑貌。」餝五兵及木石曰賊；餝讀曰飾，覆也。先鄭司農云：「五兵者，戈、殳、戟、酋矛、夷矛。」後鄭云：「車之五兵。」鄭司農所云者是也。步卒之五兵，則無夷矛而有弓矢。木石，謂旝也。説文云：「旝，建大木，置石其上以䃥敵也。」曰賊者，謂覆匿兵器，謀爲逆亂也。以中情出，小曰閒，大曰講；中情，國中之情實也。閒，反閒也。賈氏周禮疏云：「異國欲來侵伐，先遣人往閒，候取其委曲，反來說之。」講讀曰構，本亦作「構」，謂交構也。國語曰「怨構諸侯」。**利辭以亂屬，曰讒；**屬，類也。利辭，變亂邪正之類。讒，譖也。**以財投長，曰貸。**投，致也。長，謂達官之長。廣雅云：「貸，僭也。」**凡犯天子之禁，陳刑制辟，以追國民之不率上教者。**陳，列也。刑，謂刑書。制，裁制也。辟，罪。書曰：「明啓刑書胥占。」追，逐也。率，循也。上教，謂禁教。士師之職曰：「掌國之五禁之法，以左右刑罰，皆以木鐸徇之於朝，書而縣於門閭。」是卽所以教之者也。**夫是故一家三夫道行，三人飲食，哀樂平，無獄。**有夫有婦爲一家。三夫，丁壯也。道行，謂任力役之事。飲食，食於家也。周禮曰：「上地家七人，可任也者家三人。」鄭注云：「出老者一人，其餘男女强弱相半，其大數。」平，均也。力政均，民情平，而訟獄衰息矣。**方秋三月，收斂以時，於時有事，嘗新于皇祖皇考，食農夫九人，以成秋事。**月令曰：「季秋之月，命百官貴賤，無不務內。」鄭注云：「內，謂收斂入之也。」嘗新，謂新穀熟，嘗之。周禮曰：「以嘗秋享先王。」農夫，謂耆老也。郊特牲曰：「秋食耆老。食，養陰氣也。」**司空司冬，以制度制地事。**鄭云：「冬閉藏萬物，天子立司空，使掌邦事，亦所以富立家，使民無空者也。」制度，法度也。制地事，謂裁制地事，下經所云是也。**準揆山林，規表衍沃，畜水行衰濯浸，以節四時之事。**準，平也。揆，度也。積石曰山。竹木曰林。規，晝也。表，明也。下平曰衍。有漑曰沃。左氏襄二十五年傳曰：「度山林，井衍沃。」畜水者，周禮曰「以瀦畜水」也。行者，周禮曰「以溝蕩水」，杜子春讀以溝行水也。衰者，廣韻云：「衰，小也，減也，殺也。」謂水大而減之使小也。周禮曰「以澮寫水」，鄭注云「澮，田尾去水大溝」是也。濯者，滌漑也。謂以水滌去所芟之草。周禮曰「以涉揚其芟」，鄭注云「開遂舍水于列中，因涉之，揚去前年所芟之草，而治田種稻」是也。浸者，可以爲陂，灌溉田者也。準揆山林，規表衍沃，制爲井敬也。畜水行衰濯浸，則田閒之水利節制也。四時之事，謂耕耘收穫之事也。治地遠近，以任民力，以節民食。太古食壯之食，攻老之事。」鄭注載師云：「國稅，輕近而重遠，近者多役也。」太古，謂唐虞以上。攻，治也。王制曰：「凡使民，任老者之事，食壯者之食。」鄭注云：「寬其力，饒其食。」

公曰：「功事不少而餱糧不多乎？」

子曰：「太古之民，秀長以壽者，食也；在今之民，羸醜以胔者，事也。秀長，謂成長。釋名云：「秀者，物皆成也。」壽，久年也。食，謂足食。羸，劣也。醜，惡也。胔，謂死於道路，如鳥獸也。説文云：「鳥獸殘骨曰骴。骴可惡也。从骨此聲。明堂月令曰『掩骼薶骴』。骴或从肉。」事，謂力役之事。太古無遊民，食節事時，民各安其居，樂其宮室，服事信上，上下交信，地移民在。游民，不習士農工商之業者。居，謂居業。安其居者，齊語曰「少而習焉，其心安焉。」樂宮室者，周禮曰「以本俗六安萬民，一曰嬂宮室」。〔一〕地移民在者，孟子曰：「昔者太王居邠，狄人侵之，去之岐山之下居焉。邠人曰：『仁人也，不可失也。』從之者如歸市。」今之世上治不平，民治不和，百姓不安其居，不樂其宮，老疾用財，壯狡用力，於茲民游，薄事貪食，於茲民憂。財，泉穀也。周禮「以九賦斂財賄，老者疾者皆舍」。廣雅云：「狡，健也。」游，猶流也。薄，迫也。事，謂力役之事。釋名云：「貪，探也，探取入他分也。」貪食，謂民不得食，須探取而後食也。古者殷書爲成男成女名屬，升于公門，此以氣

〔一〕「嬂」原訛「微」，據周禮大司徒改。

食得節，作事得時，勸有功，夏服君事不及暍，冬服君事不及凍，是故年穀不成，天之饑饉，道無殣者。殷，衆也。屬，類也。升，登也。媒氏職曰：「凡男女自成名以上，皆書年月日名焉。」司民職曰：「掌登萬民之數，自生齒以上，皆書于版，辨其國中，與其都鄙，及其郊野，異其男女。及三年大比，以萬民之數詔司寇。司寇及孟冬祀司民之日，獻其數於王，王拜受之，登於天府。」氣，讀曰餼。鄭注聘禮云：「餼猶稟也，給也。」節，多寡之度。作，興也。事，謂築邑廬宿市，治宮室、城郭、道渠之類。得時者，左氏莊二十九年傳曰：「凡土功，龍見而畢務，戒事也。火見而致用，水昏正而栽，日至而畢。」勸，勉也。王制曰「樂事勸功」。暍，傷暑也。年，周一年也。穀，謂五穀。成，備也。穀梁襄二十四年傳曰：「五穀不升謂之大饑，一穀不升謂之嗛，二穀不升謂之饑，三穀不升謂之饉，四穀不升謂之康，五穀不升謂之大侵。」道，路也。餓死爲殣。左氏昭三年傳曰「道殣相望」。在今之世，男女屬散，名不升于公門，此以氣食不節，作事不成，天之飢饉，於時委民，不得以疾死。時，是也。委，棄也。不得以疾死者，孟子曰：「凶年饑歲，君之民老弱轉乎溝壑。」是故立民之居，必于中國之休地。因寒暑之和，六畜育焉，五穀宜焉。辨輕重，制剛柔，和五味，以節食時事。休，美也。周禮曰：「以土圭之法測土深，正日景，以求地中。日南則景短，多暑；日北則景長，多寒。」制，克也。王制曰：「剛柔輕重遲速異齊，五味異和。」東辟之民曰夷，精以僥，至于大遠，有不火食者矣。南辟之民曰蠻，信以朴，至于大遠，有不火食者矣。西辟之民曰戎，勁以剛，至于大遠，有不火食者矣。北辟之民曰狄，肥以戾，至于大遠，有不火食者矣。及中國之民曰五方之民，有安民，和味，咸有實用利器，知通之，信令之。安，止也。安民，謂居止之民。王制曰：「中國、夷、蠻、戎、狄，皆有安居、和味、宜服、利用、備器。」知通之者，王制曰：「五方之民，言語不通，嗜欲不同，達其志，通其欲，東方曰寄，南方曰象，西方曰狄鞮，北方曰譯。」鄭注云：「鞮之言知也。」孔疏云：「謂通傳夷狄之語，與中國相知。」信令之者，信猶節也。掌節職曰：「凡通達於天下者，必有節。」鄭注云：「節爲信。」釋名云：「令，領也，理領之使不得相犯也。」及量地度居，句。邑有城郭，立朝市，地以度邑，以度民，以觀安危。及，至也。量地度居者，王制曰「量地以制邑，度地以居民」是也。城外爲郭。面朝後市。度邑度民者，王制曰：「地邑民居，必參相得也。」安危猶利害，周禮曰：「以相民宅，而知其利害。」距封後利，先慮久固，依固可守，爲奧可久，能節四時之事，霜露時降。距，起也。封，土界也。周禮曰：「制其畿疆而溝封之。」後利者，不盡地利以壞形勢。史記商君傳云「爲田開阡陌封疆」，是爲利也。慮，謀也。依，因也。司險職曰：「設國之五溝五涂，而樹之林，以爲阻固。」掌固職曰：「掌修城郭、溝池、樹渠之固，若有山川則因之。」奧，深也。節四時之事霜露時降者，言中國之休地也。周禮曰：「日至之景尺有五寸，謂之地中。天地之所合也，四時之所交也，風雨之所會也，陰陽之所和也。」方冬三月，草木落，庶虞藏，五穀必入于倉，於時有事，蒸于皇祖皇考，息國老六人，以成冬事。庶虞，謂山林川澤之官也。藏，收也。月令曰：「乃命四監，收秩薪柴，以供郊廟及百祀之薪燎。」又曰：「舉五穀之要，藏帝籍之收于神倉。」蒸，衆也，冬物畢成，可祭者衆也。周禮曰：「以蒸冬享先王。」息，休也。國老，國之卿大夫致仕者。月令曰「春數八，夏數七，秋數九，冬數六」也。民咸知孤寡之必不末也，咸知有大功之必進等也，咸知用勞力之必以時息也，推而內之水火，入也弗之顧矣；而況有强適在前，有君長正之者乎」

公曰："善哉！"末，薄也。孤寡不末者，朝孤子以成春事也。等謂等級。必進等者，夏爵士之有慶者也。用勞力必以時息者，秋食農夫，冬息國老也。回首曰顧。適讀曰敵。正者，治也。

四代第六十九

公曰："四代之政刑，論其明者，可以爲法乎？"四代，謂虞夏商周。論，擇也。樂記曰："政以一其行，刑以防其姦。"

子曰："何哉！四代之政刑皆可法也。"

公曰："以我行之，其可乎？"

子曰："否，不可。臣願君之立知而以觀聞也。聞，謂所聞四代之政刑。白虎通云："智者，知也。獨見前聞，不惑於事，見微知著也。"四代之政刑，君若用之，則緩急將有所不節，不節君將約之，約之卒將棄法，棄法是無以爲國家也。"緩急，謂事之輕重遲速異宜者。鄭注考工記云："節猶適也。"約之者，以法約束之也。卒，終也。卒將棄法者，操之已切，事敝而法窮也。

公曰："巧匠輔繩而斲，胡爲其棄法也？"輔，相也。繩謂繩墨，所以彈曲直者也。

子曰："心未之度，習未之狎，此以數踰而棄法也。夫規矩準繩鈞衡，此昔者先王之所以爲天下也。小以及大，近以知遠。今日行之，可以知古，可以察今，其此邪！左氏昭二十八年傳曰：「心能制義曰度。」狎，安習也。孟子曰：「習矣而不察焉。」爾雅曰：「數，疾也。」說文云：「逾，越進也。」孟子曰：「聖人既竭目力焉，繼之以規矩準繩，以爲方員平直不可勝用也。」鄭注月令云：「三十斤曰鈞。稱上曰衡。」經解曰：「衡誠縣，不可欺以輕重。」淮南泰族云：「規矩權衡準繩，異形而皆施。」水火金木土穀，此謂六府，廢一不可，進一不可，民竝用之。今日行之，可以知古，可以察今，其此邪！府，猶庫藏也。左氏文七年傳曰：「水火金木土穀，謂之六府。」進，猶益也。淮南泰族云：「水火金木土穀，異物而皆任。」昔夏商之未興也，伯夷謂此二帝之眇。」伯夷，虞史。「謂」當作「爲」，此書「爲」「謂」二字多相亂。言爲此規矩、準繩、鈞衡及六府之屬。書曰：「伯夷降典，折民惟刑。」二帝謂堯舜。董注說卦傳云：「眇，成也。」

公曰：「長國治民恆幹，長，君也。恆，常也。幹，體也。言君國子民之常體，下文所云是也。論政之大體以教民辨，歷大道以時地性，興民之陽德以教民事，上服周室之典以順事天子，脩政勤禮以交諸侯，大節無廢，小眇其後乎？」辨，別也。教民辨者，易曰：「上天下澤，履，君子以辨上下，定民志。」爾雅曰：「歷，相也。」大道，天道也。性，生也。歷天道以時地性者，周語曰：「古者，太史順時覛土，陽癉憤盈，土氣震發，農祥晨正，日月底于天廟，土乃脈發。」興，作也。周禮曰：「以地產作陽德。」先鄭云：「一說：地產謂土地之性各異，若齊性舒緩，楚性急悍，此皆露見于外，故謂之陽德。」教民事者，脩其教，移其習也。服，從也。典，法也，常也。政，猶制也。禮，謂邦交之禮。檀弓曰：「脩其班制，以與四鄰交。」大節，謂論政之大體以下諸事，爲長國治民之恆幹。小眇，猶小成也。

子曰：「否，不可後也。詩云『東有開明』，於時雞三號，以興庶虞，庶虞動，蜚征作。詩小雅大東篇「開」作「啓」，漢諱「啓」之字曰「開」。爾雅曰：「明星謂之啓明。」鄭注云：「太白星也。晨見東方爲啓明，昏見西方爲太白。」鷄，知時畜也。號，鳴也。庶虞，謂山澤林麓。蜚征，謂禽獸昆蟲。此言夜嚮晨而百物動作也。嗇民執功，百草咸淳，地傾水流之。嗇民，農夫。執功，持田功也。淳，和也。傾，覆也。地傾，謂農夫覆種也。水，謂雨水流灌也。月令曰：「仲春之月，始雨水。」是以天子盛服朝日于東堂，以教敬示威于天下也。盛服朝日者，魯語曰：「天子大采朝日。」玉藻曰：「玄端而朝日于東門之外。」鄭注云：「『端』當爲『冕』，字之誤也。朝日，春分之時也。」聘珍謂：東堂，壇上之堂也。鄭注司儀云「天子春帥諸侯拜日于東郊」，則爲壇于國東。又云「壇十有二尋，方九十六尺」，則堂上二丈四尺。教敬示威者，賈氏司儀疏云：「天子親自拜日禮月之等，是尊尊之法，教諸侯以下尊敬在上者也。」爾雅曰：「威，則也。」是以祭祀昭有神明，大宗伯職曰：「以禋祀祀昊天上帝，以實柴祀日月星辰，以槱燎祀司中、司命、飌師、雨師，以血祭祭社稷、五祀、五嶽，以貍沈祭山林川澤，以疈辜祭四方百物。」昭，明也。表記曰：「昔三代明王，皆祀天地之神明。」燕食昭有慈愛，左氏宣十六年傳曰：「王享有體薦，宴有折俎。」成十二年傳曰：「宴以示慈惠。」杜注云：「宴則折俎，相與共食。」宗廟之事昭有義，大宗伯職曰：「以肆獻祼享先王，以饋祀享先王，以祠春享先王，以禴夏享先王，以嘗秋享先王，以烝冬享先王。」鄭注云：「宗廟之祭有此六享。」昭有義者，大傳曰：「自義率祖，順而下之至於禰，是故人道親親也。親親故尊祖，尊祖故敬宗，敬宗故收族，收族故宗廟嚴。」率禮朝廷，昭有五官，率，循也。左氏莊二十三年傳曰：「禮所以整民也。朝以正班爵之義，帥長幼之序。」曲禮曰：「天子之五官，曰司徒、司馬、司空、司士、司寇，典司五衆。」無廢甲胄之戒，昭果毅以聽，鄭注既夕云：「甲，鎧也。胄，兜鍪也。」防患曰戒。左氏宣二年傳曰：

「戎昭果毅以聽之，之謂禮。」殺敵爲果，致果爲毅。天子曰崩，諸侯曰薨，大夫曰卒，士曰不祿，庶人曰死，昭哀。哀愛無失節，是以父慈子孝，兄愛弟敬。鄭注曲禮云：「異死名者，爲人褻其無知，若猶不同然也。自上顛壞曰崩。薨，顛壞之聲。卒，終也。不祿，不終其祿。死之言澌也，精神澌盡也。」釋名云：「哀，愛也，愛乃思念之也。」節，謂禮節。此昔先王之所先施於民也。君而後此，則爲國家失本矣。」此者，謂朝日東堂以下諸事也。

公曰：「善哉！子察教我也。」察，審也，明也。

子曰：「鄉也君之言善，執國之節也。君先眇而後善，中備以君子言，可以知古，可以察今，奐然而興民壹始。」鄉讀曰嚮。言善，謂恆幹之言爲善也。執，持也。節，謂大節也。眇，成也。言朝日祭祀以下諸事，皆國之成法，先其成法，而後其恆幹之善言。君子，卿大夫若有德者。中備以君子言者，先後之中，令君子討論其因時制宜之理。奐然，盛貌。興，起也。壹，專也。始，猶本也。爲國不失本，則民知務其本矣。

公曰：「是非吾言也，吾一聞於師也。」

子吁焉其色曰：「嘻！君行道矣。」

公曰：「道邪？」

子曰：「道也。」吁，驚也。嘻，喜悅之聲。

公曰：「吾未能知人，未能取人。」

子曰：「君何爲不觀器視才。」

公曰：「視可明乎？」

子曰：「可以表儀。」

公曰：「願學之。」器，謂器識。才，才力也。左氏文六年傳曰「引之表儀」，杜注云：「表儀猶威儀。」

子曰：「平原大藪，瞻其草之高豐茂者，必有怪鳥獸居之。且草可財也，如艾而夷之，其地必宜五穀。高山多林，必有怪虎豹蕃孕焉；深淵大川必有蛟龍焉。民亦如之，君察之，可以見器見才矣。」爾雅曰：「廣平曰原。」鄭注月令云：「大澤曰藪。」財讀曰材。艾讀曰刈。夷之者，以鉤鎌迫地芟之也。宜五穀者，原藪爲衆物所歸，土化沃饒，五穀皆宜也。蕃，謂蕃息。孕，育也。

公曰：「吾猶未也。」

子曰：「羣然，戚然，頤然，睪然，踖然，柱然，抽然，首然，僉然，湛然，淵淵然，淑淑然，齊齊然，節節然，穆穆然，皇皇然。羣然者，論語曰「羣而不黨」，學記曰「敬業樂羣」是也。戚，親也。詩曰「戚戚兄弟」，毛傳云：「戚戚，內相親也。」春秋元命苞云「后稷岐頤」，宋注云：「頤，有土象也。」荀子解蔽云：「睪睪廣廣，孰知其德。」楊注云：「睪讀爲皞。皞皞，廣大貌。」爾雅曰：「踖踖，敏也。」柱讀若「砥柱」，言不從流俗也。廣雅云：「抽，拔也。」孟子曰：「拔乎其萃。」郊特牲曰：「首也者，直也。」爾雅曰：「僉，皆也。」孟子曰：「油油然與之偕，而不自失也。」廣雅云：「湛，安也。」淵淵，深水貌。中庸曰：「淵淵其淵。」說文云：「淑，清湛也。」祭義曰：「齊齊乎其敬也。」釋名云：「節，有限節也。」少儀曰：「言語之美，穆穆皇皇。」爾雅曰：「穆穆、皇皇，美也。」羣然以下，竝言人之表儀也。見才色脩聲不視聞，怪物恪命不改志，舌不更氣，君見之舉也。得之取之，有事事也。事必與食，食必與位，無相越踰。昔虞舜天德嗣堯，取相十有六人如此。」見，顯示之也。才色，色之有才藝者。脩聲，聲之靡曼也。不視聞者，非禮勿視，非禮勿聽也。怪，異也。物，事也。「恪」當爲「怪」，形之誤也。怪命者，若後世符瑞之流。不改志，言不爲所惑也。陸賈新語云：「通於道者，不可驚以怪。」說文云：「舌，在口，所以言也。」更，改也。言不更氣者，左氏昭九年傳曰：「氣以實志，志以定言。」有事事也者，以能詔事也。事必與食者，以功詔祿也。鄭注大宰云：「位，爵次也。」天德，玄德也。淮南原道云：「舜執玄德於心。」高注云：「玄，天也。」書曰：「玄德升聞，乃命以位。」左氏文十八年傳曰：「堯崩，天下如一，同心戴舜以爲天子，以其舉十六相。」

公曰：「嘻，美哉！子道廣矣。」

曰：「由德徑徑，吾恐惛而不能用也，何以哉！」曰，孔子之言也。由，用也。徑徑者，疾趨邪行也。惛，亂也。德急則亂。

公曰：「請問圖德何尚？」

子曰：「聖，知之華也。華，猶光也。孟子曰：「始條理者，智之事也；終條理者，聖之事也。」知，仁之實也。荀子君道云：「仁而不知，不可。既知且仁，是人主之寶也。」仁，信之器也。鄭注經解云：「器，所操以作事者也。」信，義之重也。論語曰：「君子義以爲質，信以成之。」左氏宣十五年傳曰：「信載義而行之。」義，利之本也。

委利生孽。」左氏成十六年傳曰：「義以建利。」委讀若「委積」。左氏昭十年傳曰「蘊利生孽」，杜注云：「蘊，畜也。孽，妖害也。」

公曰：「嘻，言之至也。道天地以民輔之，聖人何尚？」道，達也。湯曰：「后以財成天地之道，輔相天地之宜，以左右民。」

子曰：「有天德，有地德，有人德，此謂三德。三德率行，乃有陰陽，陽曰德，陰曰刑。」盧注衞將軍文子云：「天道曰至德，地道曰敏德，人道曰孝德。」聘珍謂：師氏職曰：「以三德教國子，一曰至德，以爲道本；二曰敏德，以爲行本；三曰孝德，以知逆惡。」鄭注云：「在心爲德，施之爲行。」董仲舒對策云：「陽爲德，陰爲刑。天使陽常居大夏，而以生育長養爲事；陰常居大冬，而積於空虛不用之處。」

公曰：「善哉！再聞此矣。陽德何出？」

子曰：「陽德出禮，禮出刑，刑出慮，慮則節事於近，而揚聲於遠。」出，猶生也。禮，謂禮儀、威儀也。鄭注中庸云：「火神則禮。」白虎通云：「火之爲言化也。陽氣用事，萬物變化也。」樂記曰：「天高地下，萬物散殊，而禮制行矣。」禮出刑者，坊記曰：「禮者，因人之情而爲之節文，以爲民坊者也。」出於禮者入於刑，禮節民心，刑以坊之也。慮，心謀也。王制曰：「刑者侀也，侀者成也，一成而不可變，故君子盡心焉。」節，省也。事，訟獄之事。近，謂朝廷。揚聲於遠者，訟獄衰息，刑措不用，而頌聲作矣。

公曰：「善哉！載事何以？」

子曰：「德以監位，位以充局，局以觀功，功以養民，民於此乎上。」載，成也。韓詩云：「監，領也。」位，爵位也。周禮曰「以德詔爵」也。充，當也。爾雅曰：「局，分也。」鄭注云：「謂分部。」左氏成十六年傳曰：「失官，慢也；離局，姦也。」鄭注宮正云：「功，吏職也。」書曰：「德惟善政，政在養民。」

公曰：「禄不可後乎？」

子曰：「食爲味，味爲氣，氣爲志，發志爲言，發言定名，名以出信，信載義而行之，禄不可後也。」禄，稍食也。左氏昭二十五年傳曰：「爲六畜五牲三犧以奉五味。」左氏昭九年傳曰：「味以行氣，氣以實志，志以定言，言以出令。」韋注周語云：「名，號令也。」左氏宣十五年傳曰：「君能制命爲義，臣能成命爲信，信載義而行之爲利。」

公曰：「所謂民與天地相參者，何謂也？」

子曰：「天道以視，地道以履，人道以稽。廢一曰失統，恐不長饗國。」參之言三也。鄭注說卦傳云：「三才，天地人之道。」鹿鳴詩箋云：「視，古示字。」說文云：「示，天垂象見吉凶，所以示人也。三垂，日月星也。」爾雅曰：「履，禮也。」樂記曰：「禮以地制。」廣雅云：「稽，考也。」表記曰：「考道以爲無失。」鄭注云：「能取仁義之一成之，〔一〕以不失於人。」湯曰：「立人之道，曰仁與義。」統，謂紀綱也。

公愀然其色。

〔一〕「取」原訛「將」，據禮記表記鄭注改。

子曰：「君藏玉，惟慎用之，雖慎敬而勿愛。民亦如之。執事無貳，五官有差，喜無竝愛，卑無加尊，淺無測深，小無招大，此謂榍機。榍機賓薦不蒙。昔舜徵薦此道於堯，堯親用之，不亂上下。」楚語曰：「玉足以庇蔭嘉穀，使無水旱之災，則寶之。」愛，吝也。左氏昭十七年傳曰：「寶以保民也，子何愛焉。」貳，疑也。差，等也。喜竝愛者，左氏閔二年傳曰「內寵竝后，嬖子配適」也。淺謂新進日淺，深謂故舊年深。測，意度也。淺測深者，新間舊也。招讀曰翹，危也。爾雅曰：「榍謂之梁。」釋文引呂伯雍云：「門樞之横梁。」機，樞機也。易曰：「樞機之發，榮辱之主也。」賓，敬也。薦，進也。蒙，冒亂也。徵，明也。此道，謂榍機之道。

公曰：「請問民徵。」中庸曰：「君子之道，本諸身，徵諸庶民。」

子曰：「無以爲也，難行。」

公曰：「願學之，幾必能。」幾，望也。

子曰：「貪於味不讓，妨於政；願富不久，妨於政；慕寵假貴，妨於政；治民惡衆，妨於政；爲父不慈，妨於政；爲子不孝，妨於政；大縱耳目，妨於政；好色失志，妨於政；好見小利，妨於政；變從無節，撓弱不立，妨於政；剛毅犯神，妨於政；鬼神過節，妨於政。」左氏文十八年傳曰：「縉雲氏有不才子，貪於飲食。」左氏昭二十年傳曰：「先王之濟五味，以平其心，成其政也。」多畜財貨曰富。說文云：「慕，習也。」寵，謂外寵。假，僭也。貴，爵位也。習狎外寵，僭與爵位。左氏閔二年傳曰「外寵貳政」也。變，改也。從，因也。撓弱，屈弱也。剛，強也。毅，敢也。剛毅犯神者，墨子非命云：「紂夷處，不肯事上帝鬼神，禍厥先神禔，不祀。」鬼神過節者，黷于祭祀也。幼勿與衆，克勿與比，依勿與謀，放勿與游，徼勿與事。幼，少也。衆，謂民衆。左氏襄三十一年傳曰：「子皮欲使尹何爲邑。子産曰：『少，未知可否。』」克，好勝也。比，校也。依，謂依違，言不專决也。放，縱也。徼，抄也。論語曰：「惡徼以爲知者。」臣聞之弗慶，非事君也。君聞之弗用，以亂厥德，臣將慶其簡者。聞之，謂有所聞，若嘉謀、嘉猷。慶，善也。簡，謂苟簡。君不用善，臣皆容悅而已。蓋人有可知者焉：貌色聲衆有美焉，必有美質在其中者矣；貌色聲衆有惡焉，必有惡質在其中者矣。容貌、顔色、聲音，人之表儀也。衆，多也。禮器曰「增美質」，鄭注云：「質猶性也。」此者，伯夷之所後出也。」此者，即「民徵之道貪於味」以下是也。伯夷之所後出者，上文「伯夷爲此二帝之眇」，乃治國之先務，而此其後也。

子曰：「伯夷建國建政，脩國脩政。」

公曰：「善哉！」建，立也。脩，治也。政者，國之本也。

虞戴德第七十

公曰：「昔有虞戴德何以？深慮何及？高舉安取？」虞，舜氏。戴德，謂民戴其德。慮，思也。高，大也，遠也。舉猶行也，謂行政也。安亦何也。取謂取法。

子曰：「君以聞之，唯丘無以更也。君之聞如未成也，黄帝慕脩之。」君「以」讀曰「已」。成，猶備也。慕，思慕也。脩，勉也。言君於四代之政刑，已聞之矣，若以所聞未備，則更於黄帝之道，思慕而勉求之。武王踐泎曰：「黃帝、顓頊之道存乎意，亦忽不可得見與。」孔穎達云：「意，言意恆念之。」曰：「明法于天明，開施教于民，行此，以上明于天化也，物必起，是故民命而弗改也。」曰，孔子更端之辭。明，謂君之明。法，效法也。天明，謂天象。易曰：「天垂象，見吉凶，聖人象之。」開，通也。君者所明也明，乃能通達，施教于民。行此者，用此也。天化，天道也。物，事也，謂國事也。起，興也。民尊君令謂之命。

公曰：「善哉！以天教于民，可以班乎？」

子曰：「可哉！雖可而弗由，此以上知所以行斧鉞也。班，徧也。由，從也。上知，謂賢聖之君。斧鉞，軍戮也。魯語曰：「大刑用甲兵，其次用斧鉞。」父之於子，天也；君之於臣，天也。有子不事父，有臣不事君，是非反天而到行邪？故有子不事父，不順；有臣不事君，必刃。順天作刑，地生庶物。到，逆也。不順者，大逆也。刃，謂斧鉞刀鋸之刑。順天作刑者，王制曰：「凡制五刑，必即天論。」鄭注云：「必即天論，言與天意合。」地生庶物者，刑以順天，亦以法地，殺之所以生之。孔子閒居曰：「地載神氣，神氣風霆，風霆流形，庶物露生，無非教也。」王符潛夫論述赦云：「養稊稗者傷禾稼，惠姦宄者賊良民。」書曰：「文王作罰，刑茲無赦。」先王制刑，非好傷人肌膚，斷人壽命，乃以威姦懲惡，除民害也。是故聖人之教于民也，率天如祖地，能用民德，是以高舉不過天，深慮不過地，質知而好仁，能用民力。此三常之禮明，而民不蹇。率，遵也。如讀曰而。祖，法也。易曰：「崇效天，卑法地。」能用民德者，詩曰「民之秉彝，好是懿德」；又曰「羣黎百姓，徧爲爾德」。質，本也。三者，天地人也。左氏昭二十五年傳曰：「夫禮，天之經也，地之義也，民之行也。」大傳曰：「名者，人治之大者也。」易曰：

「蹇，難也。」禮失則壞，名失則惛。壞，敗也。惛，亂也。禮失則名不正。經解曰：「以舊禮爲無所用而去之者，必有亂患。」是故上古不諱，正天名也。天子之官四通，正地事也。天子御珽，諸侯御荼，大夫服笏，正民德也。斂此三者而一擧之，戴天履地，以順民事。上古不諱者，左氏桓六年傳曰：「周人以諱事神，名終將諱之。」孔疏云：「自殷以往，未有諱法。諱始於周。」正天名者，古之王者，太子生三月，君名之。有司見之南郊，見之天也。通，達也。官四通者，書曰「闢四門，明四目，達四聰」也。正地事者，地道九達也。御服皆器用之名，尊者謂之御。玉藻曰：「天子搢珽，方正於天下也。諸侯荼，前詘後直，讓於天子也。大夫前後詘，無所不讓也。」又曰：「笏，大夫以魚須文竹。」正民德者，湯曰：「辨上下，定民志也。」斂，取也。三者，謂天名、地事、民德。一，同也。擧，行也。天子告朔於諸侯，率天道而敬行之，以示威于天下也。太史職曰：「正歲年以序事，頒之于官府及都鄙，頒告朔于邦國。」先鄭云：「以十二月朔，布告天下，諸侯率循也。」書曰：「欽若昊天，厤象日月星辰，敬授人時。」爾雅曰：「威，則也。」言示法則於天下也。諸侯内貢於天子，率名斅地實也。是以不至必誅。内，入也。小行人職曰：「令諸侯春入貢。」賈疏云：「即大宰九貢，是歲之常貢也。」率，循也。名者，侯、甸、男、采、衞、要服之名。斅讀曰效，獻也。地實者，土地所宜有。職方氏曰：「制其貢，各以其所有。」諸侯相見，卿爲介，以其教士畢行，使仁守，會朝於天子。諸侯相見者，六服各方諸侯，將時會天子，先自相見也。曲禮曰：「諸侯未及期相見，曰遇。相見於郤地，曰會。」卿爲介者，朝事曰：「諸侯介紹而相見，君子於其所尊，不敢質。」教士，謂諸侯頖宮所教之士。王制曰：「天子命之教，然後爲學。」教士畢行者，射義曰：「古者天子之制，諸侯歲獻貢士於天子，天子試之於射宮。」守，居守其國也。荀子大略云：「使仁居守」，楊注云「使仁厚者主後事」。穀梁傳曰：「智者慮，義者行，仁者守，然後可以會矣。」會朝者，周禮曰：「時見曰會，春見曰朝。」天子以歲二月，爲壇於東郊，建五色，設五兵，具五味，陳六律，品奏五聲，聽明教。爲壇於東郊者，司儀職曰：「將合諸侯，則令爲壇三成，宮旁一門。」鄭注云：「合諸侯，謂有事而會也。」天子春帥諸侯拜日於東郊，則爲壇於國東。」建五色者，左氏桓二年傳曰：「五色比象，昭其物也。」杜注云：「車服器械之有五色，皆以比象天地四方，以示器物不虛設。」品，同也。品奏者，同五聲於六律也。聽，平治也。明教，謂戒令，周禮曰「詔用之於會同」是也。置離，抗大侯，規鵠，堅物。置，設也。方言云：「羅謂之離，離謂之羅。」郭注云：「皆行列物也。」詩曰「大侯既抗」，毛傳云：「大侯，君侯也。抗，舉也。」鄭箋云：「舉者，舉鵠而棲之於侯也。」孔疏云：「謂之侯與鵠者，司裘注云：『謂之侯者，天子中之，則能服諸侯，以下中之，則得爲諸侯。』謂之鵠者，取名鳱鵠也。鳱鵠小鳥而難中。亦取名鵠之言較，較者直也，射所以直己志也。」聘珍謂：規，正也。堅，定也。物，謂射時所立處也。大射儀曰：「工人士與梓人升自北階，兩楹之閒疏數容弓，若丹若墨，度尺而午。射正涖之。」鄭注云：「畫物也。」九卿佐三公，三公佐天子。漢書百官公卿表云：「周官太師、太傅、太保，是爲三公，蓋參天子，坐而議政，無不總統，故不以一職爲官名。又立三少爲之副，少師、少傅、少保，是爲孤卿，與六卿爲九焉。」天子踐位，諸侯各以其屬就位，乃升諸侯、諸侯之教士。教士執弓挾矢，揖讓而升，履物以射其地，心端色容正，時以教使。時有慶以地，不時有讓以地。踐位者，郊壇南鄉之位。諸侯各以其屬就位者，鄭注司儀云：「諸侯上介皆奉其君之旂，置於宮。王升壇，諸侯皆就其旂而立。諸公中階之前，北面東上；諸侯東階之東，西面北上；諸伯西階之西，東面北上；諸子門東，北面東上；諸男門西，北面東上。」升諸侯，謂執玉而前見天子也。鄭云：「諸侯各於其等奠玉，降拜，升，成拜，明臣禮也。既乃升堂授王玉。」升諸侯之教士，謂司射誘射也。朝會諸侯而試貢士於郊壇，樂記曰「散軍而郊射」是也。揖讓而升履物以射其地者，大射儀曰：「上耦出次，西面揖，進，上射在左，竝行，當階北面揖，及階揖。上射先升三等，下射從之中等。上射升堂，少左，下射升，上射揖，竝行，皆當其物，北面揖，及物揖，皆左足履物，還視侯中，合足而俟。司射命射，退，反位。乃射。上射既發，挾矢而後下射射，拾發以將乘矢。」地，謂郊壇之地也。心端者，內志正也。色容正者，外體直也。時，是也。數讀曰校，謂考校也。伎，藝也。言若是以考諸侯教士之藝也。慶讓以地者，射義曰：「射中多者，得與於祭。數與於祭而君有慶，數有慶而益地。中少者不得與於祭，數不與於祭而君有讓，數有讓而削地。」天下之有道也，有天子存；國之有道也，君得其正；家之不亂也，有仁父存。是故聖人之教於民也，以其近而見者，稽其遠而明者。近，謂近身之德行道藝。見，顯也。稽，考也。遠，謂事君事長使衆之道。明，通也。曾子立孝曰：「未有治而能仕可知者，先脩之謂也。」天事曰明，地事曰昌，人事曰比，兩以慶。違此三者，謂之愚民，愚民曰姦，姦必誅。是以天下平而國家治，民亦無貸，居小不約，居大則治，衆則集，寡則繆，祀則得福，以征則服，此唯官民之上德也。」明，謂縣象著明。廣雅云：「昌，光也。」易曰：「含萬物而化光，坤道其順乎，承天而時行。」比者，相比附也。兩謂天地。左氏昭二十五年傳曰：「天地之經，而民實則之，則天之明，因地之性。」慶，善也。泉府職曰：「凡民之貸者，與其有司辨而授之，以國服爲之息。」先鄭云：「貸者，從官借本賈也。」居，蓄也，積也。小，少也。約，猶窮也。大，謂富之廣也。治，不亂也。坊記曰：「小人貧斯約，富斯驕，約斯盜，驕斯亂。故聖人之制富貴也，使民富不足以驕，貧不至於約。」集，和。繆讀曰穆，安靜也。官，君也。官民，猶云君天下也。

公曰：「三代之相授，必更制典物，道乎？」

子曰：「否。猷德保。保惛乎前，以小繼大，變民示也。」更制典物者，大傳曰：「立權度量，考文章，改正朔，易服色，殊徽號，異器械，別衣服，此其所得與民變革者也。」否，不也。言三代之君非好爲更制也。猷，謀也。德，謂德政。保，定也。謂三代更制典物，是謀以德定天下也。惛，亂也。保惛乎前，謂定前朝之亂。以小繼大者，三代以侯國受天命也。示讀曰視。易曰：「聖人作而萬物睹。」

公曰：「善哉！子之察教我也。」

子曰：「丘於君唯無言，言必盡，於他人則否。」

公曰：「教他人則如何？」

子曰：「否。丘則不能。昔商老彭及仲傀，政之教大夫，官之教士，技之教庶人，揚則抑，抑則揚，綴以德行，不任以言。庶人以言，猶以夏后氏之祔懷袍褐也，行不越境。」論語曰：「竊比於我老彭。」包云：「殷賢大夫也。」傀讀曰虺。左氏定元年傳曰：「仲虺居薛，以爲湯左相。」政教大夫者，魯語曰：「卿大夫晝講其庶政。」官猶事也。魯語曰：「士朝而受業，晝而講貫，夕而習復。」技謂藝事。周禮曰：「以世事教能，則民不失職。」綴，合也。言道藝合以德行也。

公曰：「善哉！我則問政，子事教我。」

子曰：「君問已參黃帝之制制之大禮也。」制，法也。禮猶體也。

公曰：「先聖之道斯爲美乎？」

子曰：「斯爲美。雖有美者，必偏。偏，謂不周備也。言唯先聖之道爲美，舍先聖之道，雖美不備。屬於斯，昭天之福，迎之以祥；作地之福，制之以昌；興民之德，守之以長。」

公曰：「善哉！」言先聖之道，所以爲美也。祥，善也。昌，謂各遂其生也。長，久也。湯曰：「聖人久於其道，而天下化成。」

誥志第七十一

公曰：「誥志無荒，以會民義，齋戒必敬，會時必節，犧牲必全，齊盛必潔，上下禋祀，外內無失節，其可以省怨遠災乎？」誥志，國之舊典禮經也。荒，廢也。大祝職曰「作六辭以通上下、親疏、遠近」，三曰誥。小史職曰：「掌邦國之志。」會，合也。民義，民道所宜也。論語曰：「務民之義。」坊記曰：「七日戒，三日齊，以教敬也。」會，期也。必節者，不疏不數也。犧牲，純色之牲，全體完具也。黍稷曰齊，在器曰盛。上下，謂天神地祇。周語曰：「精意以享謂之禋。」外，謂外祭祀四方百物也。內，謂內祭祀宗廟及月令五祀之類。節，禮節也。省，減也。怨，謂神怨，詩曰「神罔時怨」。災，謂水旱癘疫之害。

子曰：「丘未知其可以省怨也。」

公曰：「然則何以事神？」

子曰：「以禮會時。禮器曰：「禮也者，合於天時，設於地財，順於鬼神，合於人心，理萬物者也。」又曰：「禮，時爲大。」夫民見其禮，則上下援，援則樂，樂斯毋憂，以此省怨而亂不作也。左氏桓六年傳曰：「民，神之主也。」見猶知也。援，引也，謂引而親之也。怨，謂神怨。亂，民亂也。省怨而亂不作者，晉語曰：「意寧百神而柔和萬民。」夫禮會其四時，四孟、四季，五牲、五穀，順至必時其節也，丘未知其可以爲遠災也。」禮，謂禮文。順，循也。鄭注樂記云：「至，行也。」節，謂節氣。順至必時其節者，按其禮文，循行故事，不失其時節。未可以遠災者，禮文雖具，民不和，神不享矣。

公曰：「然則爲此何以？」

子曰：「知仁合則天地成，天地成則庶物時，中庸曰：「成己，仁也。成物，知也。性之德也，合內外之道也，故時措之宜也。」又曰：「致中和，天地位焉，萬物育焉。」孔子閒居曰：「天有四時春秋冬夏，風雨霜露，無非教也。地載神氣，神氣風霆，風霆流形，庶物露生，無非教也。」庶物時則民財敬，民財敬以時作，財，謂財用。敬，慎也。左氏文六年傳曰：「時以作事。」杜注云：「順時命事。」時作則節事，節事以動衆，動衆則有極，動不失時，則事得其節。左氏成十六年傳曰：「用利而事節，時順而物成，上下和睦，周旋不逆，求無不具，各知其極。」有極以使民則勸，勸則有功，王制曰：「食節事時，樂事勸功，尊君親上。」有功則無怨，無怨則嗣世久，唯聖人。左氏昭二十年傳曰：「有德之君，上下無怨，動無違事，是以鬼神用饗，國受其福。」易曰：「知進退存亡而不失其正者，其唯聖人乎！」是故政以勝衆，非以陵衆；衆以勝事，非以傷事；事以靖民，非以徵民：故地廣而民衆，非以爲災，長之祿也。政，謂力役之政。勝，任也。周禮曰「大役之禮任衆」也。陵，謂侵陵。傷，敗也。靖，安也。徵，召也，謂召怨也。左氏昭三十二年傳曰：「無徵怨於百姓。」災，害也。廣雅云：「長，君也。」爾雅曰：「祿，福也。」丘聞周太史曰：『政不率天，下不由人，則凡事易壞而難成。』率，循也。天謂天時。由，從也。人謂人心。虞史伯夷曰：『明，孟也。幽，幼也。明幽，雌雄也。雌雄迭興，而順至正之統也。』陽曰明。孟，長也。陰曰幽。幼，小也。大玄玄告云：「日月雌雄之序。」范注云：「日爲雄，月爲雌。」迭，代也。中庸曰「日月之代明也」。順，循也，各循其道也。至，行也。正，謂正朔，年始也。統，紀也。建正以日月之行爲紀也。日歸于西，起明于東；月歸于東，起明于西。禮器曰：「大明生於東，月生于西，此陰陽之分。」鄭注云：「大明，日也。日出東方而西行，月出西方而東行。」虞夏之麻，正建於孟春，史記麻書云：「昔自在古，麻建正作於孟春。」索隱云：「古麻者，謂黃帝調麻以前，有上元大初麻等，皆以建寅爲正，謂之孟春。及顓頊、夏禹亦然。惟黃帝及殷周魯，並建子爲正。而秦正建亥，漢初因之。至武帝元封七年，始改用太初麻，仍以周正建子爲十一月朔旦冬至，改元太初麻焉。」於時冰泮，發蟄，百草權輿，瑞雉無釋。泮，解散也。月令曰：「孟春之月，東風解凍，蟄蟲始振。」夏小正曰：「正月啟蟄，言始發蟄也。」爾雅曰：「權輿，始也。」百草始生也。瑞雉無釋者，夏小正曰：「正月雉震呴。正月必雷，雷不必聞，惟雉爲必聞。雷則雉震呴，相識以雷。」鄭注士虞禮云：「釋猶遺也。」無釋者，應候而鳴，不遺其時也。物乃歲俱生於東，以順

四時，卒于冬分。於時雞三號，卒明。載于青色，撫十二月節，卒于丑。物謂萬物，歲謂歲星。俱生於東者，易曰：「萬物出乎震，震，東方也。」鄉飲酒義曰：「東方者春，春之爲言蠢也，産萬物者聖也。」說文云：「歲，木星也。越歷二十八宿，宣徧陰陽，十二月一次。」天官書云：「歲星十二歲而周天，出常東方以晨。」釋名云：「四時四方各一時。」史記索隱云：「卒于冬分，卒，盡也。言建厤起孟春，盡季冬，則一歲之事具也。冬盡之後，分爲來春，故云冬分也。三號，三鳴也。言夜至雞三鳴則天曉，乃始爲正月一日，言異歲也。」聘珍謂：載，始也。青，東方之色，東方春位，其色青也。撫，循也。卒于丑者，史記律書云：「十二月，律中大呂。大呂者，其於十二子爲丑。丑者，紐也。言陽氣在上未降，萬物厄紐未敢出。」**日月成歲厤，再閏以順天道，此謂歲虞汁月。**成，定也。日月成歲厤者，曾子天圓曰：「聖人慎守日月之數，以察星辰之行，以序四時之順逆，謂之厤。」書曰：「以閏月定四時成歲。」鄭注云：「以閏月推四時，使啟閉分至不失其常，著之用成歲厤。」再閏以順天道者，王氏尚書後案云：「攷天體至圓，繞地左旋，日月皆右旋，以麗天之故，皆爲天所曳而左轉。晝夜之分，必以日之周帀爲限，日爲天所曳，而繞地一周之閒，已右行二千九百三十二里，千四百六十一分里之三百四十八矣。即以此所行之里數爲天之一度，故日一晝夜行一度也。日右行一度，則比日之帀而天之左旋者過一度矣。積三百六十五日四分日之一而周復其故處，故分周天之度爲三百六十五度四分度之一，是一歲日行之數也。月行通率，每日十三度十九分度之七，積二十七日九百四十分日之三百一十四而一周天。自前月合朔以來，比月之周天，而日又行二十七度有奇矣。故必更越二日，凡二十九日九百四十分日之四百九十九，而復與日會，是爲一月。十二會，得全日三百四十八，餘分之積又五千九百八十八，〔一〕如日法九百四十而一，得六，不盡三百四十八。通計得日三

〔一〕下「八」原訛「人」，據家刻本改。

百五十四日，九百四十分日之三百四十八，是一歲月行之數也。歲有十二月，月有三十日。三百六十者，一歲之常數也。故日與天會，而多五日九百四十分日之二百三十五，爲氣盈；月與日會，而少五日九百四十分日之五百九十二，爲朔虛。合氣盈朔虛，一歲餘十一日弱，未滿三歲，已成一月，則置閏焉。故一歲閏率，則十日有奇；三歲一閏率，則三十二日有奇；五歲再閏，則五十四日有奇；十有九歲七閏，則氣朔分齊，是爲一章也。」聘珍謂：虞，度也。汁，合也。月謂閏月。歲虞汁月者，度歲之氣盈朔虛，而合之以閏月也。天曰作明，句。曰與，句。惟天是戴；作，爲也。明者，縣象著明也。廣雅云：「與，生也。」釋名云：「戴，載也，載之於頭也。」地曰作昌，曰與，惟地是事；書考靈曜云：「審地理者昌。昌者，地之財也。」易曰：「至哉坤元，萬物資生。」周禮曰：「以任地事，以生百物。」人曰作樂，曰與，惟民是嬉。樂記曰：「樂其所自生。」嬉亦樂也。天地人皆曰與，古詁與曰生。易曰：「天地之大德曰生。」禮運曰：「人者，天地之心也，五行之端也，食味別聲被色而生者也。」左氏成十三年傳曰：「民受天地之中以生。」民之動能，不遠厥事；民之悲色，不遠厥德。動，勸動也。能，力也。遠，違也。事，謂地事。顏注漢書高帝紀云：「悲，顧念也。」色謂形色。德，天德也。孟子曰：「形色，天性也。」顧念形色，不違大德。大甲曰「顧諟天之明命」也。書曰：「而康而色，曰予攸好德。」此謂表裏時合，物之所生，而蕃昌之道如此。表裏，外內也。言民外動不違地事，內念不違天德，則正德利用厚生矣。樂記曰：「民有德而五穀昌。」天生物，地養物，物備興而時用常節，曰聖人；主祭于天，曰天子。易曰：「備物致用，立成器，以爲天下利，莫大乎聖人。」白虎通云：「王者父天母地，爲天之子也。」天子崩，步于四川，代于四山，卒葬曰帝。賈氏周禮校人疏云：「步與酺，字異，音義同。」顏注漢書文帝紀云：「酺之爲言布也。」四川，謂四瀆江、淮、河、濟也。步于四川者，布告四川也。薛注東京賦云：「代，謝也。」晉灼云：「以辭相告曰謝。」四山，謂四鎮，鄭云「揚之會稽，青之沂山，幽之醫無閭，冀之霍山」是也。左氏隱元年傳曰：「天子七月而葬。」曲禮曰：「措之廟，立之主，曰帝。」天作仁，地作富，人作治，樂治不倦，財富時節，是故聖人嗣則治。五帝德曰：「其仁如天。」白虎通云：「仁者好生。」説文云：「富，厚也。」易曰：「坤厚載物。」作治者，易曰：「聖人南面而聽天下，嚮明而治。」財，地財也。時謂天時。郊特牲曰：「取財於地，取法於天。」嗣，繼也，言繼天而王也。文王治以俟時，俟，待也。詩曰：「遵養時晦。」湯治以伐亂；伐謂征伐。孟子曰：「湯始征，自葛載，十一征而無敵於天下。」禹治以移衆，衆服以立天下；移，動也。移衆者，夏本紀云：「禹命諸侯百姓興徒人以傅土行山表木，奠高山大川。」服，悦服也。立，涖也。堯貴以樂治時，舉舜；堯貴者，帝繫曰「帝嚳產放勳，是爲帝堯」，史記云「帝摯崩而弟放勳立」，是以貴繼統也。以樂者，四海之内莫不説夷也。治時者，五帝德曰：「放勳四時先民治之。」書曰：「欽若昊天，厤象日月星辰，敬授人時。」孟子曰：「堯獨憂之，舉舜而敷治焉。」舜治以德使力。四代曰：「舜天德嗣堯。」力謂羣臣之功。書曰：「臣作朕股肱耳目，予欲宣力四方汝爲。」論語曰：「舜有臣五人而天下治。」在國統民如恕，在家撫官而國，安之勿變，勸之勿沮，民咸廢惡如進良，上誘善而行罰，百姓盡於仁而遂安之，此古之明制之治天下也。鄭注大宰云：「統所以合率以等物也。」「如」恕讀曰「而」。説文云：「恕，仁也。」撫，持也。官猶事也。「而」國讀曰「如」，「如」進讀曰「而」，如而古文通也。良，善也。誘，道也。罰，罰惡也。越語曰：「必有以知天地之恆制，乃可以有天下之成利。」此總言堯舜禹湯文王之治也。仁者爲聖，貴次，力次，美次，射御次，古之治天下者必聖人。表記曰：「仁者天下之表也。」聖，極也。祭義曰：「貴貴，爲其近於君也。」周禮曰「治功曰力」。美，善也，謂有善行也。王制曰：「執技以事上者，裸股肱，決射御。」此言聖人治天下用人有此五等也。聖人有國，則日月不食，星辰不隕，勃海不運，河不滿溢，川澤不竭，山不崩解，陵不施谷，川浴不處，深淵不涸。虧毀曰食。昬義曰：「男事不脩，陽事不得，適見於天，日爲之食。婦順不脩，陰事不得，適見於天，月爲之食。」隕，落也。左氏莊七年傳曰：「星隕如雨。」勃，大也。爾雅曰：「運，徙也。」大阜曰陵。施讀曰移。移谷者，詩曰「高岸爲谷，深谷爲陵」也。浴讀曰谷。爾雅曰：「水注川曰谿，注谿曰谷。」説文云：「處，止也。」不處者，川谷之水不壅止也。深淵者，水之府奥也。涸猶竭也。於時龍至不閉，鳳降忘翼，蟄獸忘攫，爪鳥忘距，蜂蠆不螫嬰兒，蟁虻不食天駒，閉，塞也。左氏昭二十九年傳曰：「古者畜龍，故國有豢龍氏，有御龍氏。」又曰：「官宿其業，其物乃至。若泯棄之，物乃坻伏，鬱湮不育。」杜注云：「湮，塞也。」翼，飛也。禮運曰：「鳳以爲畜，故鳥不獝。」孔疏云：「獝，驚飛也。」蟄獸者，夏小正曰「熊羆貊貉鼫鼬則穴」，言蟄也。攫，搏也。爪鳥，鷙鳥也。距者，爪相抵也。廣雅云：「蠆，蠍也。」陸氏釋文云：「通俗文云：長尾爲蠆，短尾爲蠍。」説文云：「螫，蟲虫行毒也。」蟁虻讀曰蟁䖟。蟁䖟，齧人飛蟲。天駒，駒犢也。淮南天文云：「蟁䖟不食駒犢。」雒出服，河出圖。自上世以來，莫不降仁。國家之昌，國家之臧，信仁。説文云：「洛水出左馮翊歸德北夷界中，東南入渭。河水出焞煌塞外昆侖山，發原注海。」「服」當爲「符」。易曰：「河出圖，洛出書，聖人則之。」鄭注云：「春秋緯云：河以通乾出天苞，洛以流坤吐地符。河龍圖發，洛龜書成。河圖有九篇，洛書有六篇也。」漢書五行志載劉歆説云：「伏犧氏繼天而王，受河圖，則而畫之，八卦是也。禹治洪水，賜洛書，法而陳之，洪範是也。」降，歸也。昌，盛也。臧，善也。」孟子曰：「三代之得天下也以仁。」是故不賞不罰，如民咸盡力，車不建戈，遠邇咸服，亂使來往，地賓畢極，無怨無惡，率惟懿德。此無空禮，無空名，賢人並憂，殘毒以時省，舉良良、舉善善，恤民使仁，曰斅仁賓也。中庸曰：「不賞而民勸，不怒而民威於鈇鉞。」說文云：「戈，平頭戟也。」考工記曰：「車軫四尺，謂之一等，戈柲六尺又六寸，既建而迤。」車不建戈，無非常之變也。爾雅曰：「亂，繼也。」亂使來往者，左氏襄二十九年傳曰：「公卿大夫相繼於朝也。」爾雅曰：「賓，服也。畢，盡也。」又曰：「東至于泰遠，西至于邠國，南至于濮鉛，北至于祝栗，謂之四極。」空，虛也。左氏莊十八年傳曰：「名位不同，禮亦異數，不以禮假人。」賢人，謂賢臣。爾雅曰：「憂，思也。」左氏襄二十五年傳曰：「政如農功，日夜思之。」殘毒，賊害人者。省，察也。斅，教也。仁，愛也。賓，敬也。孝經曰：「立愛自親始，教民睦也。立敬自長始，教民順也。」

大戴禮記解詁卷十

文王官人第七十二

王曰：「太師！太師者，太公望呂尚也。史記齊世家云：「周西伯獵，遇太公於渭之陽，載與俱歸，立爲師。」孔氏詩大明疏引世家文，作「立爲太師」。愼維深思，內觀民務，察度情僞，變官民能，歷其才藝，女維敬哉！盧注云：「試以衆位歷觀其才也。」女何愼乎非倫，倫有七屬，屬有九用，用有六微：一曰觀誠，二曰考志，三曰視中，四曰觀色，五曰觀隱，六曰揆德。」倫猶類也。曲禮曰：「儗人必於其倫。」「微」當爲「徵」。此經與下文爲總目，其事竝在下文。

王曰：「於乎！女因方以觀之。易曰：「方以類聚，物以羣分。」富貴者，觀其禮施也；曲禮曰：「富貴而知好禮，則不驕不淫。」施，行也。貧窮者，觀其有德守也；曾子制言曰：「凍餓而守仁。」嬖寵者，觀其不驕奢也；左氏桓三年傳曰：「驕奢淫泆，所自邪也。」四者之來，寵祿過也。」隱約者，觀其不懾懼也。隱，微也。約，猶貧困也。盧注云：「曲禮曰『貧賤而知好禮，則志不懾』。」其少，觀其恭敬好學而能弟也；其壯，觀其絜廉務行而勝其私也；其老，觀其意憲愼，强其所不足而不踰也。少，幼也。曲禮曰：「人生十年曰幼學，三十曰壯，七十曰老。」絜，不污。廉，不貪。務行者，孟子曰：「夫人幼而學之，壯而欲行之。」勝，克也。說文云：「憲，敏也。慎，謹也。」强，勉也。踰，越也。老者血氣既衰，爲禮雖有所不足，必勉强而不踰矩也。言其耆耋好禮。父子之閒，觀其孝慈也；兄弟之閒，觀其和友也；君臣之閒，觀其忠惠也；盧注云：「父慈子孝，兄友弟和，君惠臣忠也。」聘珍謂：廣雅云：「惠，仁也。」禮運曰：「君仁臣忠。」鄉黨之閒，觀其信憚也。憚，敬也。論語曰：「孔子於鄉黨，恂恂如也，似不能言者。」省其居處，觀其義方；省，察也。居處，謂燕居閒處。易曰「義以方外」。省其喪哀，觀其貞良；論語曰：「喪致乎哀而止。」貞，誠也。良，信也。檀弓曰：「喪三日而殯，凡附於身者必誠必信，勿之有悔焉爾矣。三月而葬，凡附於棺者必誠必信，勿之有悔焉爾矣。」省其出入，觀其交友；省其交友，觀其任廉。盧注云：「任以恩相親信。」考之，以觀其信；挈之，以觀其知；示之難，以觀其勇；釋名云：「挈，結也，結，束也，束持之也。」論語曰：「知者不惑，勇者不懼。」煩之，以觀其治；淹之以利，以觀其不貪；藍之以樂，以觀其不寧；煩，亂也。淹，謂浸漬之。盧注云：「藍猶濫也。」聘珍謂：樂謂聲色。寧，荒寧也。書曰「不敢荒寧」也。喜之以物，以觀其不輕；怒之，以觀其重；醉之，以觀其不失也；縱之，以觀其常；輕，謂輕佻失據。重，謂持重不遷也。說文云：「醉，卒也。」言飲酒卒其量也。縱之者，縱其欲也。曾子曰：「飲食之而觀其有常也。」遠使之，以觀其不貳；邇之，以觀其不倦；探取其志，以觀其情；考其陰陽，以觀其誠；探，試也。說文云：「情，人之陰氣，有所欲也。」考，察也。陰主靜，陽主動，考其陰陽者，察其動靜也。覆其微言，以觀其信；曲省其行，以觀其備成。此之謂觀誠也。覆，復也。論語曰：「言可復也。」微，小也。小言，不經意之言也。曲，委曲也。行謂細行。成，猶善也。二曰：方與之言，以觀其志。志殷如浚，其氣寬以柔，其色儉而不諂，其禮先人，其言後人，見其所不足，曰日益者也。殷，中也，正也。如讀曰而。「浚」當爲「深」。色，容色也。儉，卑謙也。玉藻曰：「立容辨卑，毋讇。」見，人見之也。不自飾其所不足，故人皆見之。日益，謂日有增益，猶言日新也。易曰：「日新之謂盛德。」如臨人以色，高人以氣，賢人以言，防其不足，伐其所能，曰日損者也。高，陵也。賢，勝也。防，障也，自蔽其所不足也。伐，矜也。日損者，中庸曰：「小人之道，的然而日亡也。」其貌直而不侮，其言正而不私，不飾其美，不隱其惡，不防其過，曰有質者也。侮，謂倨侮。左氏襄二十九年傳曰：「直而不倨。」飾，文飾也。質，本也。其貌固嘔，其言工巧，飾其見物，務其小徵，以故自說，曰無質者也。固，陋也。廣雅釋訓云：「嘔嘔，喜也。」盧注云：「嘔，以耽色下人，謂形柔而辭巧，有浮淺之事，則工飾之而務尚其小成。」聘珍謂：務，勉也。徵，信也。勉爲小信以固人也。故，事也，古也，今也。說，解也。以故自說者，言僞而辨，多有解說也。

喜怒以物而色不作，煩亂之而志不營，深道以利而心不移，臨懾以威而氣不卑，曰平心而固守者也。作，猶變也。營，惑也。道，引也。懾，猶懼也。氣不卑者，威武不能屈也。喜怒以物而變易知，煩亂之而志不裕，示之以利而易移，臨懾以威而易懾，曰鄙心而假氣者也。變，謂色變。知，猶見也。裕，寬也。鄙，陋也。執之以物而遫驚，決之以卒而度料，不學而性辨，曰有慮者也。執，縶也。玉篇云：「速，籀文作遫，疾也。」廣雅云：「驚，起也。」遫驚者，不爲物所羈而疾起也。決，斷也。卒，急也，遽也。字林云：「料，量也。」言決事於急遽之時，而有度量也。學，習也。辨，明也。雖不習其事，而能明其是非可否也。慮，謀思也。難投以物，難說以言，知一如不可以解也，困而不知其止，無辨而自慎，曰愚贛者也。物，事

也。說，釋也。難說以言，不可以言喻也。如讀曰而。知一而不可以解者，知其一端而固執之。辨，別也。無辨者，不能
別事勢之利害。愼，憂也。盧注曰：「戇，闇佷也。」營之以物而不虞，犯之以卒而不懼，置義而不可遷，
臨之以貨色而不可營，曰絜廉而果敢者也。物亦事也。虞，憂也。置，立也。遷，徙也。立身於義無可遷
徙也。盧注云：「果敢，謂不虞不懼也。絜廉，謂不營於貨色。在義而不可遷，則兼之也。」易移以言，存志不能守
錮，已諾無斷，曰弱志者也。錮讀曰固。表記曰：「君子與有其諾責也，寧有已怨。」鄭注云：「已謂不許也。」已諾
無斷者，欲已欲諾而不能決也。愚懦不壯毅曰弱。順與之弗爲喜，非奪之弗爲怒，沈靜而寡言，多稽而
儉貌，曰質靜者也。與猶予也。周禮曰：「予以馭其行，奪以馭其貧。」非奪，謂不當奪而奪之。稽，考也。儉貌，卑
謙之貌。曲禮曰：「博聞強識而讓。」質，正也。辨言而不固行，有道而先困，自愼而不讓，當如強之，曰
始妒誣者也。辨言者，言僞而辨也。固，常也。有道而困者，論語曰：「邦有道貧且賤焉。」愼讀曰順，謂順非也。自
順不讓者，自以爲是而不遜也。當，謂當欲。哀公問曰「求得當欲」，鄭注云：「當猶稱也。」如讀曰而。強謂強項。當而強
之，言稱其所欲而不低屈也。隱良謂之妒。以惡取善曰誣。徵清而能發，度察而能盡，曰治志者也。徵，明
也。發謂發見。儀禮曰：「發氣焉盈容。」孔子閒居曰：「清明在躬，志氣如神。」察，審也。華如誣，巧言令色，足
恭，一也，皆以無爲有者也。此之爲考志也。華，不實也。如讀曰而。誣，妄也。論語曰：「巧言令色足
恭。」孔云：「足恭，便僻貌。」邢疏云：「謂便習盤辟其足以爲恭也。」三曰：誠在其中，此見於外，以其見，占
其隱，以其細，占其大，以其聲，處其氣。此，猶斯也。大學曰：「誠於中，形於外。」占，度也。處，定也。初

氣主物，物生有聲，聲有剛有柔，有濁有清，有好有惡，咸發於聲也。初氣，謂太初之氣。易說曰：「太初者，氣之始也。」主物者，主於生物也。易曰：「天地絪緼，萬物化醇。」本命曰：「化於陰陽，象形而發，謂之生。」聲有剛柔濁清者，保傅曰「太子生而泣，太師吹銅，曰聲中某律」是也。心氣華誕者，其聲流散；心氣順信者，其聲順節；心氣鄙戾者，其聲斯醜；心氣寬柔者，其聲溫好。春秋繁露云：「心，氣之君也。」誕，妄也。「順信」之順，讀曰慎，謹密也。信，實也。高注呂氏重己云：「節猶和也。」鄙謂鄙詐。戾，乖戾也。廣雅云：「斯，裂也。」信氣中易，中，正也。易謂平易，不險難也。鄭注中庸云：「水神則信。」易曰：「水流而不盈，行險而不失其信，乃以剛中也。」義氣時舒，時謂隨時。舒，緩散也。鄭云：「金神則義。」書曰：「金曰從革，從革作辛。」辛主散，故曰時舒。智氣簡備，簡，大也。鄭云：「土神則智。」皇侃云：「金木水火，土無不載。土所含義者多，智亦所含者衆。」勇氣壯直。勇兼仁禮，仁者必有勇，强有力者以行禮也。鄭云：「木神則仁，火神則禮。」書曰「木曰曲直，火曰炎上。」故其氣壯直也。聽其聲，處其氣，考其所爲，觀其所由，察其所安，以其前，占其後，以其見，占其隱，以其小，占其大，此之謂視中也。人心五常之德，本於五行之氣，見於五聲之閒，故聽其聲，定其氣，從其行，察其心，而中可知矣。四曰：民有五性，喜怒欲懼憂也。性，情之本也。禮運曰：「何謂人情，喜怒哀懼愛惡欲，七者弗學而能。」孔氏中庸疏云：「賀瑒云：『性之與情，猶波之與水，靜時是水，動則是波，靜時是性，動則是情。』」喜氣內畜，雖欲隱之，陽喜必見；怒氣內畜，雖欲隱之，陽怒必見；欲氣內畜，雖欲隱之，陽欲必見；懼氣內畜，雖欲隱之，陽懼必見；憂悲之氣內畜，雖欲隱之，陽憂必見。五氣誠於中，發形於外，民情不隱也。畜，積也。隱，藏也。左氏昭七年傳曰「陽曰魂」，杜注云：「陽，神氣也。」喜色由然以生，怒色拂然以侮，欲色嘔然以偷，懼色薄然以下，憂悲之色纍然而靜。色者，神氣之擬也。盧注云：「由當爲油。油然，新生好貌。偷，苟且也。言惟求悦人。玉藻曰『喪容纍纍』也。」聘珍謂：拂者，拂汨鼓動之貌。說文云：「侮，傷也。」廣雅云：「嘔嘔，喜也。」薄者，相附薄也。下，降也。纍然，羸憊之貌。靜，默也。誠智必有難盡之色，誠仁必有可尊之色，誠勇必有難懾之色，誠忠必有可親之色，誠絜必有難污之色，誠靜必有可信之色。智者動，變動不居，故其色難盡。曾子曰：「君子以仁爲尊。」論語曰：「勇者不懼。」忠，愛也。絜，白也。論語曰：「不曰白乎，涅而不緇。」千乘曰：「靜斯潔，信在中。」質色皓然固以安，僞色縵然亂以煩，雖欲故之，中色不聽也。雖變可知，此之謂觀色也。質，本也。皓，光也。固，定也。縵讀如縵樂，言其雜也。盧注云：「言雖欲故隱之於中，而無柰色見於外，故子夏問孝，子曰『色難』，是以君子戒慎不失色於人。」五曰：生民有霒陽，人有多隱其情，飾其僞，以賴於物，以攻其名也。有隱於仁質者，有隱於知理者，有隱於文藝者，有隱於廉勇者，有隱於忠孝者，有隱於交友者。如此者，不可不察也。霒讀曰陰。禮運曰：「人者，陰陽之交。」賴，取也。攻，作也。盧注云：「言人含陰陽之氣，生而有知，有知故生機僞也。」聘珍謂：此亦與下文爲總目也。

小施而好大得，小讓而好大事，言願以爲質，僞愛以爲忠，面寬而貌慈，假節以示之，故其行以攻其名：如此者，隱於仁質也。盧注云：「『愿』當聲誤爲『願』也。假節，假仁質之節。故其行者，故爲是行。」

推前惡忠府知物焉，首成功，少其所不足，慮誠不及，佯爲不言，內誠不足，色示有餘，故知以動人，自順而不讓，錯辭而不遂，莫知其情：如是者，隱於知理者也。推，推究也。忠謂忠善。「府」，當爲「附」，聲近而譌也。言推究人之舊惡舊善，而自附於知物也。盧注云：「有先功者因首之，有不足者因薄之，詐以爲知。」聘珍謂：佯，僞也。故知者，徵引故事以爲知，因以動人也。遂，竟也。辭不竟，情不見。素動人以言，涉物而不終，問則不對，詳爲不窮，色示有餘有道而自順用之，物窮則爲深：如此者，隱於文藝者也。素，空也。言，謂文辭。涉，猶歷也。物，事也。不終，謂不盡其理也。詳，詐也，字亦作「佯」。道，謂道藝。順讀曰慎。示人以有餘有道之色，而不輕於自用也。物窮，謂不能終究其理，而爲物所困也。爲深者，故爲艱深，以文其陋也。廉言以爲氣，驕厲以爲勇，內恐外悴，無所不至，敬再其說，以詐臨人：如此者，隱於廉勇者也。盧注云：「苟作廉言，以見伕氣自然，苟自驕厲，持以爲勇，終必恐懾而更至恭佞也。」自事其親，好以告人，乞言勞醉而面於敬愛，飾其見物，故得其名，名揚於外，不誠於內，伐名以事其親戚，以故取利，分白其名，以私其身：如此者，隱於忠孝者也。「乞」當爲「亟」，數也。「醉」當爲「瘁」。伐，矜也。親戚，父母也。取利者，因以爲利也。分白，別白也。陰行以取名，比周以相譽，明知賢可以徵，與左右不同而交，交必重己，心說之而身不近之，身近之而實不至，而懽忠不盡，懽忠盡見於衆而貌克：如此者，隱於交友者也。此之謂觀隱也。盧注云：「陰，陰竊，謂求諸人也。迭相親比，交相談譽，知其賢而不與交，交必取其重己者也。」聘珍謂：徵，信也。與謂與共事，左右謂輔己也。實，情實也。忠，中心也。懽忠者，中心悅而誠服也。見於衆而貌克者，於衆人之前僞爲文貌，自以爲能盡其懽忠也。六曰：言行不類，終始相悖，陰陽克易，外內不合，雖有隱節見行，曰非誠質者也。類，似也。不類者，言不顧行，行不顧言也。陰陽，謂身之動靜。克，偏勝也。易者，變易不常。隱，微也。節，操也。見，顯也。其言甚忠，其行甚平，其志無私，施不在多，靜而寡類，莊而安人，曰有仁心者也。言忠者，言必由中也。平，正也。不在多，稱物平施也。靜，安也。類，同也。論語曰：「君子和而不同。」莊，嚴也。安人者，人安其莊，威而不猛也。事變而能治，物善而能說，浚窮而能達，錯身立方而能遂，曰廣知者也。說，述也，傳述其善也。浚，深也。窮，極也。達，通也。錯，置也。立方者，立不易方也。遂，成也。少言如行，恭儉以讓，有知而不伐，有施而不置，曰慎謙良者也。如讀曰而。「置」當爲「德」。易曰：「有功而不德。」釋文云：「鄭、陸、蜀才『德』作『置』，鄭云『置』當爲『德』。」微忽之言，久而可復，幽閒之行，獨而不克，行其亡，如其存，曰順信者也。盧注云：「微忽，謂微細及忽然之語。克，好勝人也。行其亡，謂奉先君及祖考之教令。」聘珍謂：幽閒者，隱居也。獨，謂獨善其身。貴富雖尊，恭儉而能施，衆强嚴威，有禮而不驕，曰有德者也。孟子曰：「恭者不侮人，儉者不奪人。」能施者，積而能散也。衆强，謂地廣民衆。嚴威者，尊嚴可畏也。有禮而不驕者，論語曰：「君子無衆寡，無小大，無敢慢，斯不亦泰而不驕乎！」隱約而不懾，安樂而不奢，勤勞之不變，喜怒之如度晰，曰守也。盧注云：「晰，明也。有喜怒之來，能置量度而明焉。」置方而不毀，廉絜而不戾，立强而無私，曰經正者也。置方，立方也。盧注云：「不毀，不瓦合也。」聘珍謂：戾，忿戾也。論語曰：「古之矜也廉，今之矜也忿戾。」中庸曰：「中立而不倚，强哉矯。」正靜以待命，不召不至，不問不言，言不過行，行不過道，曰沈靜者也。盧注云：「命，期命。」聘珍謂：期命者，徵令也。宰夫職曰：「掌百官府之徵令。」行不過道者，遵道而行也。忠愛以事其親，歡欣以敬之，盡力而不面，敬以安人，以名故不生焉，曰忠孝者也。曾子曰：「君子之孝也，忠愛以敬。」盡力，謂竭其股肱之力。不面者，不爲面從也。敬以安人者，論語曰「脩己以敬」「脩己以安人」也。故亦事也。生，出也。名故不生，言爲名之事不出於己也。合志如同方，共其憂而任其難，行忠信而不相疑，迷隱遠而不相舍，曰至友者也。如讀曰而。方，道也。迷，惑也。隱，微也，謂卑微也。舍，棄也。儒行曰：「久相待也，遠相致也。」鄭注云：「久相待，謂其友久在下位不升，己則待之。」心色辭氣，其入人甚俞，進退工故，其與人甚巧，其就人甚速，其叛人甚易，曰位志者也。俞，然也，謂唯唯然諾如人意也。位志，言以位爲志也。飲食以親，貨賄以交，接利以合，故得望譽征利而依隱於物，曰貪鄙者也。望譽，謂聞望名譽也。征，取也。望譽征利，如伐名以事其親戚，以故取利也。依者，倚也。爾雅曰：「隱，占也。」質不斷，辭不至，少其所不足，謀而不已，曰僞詐者也。質讀如「虞芮質厥成」，謂人有所質正也。斷，決也。至，切至也。少猶薄也。所不足，人之所不能也。謀，察。已，止也。言行亟變，從容謬易，好惡無常，行身不類，曰無誠志者也。爾雅曰：「亟，疾也。」廣雅云：「從容，舉動也。」類，似也。不類者，行己反覆也。小知而不大決，小能而不大成，顧小物而不知大論，亟變而多私，曰華誕者也。顧，念也。論，倫也。亟，數也。規諫而不類，道行而不平，曰巧名者也。類謂事類。謬爲規諫，以要直名，不切事類，以避犯顏。爾雅曰：「道，直也。平，成也。」故事阻者不夷，畸鬼者不仁，面譽者不忠，飾貌者不情，隱節者不平，多私者不義，揚言者寡信：此之謂揆德。」阻，難也。事阻者，遇事而好爲阻難也。夷，常也。畸，異也。畸鬼者，祀而異之也。不仁者，魯語曰：「臧文仲祀爰居，展禽曰：『無功而祀之，非仁也。』」盧注云：「隱節者，亦謂六隱之等。」

王曰：「太師！女推其往言，以揆其來行，聽其來言，以省往行，觀其陽以考其陰，察其内以揆其外，是故隱節者可知，僞飾無情者可辨，質誠居善者可得，忠惠守義者可見也。」陽，動。陰，静。内，心。外，行。情，實也。質，樸也。

王曰：「於乎，敬哉！女何慎乎非心，何慎乎非人。盧注云：「言當内慎其心，外慎於人。」人有六徵，六徵既成，以觀九用，九用既立。一曰取平仁而有慮者，二曰取慈惠而有理者，三曰取直愍而忠正者，四曰取順直而察聽者，五曰取臨事而絜正者，六曰取慎察而絜廉者，七曰取好謀而知務者，八曰取接給而廣中者，九曰取猛毅而度斷者：此之謂九用也。爾雅曰：「平，成也。慮，謀也，思也。」一切經音義引字詁云：「古文愍，今作閔。」書曰「予惟用閔」，孔傳云：「閔，勉也。」保傅曰：「博聞强識，接給而善對。」廣，多也。中，得也。接給廣中者，言其才敏而多得事理也。猛，剛也。毅，果也。度，法也。猛毅度斷者，謂剛果而以法制事也。平仁而有慮者，使是治國家而長百姓。易曰：「君子體仁，足以長人。」周禮曰「長以貴得民」，鄭注云：「長，諸侯也。一邦之貴，民所仰也。」慈惠而有理者，使是長鄉邑而治父子。鄉謂六鄉。邑謂公邑、家邑。周禮曰「吏以治得民」，鄭注云：「吏，小吏在鄉邑者。」治父子者，周禮曰「卿刑上德糾孝」也。直愍而忠正者，使是莅百官而察善否。盧注云：「於周禮則治官。」聘珍謂：周禮曰「建其正」是也。鄭注云：「冢宰、司徒、宗伯、司馬、司寇、司空。」愼直而察聽者，使是長民之獄訟，出納辭令。盧注云：「於周禮則刑官。」聘珍謂：出納辭令，大行人職也。亦司寇之屬。臨事而絜正者，使是守內藏而治出入。盧注云：「於周禮則天官。」聘珍謂：漢書食貨志云：「太公爲周立九府圜法。」顏注云：「周官太府、玉府、內府、外府、泉府、天府、職內、職金、職幣，皆掌財幣之官，故云九府。」宰夫職曰：「府掌官契以治藏。」愼察而絜廉者，使是分財臨貨主賞賜。盧注云：「於周禮則司祿、司勳。」好謀而知務者，使治壤地而長百工。盧注云：「於周禮則遂人、匠、車之等。」接給而廣中者，使是治諸侯而待賓客。盧注云：「於周禮則行人、掌客。」猛毅而度斷者，使是治軍事爲邊境。盧注云：「於周禮則政官也。」因方而用之，此之謂官能也。左氏成十八年傳曰：「官不易方。」文王世子曰：「語使能也。」九用有徵，乃任七屬：一曰國則任貴，盧注云：「周禮曰『長以貴得民』。」二曰鄉則任貞，盧注云：「幹事曰貞。周禮曰『吏以治得民』也。」三曰官則任長，官謂官府。長，長官也。周禮太府治藏之長，司市市官之長，大司樂樂官之長之類是也。官府有事，咸從其長而諮白焉。盧注云：「周禮曰：『大事則從其長，小事則專達。』」四曰學則任師，學，謂大學也。師謂師儒。周禮曰：「儒以道得民。」保傅曰：「帝入大學，承師問道。」五曰族則任宗，盧注云：「周禮曰『宗以族得民』。」六曰家則任主，鄭注周禮云：「家謂卿大夫采地。」先鄭司農云：「主謂公卿大夫，世世食采不絕。」坊記曰：「家無二主。」鄭注云：「大夫有臣者，稱之曰主。」七曰先則任賢。」先，謂先生也。鄭注曲禮云：「先生，師也。」周禮曰「師以賢得民」也。

正月，王親命七屬之人曰：「於乎！愼維深，內觀民務，本愼在人，女平心去私，愼用六證，論辨九用，以交一人，予亦不私。女廢朕命，亂我法，罪致不赦。」三戒然後及論，王親受而考之，然後論成。盧注云：「六證，六徵也。一人，文王自謂也。三戒之後亂法者，則有司課其罪。」聘珍謂：本愼在人者，人爲邦本也。交，交脩也。書曰「爾交脩予」。致，至也。

諸侯遷廟第七十三

成廟將遷之新廟。廟，祖廟也。爲將遷新主，於練時已易檐改塗，故云新廟。此經言三年喪畢，新主自寢遷於廟也。舊說並云練而遷者，非是。穀梁文二年傳曰：「作主壞廟有時日，於練焉壞廟。壞廟之道，易檐可也，改塗可也。」范注云：「禮，親過高祖，則毀其廟，以次而遷。將納新神，故示有所加。」楊氏疏云：「作主在十三月，壞廟在三年喪終，而傳連言之者，此主終入廟，入廟即易檐，以事相繼，故連言之，非謂作主壞廟同時也。或以爲練而作主之時，則易檐改塗，故此傳云於練壞廟，於傳文雖順，舊說不然，故不從之，直記異聞耳。」聘珍謂：壞廟者，易檐改塗以新之也，自是練祭時事。遷廟者，遷新死者之主，永居於廟，自是三年喪終之事。蓋練祭祭於廟，故新之。祭畢而主復還於寢，俟三年喪終而後遷於廟也。今博引經傳注疏之文，證明此經諸侯遷廟，爲三年喪畢之事。士虞記曰：「卒哭，明日以其班祔。」鄭注云：「班，次也。」喪服小記曰：「祔必以其昭穆。亡則中一以上。」凡祔已，復於寢，如既祫，主反其廟。孔氏曲禮疏云：「凡君卒哭而祔。卒哭者，是葬竟虞數畢後之祭名也。卒哭明日而立主，祔於廟，隨其昭穆，從祖父食。卒哭主暫時祔廟畢，更還殯宮。至小祥，作栗主，入廟，乃埋桑主於祖廟門左埋重處。故鄭云虞而作主，至祔，奉以祔祖廟，既事畢，反之殯宮。」賈氏士虞記疏云：「祔祭與練祭，祭在廟。祭訖，主反於寢。其大祥與禫祭其主，自然在寢祭之。」據此說，祔祭練祭既畢，主還於寢，信而有徵矣。若由寢而遷於廟，則在禫祭之後。士虞記曰：「中月而禫。是月也吉祭，猶未配。」聘珍謂：記所云吉祭者，即此經所云遷廟也。此正班氏所謂推士禮而可以致天子諸侯之說也。蓋禫祭已後，喪事既畢，新主不可仍居於寢；而廟之毀主，必須禘祭，禘時未必適在禫月，故於是月即遷新主，置於當日祔祭祖父之廟，以待時禘，再毀遠主，故記云「猶未配」也。孔氏僖三十三年左傳疏云：「三年喪畢，新主入廟，廟之遠主當遷入祧，乃爲大祭於太廟，以審昭穆，謂之爲禘。」君前徙三日，齊。祝、宗人及從者皆齊。祭統曰：「致齊三日。」大祝、宗人，接神之官。從者，謂卿大夫從君也。

徙之日，君玄服，從者皆玄服。玄服，謂玄冕服也。玉藻曰：「諸侯玄端以祭。」鄭注云：「祭先君也。『端』亦當爲『冕』，字之誤也。」從者皆玄服者，雜記曰：「大夫冕而祭於公。」周禮曰：「卿大夫之服，自玄冕而下。」聘珍謂：諸家舊說並云「練而遷廟」，與此節經文大相剌謬矣。喪服小記曰：「練，筮日、筮尸、視濯，皆要絰、杖、繩屨。」檀弓曰：「練，練衣黃裏，縓緣，葛要絰，繩屨無絇，角瑱，鹿裘衡長袪，袪，裼之可也。」閒傳曰：「期而小祥，練冠，縓緣，要絰不除。」喪服曰：「布總箭笄髽，衰三年。」據此諸經明文，並無練而冕服之禮。若如舊說練而遷廟，遷廟而冕服，且與羣經悖矣。從至于廟，羣臣如朝位。君入，立于阼階下，西向。有司如朝位。盧注云：「廟，殯宮。列于廟門外，如路門之位；立于門內，如門外之位。」聘珍謂：君入，入殯宮也。閒傳曰：「又期而大祥，居復寢。」喪大記曰：「吉祭而復寢。」孔疏云：「閒傳『既祥復寢』與此『吉祭復寢』不同者，彼謂不復宿中門外，復於殯宮之寢；此吉祭後不復宿殯宮，復於平常之寢。文雖同，義別，故此注不復宿殯宮也。明大祥後宿殯宮也。」據此，則未遷廟之前，君本宿殯宮。經云君入者，以前徙三日君齊，齊居必遷坐，徙之日，復自齊宮而入殯宮也。宗人擯舉手曰：「有司其請升。」君升，祝奉幣從在左，北面再拜，興。祝聲三曰：「孝嗣侯某，敢以嘉幣告于皇考某侯，成廟將徙，敢告。」君及祝再拜，興。擯，贊也。幣，帛也。盧注云：「祝主辭，故在左。神將遷，故出在户牖閒，南面矣。卒不奠幣者，禮畢矣於此，將有事於新廟。」鄭注曾子問云：「聲，噫歆警神也。」祝曰：「請導。」君降立于階下，奉衣服者皆奉以從祝。導，引也。奉衣服者，守祧職曰：「掌守先王先公之廟祧，其遺衣服藏焉。若將祭祀，則各以其服授尸。」鄭注云：「衣服，大斂之餘也。」是衣服本在殯宮，當與主同遷於廟。盧注云：「不言奉主而稱奉衣服者，以毁易祖考，誠人神之不忍。從祝者，祝所以導神也。言皆者，衣服非一稱也。」奉衣服者降堂，君及在位者皆辟也。奉衣服者至碑，君從，有司皆以次從出廟門。奉衣服者升車，乃步。君升車，從者皆就車也。凡出入門及大溝渠，祝下擯。辟，逡遁辟位也。鄭注儀禮云：「宮必有碑，所以識日景，引陰陽也。」賈氏士昏禮疏云：「碑在堂下三分庭之一在北。」步者，車緩行也。神車，奉主與衣服者在左，祝爲右。曲禮曰：「車右就車，門閭溝渠必步。」盧注云：「皆就車，謂乘貳車者。」

至于新廟。筵于户牖閒，樽于西序下，脯醢陳于房中，設洗當東榮，南北以堂深。筵，爲神布席也。爾雅曰：「牖户之閒謂之扆。」言窗東户西也。置酒曰樽。東西牆謂之序。脯，乾肉。醢，豆實也。盧注云：「筵于户牖閒者，始自外來，故先于堂。四時之祭，在室筵隩中，在堂筵序下，是以設樽恆於東方。今惟布南面之席，故置罇於西，以因其便矣。房，西房也，諸侯左右房也。」聘珍謂：洗，承盥洗者，棄水器也。桊，屋翼也。盧注云：「東桊，記因卿士，當言東霤。」聘珍謂：賈氏士冠禮疏云：「卿大夫以下，其室爲夏屋，兩下，而周之天子諸侯皆四注。故喪大記云『升自屋東桊』，鄭以爲卿大夫士，其天子諸侯當言東霤也。周天子路寢，制似明堂，五室十二堂，上圓下方，明四注也。諸侯亦然，故燕禮云『洗當東霤』，鄭云『人君爲殿屋也』。」有司皆先入，如朝位。祝導奉衣服者乃入，君從。奉衣服者入門左，在位者皆辟也。奉衣服者升堂，皆反位。君從升。奠衣服于席上，祝奠幣于几東。〔一〕君北向，祝在左。贊者盥，升，適房，薦脯醢。君盥，酌，奠于薦西，反位。君及祝再拜，興。祝聲三曰：「孝嗣侯某，敢用嘉幣告于皇考某侯：今月吉日，可以徙于新廟，敢告。」再拜。入門左，西方賓位。鄭注特牲饋食云：「凡鄉內，以入爲左右；鄉外，以出爲左右。」奠，置也。席上之几，所以安神。贊，佐也。明堂位曰：「卿大夫贊君。」薦，進也。薦西者，脯醢之西。君就東廂，西面；祝就西廂，東面。在位者皆反走辟。如食閒，爾雅曰：「室有東西廂曰廟。」郭注云：「夾室，前堂。」皆反走辟者，告遷之後，將告享，示禮文相變，故各辟位也。食閒，謂終食之閒。擯者舉手曰：「請反位。」〔二〕君反位，祝從在左。卿大夫及衆有司諸在位者皆反位。祝聲三曰：「孝嗣侯某，絜爲而明薦之享。」君及祝再拜，君反位，祝徹反位。詩曰：「吉蠲爲饎，是用孝享。」陸氏釋文云：「蠲舊音圭，絜也。」盧注云：「再拜，君反位，東廂之位；祝

〔一〕「几」原訛「凡」，據家刻本改。

〔二〕「請」原訛「諸」，據嘉趣堂本改。

徹反位，反西廂之位。」擯者曰：「遷廟事畢，請就燕。」君出廟門，卿大夫有司執事者皆出廟門。告事畢，乃曰擇日而祭焉。就燕者，就燕寢也。喪大記曰「吉祭而復寢」是也。盧注云：「告事畢，謂內主、藏衣服、斂幣、徹几筵之等。」聘珍謂：經文不言主，注云內主者，言奉衣服而主可知也。公羊文二年傳曰：「虞主用桑，練主用栗。用栗者，藏主也。」何注云：「主狀正方，穿中央，達四方。天子長尺二寸，諸侯長一尺。藏於廟室中堂，所當奉事也。質家藏於堂。」擇日而祭，謂禘祭也。杜氏春秋釋例云：「三年喪畢，致新死者之主，以進於廟。廟之遠主，當遷入祧。於是大祭於大廟，以審定昭穆，謂之禘。此皆自諸侯上達天子之制也。」

諸侯釁廟第七十三

成廟，釁之以羊。盧注云：「廟新成而釁者，尊而神之也。」聘珍謂：釁者，殺牲以血塗之也。以羊者，羊人職曰：「凡釁積，共其羊牲。」君玄服立於寢門內，南向。祝、宗人、宰夫、雍人皆玄服。君玄服，謂玄冕服。鄭注玉藻云：「玄衣而冕，冕服之下。」又云：「玄冕，諸侯祭宗廟之服。」釁廟爲有事於宗廟，故服祭服以命之。雜記曰「釁廟畢，反命於寢」，君朝服者，謂命事之後，仍服朝服矣。雜記文與此經互相備，非謂命事亦朝服也。寢門，路門也。祝、宗人，接神之官。宰夫，以式法掌祭祀之戒具。雍人，食官也。皆玄服者，玄衣纁裳也。雜記曰：「祝、宗人、宰夫、雍人，皆爵弁純衣。」孔疏云：「爵弁者，士服也。純衣謂絲衣，則玄衣纁裳也。」鄭注司服云：「凡冕服，皆玄衣纁裳。」宗人曰：「請令以釁某廟。」君曰：「諾。」遂入。令猶命也。入者，君入路寢也。雍人拭羊。乃行，入廟門，碑南，北面東上。鄭注雜記云：「拭，淨也。」孔疏云：「雍人是廚宰之官，拭羊於廟門外。」盧注云：「東上者，宰夫也。宰夫，攝主也。」雍人舉羊，升屋自中，中屋南面，刲羊，血流于前，乃降。自，由也。刲，刺也。孔氏雜記疏云：「熊氏云：『自中者，謂升屋之時，由屋東西之中，謂兩階之閒而升也。中屋南面者，謂當屋棟之上，亦東西之中，而乃南面刲割其羊，使血流於前，雍人乃降。』」

門以雞。有司當門北面，雍人割雞屋下，當門。郟室割雞于室中，有司亦北面也。孔云：「門，廟門也。」盧注云：「有司，宰夫、祝、宗人也。郟室，門郟之室。一曰東西廂也。釁東西室，有司猶北面，統於廟也。雜記曰：『雍人舉羊，升屋自中，中屋南向，刲羊，血流于前，乃降。門、郟室皆用雞，先門而後郟室。其衈皆於屋下。割雞，門當門。郟室中室，有司皆鄉室而立。門則有司當門，北面。』案小戴割雞亦於屋上，記者不同耳。此不言衈，略也。」聘珍謂：用雞者，雞人職曰：「凡祭祀面禳釁，共其雞牲。」

既事，宗人告事畢，皆退，反命于君。君寢門中南向，宗人曰：「釁某廟事畢。」君曰：「諾。」宗人請就燕，君揖之乃退。鄭云：「告者，告宰夫也。」聘珍謂：君寢門中南向者，視朝於寢庭也。有司朝而反命也。就燕者，就燕寢也。揖，推手也。視朝之禮也。雜記曰：「路寢成則考之而不釁。釁屋者，交神明之道也。凡宗廟之器，其名者成，則釁之以豭豚。」

大戴禮記解詁卷十一

小辨第七十四

公曰：「寡人欲學小辨，以觀於政，其可乎？」盧注云：「小辨，爲小辨給也。」

子曰：「否，不可。社稷之主愛日，日不可得，學不可以辨，是故昔者先王學齊大道，以觀於政。愛，惜也。盧注云：「曾子曰：『君子愛日以學。』書曰『日厢不遑』也。」聘珍謂：日不可得者，猶云「歲不我與」也。辨，謂小辨也。齊讀曰躋，升也。大道，謂大學之道。天子學樂辨風，制禮以行政；左氏昭二十一年傳曰：「天子省風以作樂。」襄二十一年傳曰：「禮，政之輿也。」諸侯學禮辨官政，以行事，以尊事天子；禮運曰：「諸侯以禮相與。」聘義曰：「盡之於禮，則內君臣不相陵，而外不相侵。故天子制之，而諸侯務焉。」辨官政者，官不易方，政有常經也。杜注左傳云：「在君爲政，在臣爲事。」表記曰：「諸侯勤以輔事於天子。」大夫學德別義，矜行以事君；書曰：「日宣三德，夙夜浚明有家。」陸賈新語云：「義者，德之經也。」盧注云：「別猶辨也。矜猶厲也。」士學順辨言以遂志；孝經曰：「以敬事長則順。」言，詁訓言也。遂，成也。盧注云：「致命遂志，士之節也。」庶人聽長辨禁，農以行力。聽，從也。長，上也。盧注云：「辨禁，識刑憲也。」聘珍謂：曾子曰：「庶人日旦思其事，戰戰唯恐刑罰之至也。」左傳曰：「庶人力於農穡。」又曰：「小人農力以事其上。」如此猶恐不濟，奈何其小辨乎？」爾雅曰：「濟，成也。」

公曰：「不辨則何以爲政？」

子曰：「辨而不小。夫小辨破言，破言，猶析言破律也。小言破義，破言爲小言。義謂名義。破義者，亂名改作也。小義破道。破義爲小義。道者，先王之大道也。道小不通，通道必簡。道破則小。論語曰：「雖小道，必有可觀者焉，致遠恐泥。」包云：「泥，難不通也。」爾雅曰：「簡，大也。」中庸曰：「大哉聖人之道。」是故循弦以觀於樂，足以辨風矣；循，摩循也。鄭注文王世子云：「弦謂以絲播詩。」孔疏云：「謂以琴瑟播被詩之音節，詩音則樂章也。」史記云：「詩三百五篇，孔子皆弦而歌之。」王制曰：「命太師陳詩，以觀民風。」爾雅以觀於古，足以辨言矣；漢書藝文志云：「爾雅三卷，二十篇。」張揖云：「昔在周公，制禮以道天下，著爾雅一篇以釋其義。」班固云：「書者，古之號令，號令於衆，其言不立具，則聽受施行者不曉。古文讀應爾雅，故解古今語而可知也。」傳言以象，反舌皆至，可謂簡矣。傳言以象者，周禮曰「象胥諭言語」是也。先鄭司農云：「象胥，譯官也。」高注呂氏功名云：「戎狄言語與中國相反，因謂反舌。一說南方有反舌國，舌本在前，末倒向喉，故曰反舌。」應劭云：「反舌左衽，不與華同，須有譯言乃通也。」聘珍謂：五方之民，言語不通，嗜慾不同，王者立象胥之官，達其志，通其欲，其道大矣。夫道不簡則不行，不行則不樂。簡亦大也。道不大，小補而已，行之不遠也。大道之行也，君子樂得其道，小人樂得其欲。夫亦固十稘之變，由不可既也，而況天下之言乎！說文云：「稘，復其時也。」虞書曰：「稘，三百有六旬。」廣雅云：「稘，年也。」由讀曰猶。既，盡也。十年之中變故，尚不可盡，天下之言，其可窮乎。故至道不以小辨。

曰：「微子之言，吾壹樂辨言。」微，無也。壹，專壹也。

子曰：「辨言之樂，不若治政之樂。辨言之樂不下席，治政之樂皇於四海。夫政善則民說，民說則歸之如流水，親之如父母，諸侯初入而後臣之，安用辨言。」不下席，謂不能行遠也。皇，大也，美也。入者，自外之辭。臣者，臣服之也。

公曰：「然則吾何學而可？」

子曰：「禮樂而力，仲尼燕居曰：「言而履之，禮也；行而樂之，樂也。君子力此二者。」忠信其君，君，主也。論語曰「主忠信」。其習可乎。」習，學也。

公曰：「多與我言忠信，而不可以入患。」盧注云：「備與我言忠信，而使不入於患。」

子曰：「毋乃既明忠信之備，而口倦其君，則不可而有。明忠信之備，而又能行之，則可立待也。倦，勞也。君，謂心。荀子解蔽云：「心者，形之君也。」口倦其君，謂以口辨而勞其心。不可有，謂不能有其忠信也。待猶給也。可立待者，施之則行，不必小辨而給也。君朝而行忠信，百官承事，忠滿於中而發於外，刑於民而放於四海，天下其孰能患之。」忠滿於中，臣事君以忠也。刑，法也。放猶至也。

公曰：「請學忠信之備。」

子曰：「唯社稷之主，實知忠信。若丘也，綴學之徒，安知忠信。」說文云：「綴，合著也。」劉歆云：「綴學之士，不思廢絶之闕，因陋就寡，分文析字，煩言碎亂。」

公曰：「非吾子問之而焉也？」

子三辭，將對，公曰：「彊避。」

子曰：「彊侍。丘聞大道不隱，丘言之，君發之於朝，行之於國，一國之人莫不知，何一之彊辟？焉，何也。盧注云：「而焉也，焉問之乎。彊避，謂避彊也。一曰：公以夫子三辭，欲避左右之彊者也。不隱，言不可隱蔽也。」丘聞之，忠有九知：知忠必知中，曾子曰：「忠者，中此者也。」周語曰：「考中度衷，忠也。」知中必知恕，鄭注周禮云：「忠言以中心。」孔氏左傳昭六年疏云：「如心爲恕，謂如其己心也。」知恕必知外，盧注云：「內恕故外能處於度物也。」知外必知德，孔氏左傳桓二年疏云：「德者，得也。謂內得於心，外得於物。」知德必知政，論語曰：「爲政以德。」知政必知官，官，分職任政者也。知官必知事，經解曰：「百官得其宜，萬事得其序。」知事必知患，知患必知備。事失則患生。書曰：「居安思危。」思則有備，有備無患。書曰：「惟事事乃其有備，有備無患。」若動而無備，患而弗知，死亡而弗知，安與知忠信？不知患，則不知死亡。孟子曰：「安其危而利其菑，樂其所以亡者。」與，及也。內思畢必曰知中，畢，盡也。「必」當爲「心」，形近譌也。中，心中也。中以應實曰知恕，實，誠也。恕者，忖度其義於人，必心誠求之。內恕外度曰知外，度，揆度也。賈子道術云：「以己量人謂之恕。」聲類云：「以心度物曰恕。」外內參意曰知德，參，謂參校。中庸曰：「性之德也，合外內之道也。」德以柔政曰知政，柔，安也。子張問入官曰：「德者，政之始也。」正義辨方曰知官，官治物則曰知事，辨方者，官不易方也。詩曰「有物有則」。則，法也。事戒不虞曰知備，毋患曰樂，樂義曰終。」書曰：「戒哉！儆戒無虞。」「周語曰：「成德之終也。」左氏襄十一年傳曰：「抑臣願君安其樂而思其終也。」夫樂以安德，義以處之。」

用兵第七十五

公曰：「用兵者，其由不祥乎？」孔氏昭十四年左傳疏云：「周禮『司兵掌五兵』，鄭衆云：『五兵者，戈、殳、戟、酋矛、夷矛。』鄭玄云：『步兵之五兵，則無夷矛，而有弓矢。』然則兵者，戰器之名。戰必令人執兵，因即名人爲兵也。」盧注云：「祥，善也。」

子曰：「胡爲其不祥也。聖人之用兵也，以禁殘止暴於天下也。及後世貪者之用兵也，以刈百姓、危國家也。殘，殺害也。暴，虐亂也。左氏襄二十七年傳曰：「兵之設久矣，所以威不軌而昭文德也。聖人以興。」貪者，利人土地貨寶者也。左氏僖三十三年傳曰：「秦以貪勤民。」芟草曰刈。刈百姓者，視民如草芥也。

公曰：「古之戎兵，何世安起？」

子曰：「傷害之生久矣，與民皆生。」盧注云：「人含五常之氣，生有喜則和親，怒則離害，其相害者，皆由兵也。」聘珍謂：左氏襄二十七年傳曰：「天生五材，民並用之，廢一不可，誰能去兵。」

公曰：「蚩尤作兵與？」管子地數云：「葛盧之山發而出水，金從之，蚩尤受而制之，以爲劍鎧矛戟。雍狐之山發而出水，金從之，蚩尤受而制之，以爲雍狐之戟、芮戈。」五經異義云：「公羊說，甲午祠兵。祠者，祠五兵矛戟劍楯弓矢，及祠蚩尤之造兵者。」是古有蚩尤作兵之說。

子曰：「否。蚩尤，庶人之貪者也，及利無義，不顧厥親，以喪厥身。蚩尤惛慾而無厭者也，何器之能作！及，猶汲汲也。以喪厥身者，秦策云：「黃帝伐涿鹿，而禽蚩尤。」蜂蠆挾螫而生見害，而校以衞厥身者也。說文云：「螫，蟲虫行毒也。」蜂蠆挾螫，譬蚩尤也。生，謂人物之生。見害，罹其凶害也。釋名云：「校，號也，將帥號令所在也。」高注呂覽、淮南子，並云「衞，利也。」校以衞厥身，言作爲戰陳號令以利其身，所謂貪也。盧注云：「止教習干戈自衞身，非作者也。」呂氏蕩兵云：「蚩尤非作兵也，利其械矣。」人生有喜怒，故兵之作，與民皆生，聖人利用而弭之，亂人興之喪厥身。左氏昭二十五年傳曰：「民有好惡喜怒哀樂，生於六氣，喜有施舍，怒有戰鬭。」易曰：「弧矢之利，以威天下。」弭，止也，謂用兵止亂也。詩云：『魚在在藻，厥志在餌。』藻，水草也。廣雅云：「餌，食也。」盧注云：「由心在於利，用兵以取危也。蓋逸詩也。」『鮮民之生矣，不如死之久矣』。毛詩傳云：「鮮，寡也。」盧注云：「小雅蓼莪之三章也。亦困於兵革之詩。」『校德不塞，嗣武孫武子』。校猶亢也。德謂德教。校德者，逞兵以違德教也。盧注云：「亦同上二章。但用兵革喪除其德，不以塞亂，而徒傳續武事於子孫者也。」聖人愛百姓而憂海內，及後世之人，思其德必稱其仁，故今之道堯舜禹湯文武者，猶威致王，今若存。孟子曰「仁者愛人」，又曰「聖人之憂民如此」。道，言也。威，畏也。五帝德曰：「死而民畏其神。」致，極也。王，天下所歸往也。猶威致王者，死而民畏其神，極其向往之心也。夫民思其德，必稱其人，朝夕祝之，升聞皇天，上神歆焉，故永其世而豐其年也。祝，祈福之辭。歆猶欣也。書曰：「冒聞於上帝，帝休。」又曰「祈天永命」。詩曰：「自天降康，豐年穰穰。」夏桀、商紂羸暴於天下，暴極不辜，殺戮無罪，不祥于天，粒食之民，布散厥親；廣雅云：「羸，惡也。」極，誅也。祥，善也。書曰：「故天棄我，不有康食。」詩曰：「王事靡盬，不能蓺黍稷，父母何食。」疏遠國老，幼色是與，而暴慢是親，讒貸處穀，法言法行處辟，盧注云：「言疏遠老成而與幼色者，若楚共王遠申叔時而用子反也。千乘曰：『以財投長曰貸。』穀，祿也。辟，罪辟也。」聘珍謂：千乘曰：「利辭以亂屬曰讒。」處，居也。曾子曰：「正直者則遁於刑，弗違則殆於罪。」殀替天道，逆亂四時，禮樂不行，而幼風是御，殀讀曰夭。說文云：「夭，屈也。」爾雅曰：「替，廢也。」逆亂四時者，禮運曰：「播五行於四時。」書曰「威侮五行」，鄭注云：「五行四時，盛德所行之政也。威侮，暴逆之。」盧注云：「幼風是御，任童幼之人使專政。」厤失制，攝提失方，鄒大無紀，厤，以治時編歲事者也。制，法也。盧注云：「攝提，左右六星與斗應相值，恒指中氣。」尚書中候曰：『攝提移居。』聘珍謂：天官書云：「大角者，天王帝廷。其兩旁各有三星，鼎足句之，曰攝提。攝提者，直斗杓所指，以建時節，故曰攝提格。」孟康云：「攝提，星名，隨斗杓所指，建十二月。若厤誤，春三月當指辰，而乃指巳，爲失方也。」「鄒大」當爲「孟陬」。漢書劉向傳云「孟陬無紀」是也。孟康云：「首時爲孟，正月爲陬。」言厤既失制，則閏餘乖次，斗建月氣並不能與正歲相值也。不告朔於諸侯，玉瑞不行諸侯，力政不朝於天子，六蠻、四夷交伐於中國。盧注云：「周禮太史職曰：『正歲年以序事，頒之於官府及都鄙，頒告朔於邦國』也。玉者，所以等神祇、別人事，其用重焉。」聘珍謂：典瑞職曰：「掌玉瑞玉器之藏。」鄭注云：「人執以見曰瑞。」玉瑞，命圭也。不行者，王不能班瑞於羣后，威命不行也。盧注云：「力政言以威力侵爭。周禮職方氏四夷、八蠻、七閩、九貉、五戎、六狄，此周所服四海其種落之數也。明堂位曰九夷、八蠻、六戎、五狄，此朝明堂時來者國數也。爾雅曰九夷、八狄、七戎、六蠻，其夏之所服，與。殷之夷國，東方十，南方六，西方九，北方十有三。然鄭康成以四夷爲四方，九貉爲九夷，又引爾雅，其數不同，及四六文闕而不定，是終使學者疑於所聞也。」聘珍謂：此注文所引鄭氏之言，見孔氏明堂位疏云：「鄭志：趙商問曰：『職方掌四夷、八蠻、七閩、九貉、五戎、六狄之數。注曰「周之所服國數」。明堂云朝，謂服事之國數，夷九、蠻八、戎六、狄五。禮文事異，不達其數。』鄭答曰：『職方四夷，謂四方夷狄也。九貉卽九夷，在東方。八蠻在南方，閩其別也。戎狄之數，或五或六，兩文異爾雅，雖有與同，皆數耳，無別國之名，不甚明，故不定也。』」如鄭此言，蓋其慎也。盧氏譏之，非是。盧謂鄭引爾雅其數不同者，爾雅九夷、八狄、七戎、六蠻，鄭注職方引爾雅曰九夷、八蠻、六戎、五狄。於是降之災，水旱臻焉，霜雪大滿，甘露不降，百草殨黃，五穀不升，民多夭疾，六畜餼眥，此太上之不論不議也。臻，至也。滿，盈溢也。禮運曰：「天降膏露。」鄭注云：「膏猶甘也。」殨讀曰蔫，菸也。楚詞云：「葉菸邑而無色。」盧注云：「瘁當字誤爲『餼』也。瘁，病也。眥，瘦也。帝皇之世無災疫，故百姓不議。」殀傷厥身，失墜天下。夫天下之報殃於無德者，必與其民。」報，反也。殃，猶禍惡也。與，從也。禮運曰：「如有不由此者，在執者去，衆以爲殃。」孟子曰：「曾子曰：『戒之戒之，出乎爾者，反乎爾者也。』夫民今而後得反之也。」

公懼焉，曰：「在民上者，可以無懼乎哉？」

少閒第七十六

公曰：「今日少閒，我請言情於子。」

子愀焉變色，遷席而辭曰：「君不可以言情於臣，臣請言情於君，君則不可。」閒，暇也。注言曰：「得夫子之聞也難，是以敢問。」君不可以言情於臣，臣請言情於君者，春秋繁露云：「爲人主者，法天之行，是故內深藏，所以爲神。爲人臣者，比地貴信，而悉見其情於主，主亦得而財之。」

公曰：「師之而不言情焉。其私不同。」盧注云：「言已師禮事夫子，故不使言情也。其私人不同於此也。」

子曰：「否。臣事君而不言情於君，則不臣；君而不言情於臣，則不君。有臣而不臣，猶可；有君而不君，民無所錯手足。」「而不言情於臣」，「不」當爲「亦」，形近譌也。

公曰：「君度其上下，咸通之；盧注云：「使上下皆達也。」權其輕重，居之；盧注云：「謂事役及刑罰。」準民之色，目既見之；鼓民之聲，耳既聞之；動民之德，心既和之；通民之欲，兼而壹之；愛民親賢而教不能：民庶說乎？」準，望也。鼓，振動也。聲，言也。謂鼓舞其民而民有聲也。見之聞之，謂君之見聞也。書曰「闢四門，明四目，達四聰」也。動，作也。詩曰：「民之秉彝，好是懿德。」心，謂君心和協也。兼，并也。壹，專也。并其所欲，而專致於民。孟子曰：「所欲與之聚之也。」

子曰：「說則說矣，可以爲家，不可以爲國。」

公曰：「可以爲家，胡爲不可以爲國？國之民，家之民也。」

子曰：「國之民，誠家之民也。然其名異，不可同也。大傳曰：「名者，人治之大者也。」左傳曰：「名位不同，禮亦異數。」同名同食曰同等，唯不同等，民以知極。小宰職曰：「以敘制其食。」鄭注云：「食，祿之多少。」左氏昭七年傳曰：「天有十日，人有十等，下所以事上，上所以共神也。」極，中也，本也。周禮曰：「設官分職，以爲民極。」故天子昭有神於天地之閒，以示威於天下也。昭，明也。王制曰：「天子祭天地。」威，嚴也。郊特牲曰：「祭之日，王皮弁以聽祭報，示民嚴上也。」諸侯修禮於封內，以事天子；本命曰：「冠、昏、朝、聘、喪、祭、賓主、鄉飲酒、軍旅，此之謂九禮也。」此九禮者，諸侯所以守其國，行其政令，勤以輔事於天子者也。大夫修官守職，以事其君；士修四衞，執技論力，以聽乎大夫；盧注云：「四衞，四方之職。曲禮曰：『地廣大荒而不治，此亦士之辱也。』」聘珍謂：王制曰：「凡執技論力，適四方，贏股肱，決射御，聽乎大夫者，大夫臣士也。」庶人仰視天文，俯視地理，力時使以聽乎父母。盧注云：「孝經曰：『用天之道，分地之利，謹身節用，以養父母，』此庶人之孝也。」此唯不同等，民以可治也。」大司徒職曰：「以儀辨等，則民不越。」

公曰：「善哉！上與下不同乎？」

子曰：「將以時同時不同。盧注云：「言有可同不可同也。」上謂之閑，下謂之多疾。閑，防也。疾，病也。上爲法制以防下，而下敝於法則，以爲厲己，此上下之情不同也。君時同於民，布政也；民時同於君，服聽也。上下相報而終於施。君同於民者，君以民爲體也。民同於君者，民以君爲心也。政，治也。布政也者，同民心而出治道也。服，從也。聽者，治也。上下相報者，表記曰：「子曰：『以德報德，則民有所勸；以怨報怨，則民有所懲。』詩曰：『無言不讎，無德不報。』大甲曰：『民非后，無能胥以寧；后非民，無以辟四方。』」終於施者，上不求其報也。大猶已成，發其小者；遠猶已成，發其近者。猶讀曰猷，謀也。盧注云：「遠大之謀，緣近小始。」將行重器，先其輕者。行，猶用也。重器，謂圭璋鐘磬之屬。左傳曰：「重之以大器，重之以宗器。」杜注云：「古者將獻遺於人，必有以先之也。」先清而後濁者，天地也。說文云：「元氣初分，輕清陽爲天，重濁陰爲地，萬物所陳列也。」天政曰正，地政曰生，人政曰辨。苟本正，則華英必得其節以秀孚矣。此官民之道也。」政，職也。易曰：「乾道變化，各正性命。」又曰：「至哉坤元，萬物資生。」又曰：「君子以辨上下，定民志。」本，根也。華，草木華也。英，初生也。節，時也。不榮而實者謂之秀。夏小正曰：「柳稊也者，發孚也。」

公曰：「善哉！請少復進焉。」

子曰：「昔堯取人以狀，舜取人以色，禹取人以言，湯取人以聲，文王取人以度。此四代五王之取人，以治天下如此。」狀，貌也。色謂顏色。論語曰：「動容貌，斯遠暴慢矣。正顏色，斯近信矣。」以言者，書曰「敷納以言」也。以聲者，文王官人曰：「以其聲處其氣也。」盧注云：「以度，觀其志度。四代據文距殷。或曰：文王取人以度四代，謂之兼也。」

公曰：「嘻，善之不同也。」嘻，猶噫嘻。鄭云：「有所多大之聲也。善，謂五王取人之善。」

子曰：「何謂其不同也？」

公曰：「同乎？」

子曰：「同。」

公曰：「人狀可知乎？」盧注云：「問四代以人狀得善之事。」

子曰：「不可知也。」

公曰：「五王取人，各有以舉之，胡爲人之不可知也？」

子曰：「五王取人，比而視，相而望，五王取人各以己焉，是以同狀。」比謂比方。相，亦視也。望謂物望。己者，身也。中庸曰：「取人以身也。」言五王取人，比方而視之，視之而參以物望，取之復由於一身，是以取人不同而得善同也。盧注云：「聖人通而虛己，故於求人，雖言色不同，而善惡無異。」

公曰：「以子相人何如？」

子曰：「否。丘則不能五王取人。盧注云：「言不能如五王。」丘也傳聞之，以委於君。丘則否能，亦又不能。」委，屬也。否，不也。否能，謂不能知人也。亦又不能者，不能取人以己也。皆對君之謙辭。五帝德曰：「吾欲以顔色取人，於滅明邪改之。吾欲以言語取人，於予邪改之。吾欲以容貌取人，於師邪改之。」

公曰：「我聞子之言，始蒙矣。」

子曰：「由君居之，成於純，胡爲其蒙也。雖古之治天下者，豈生於異州哉！蒙，雜亂也。由，自也。居，處也。純，一也。言五王取人之法不同，自君處之，則成於一矣。昔虞舜以天德嗣堯，布功散德制禮，朔方幽都來服，南撫交趾，出入日月，莫不率俾，西王母來獻其白琯，粒食之民，昭然明視，民明教，通于四海，海外肅慎、北發、渠搜、氐、羌來服。布功者，時亮天功也。散德者，九德咸事也。制禮者，堯典曰「修五禮」，鄭注云：「五禮，公侯伯子男朝聘之禮矣。」皋陶謨曰「自我五禮」，鄭注云：「五禮，天子也，諸侯也，大夫也，士也，庶民也。」王氏尚書後案云：「堯典五禮，是天子巡守，諸侯來朝而修之，故鄭以爲公侯伯子男之禮。皋陶謨五禮，汎言平日通於天下，故鄭兼天子及庶民言之。」書曰：「申命和叔，宅朔方，曰幽都。」書曰：「海隅出日，罔不率俾。」鄭注云：「率，循也。俾，使也。四海之隅，日出所照，無不循度而可使也。」爾雅曰：「觚竹、北户、西王母、日下，謂之四荒。」郭注云：「西王母在西。」淮南地形云：「西王母在流沙之瀕。」說文云：「管，如篪，六孔，十二月之音，物開地牙，故謂之管。从竹官聲。」又作琯，云：「古者玉琯以玉。舜之時，西王母來獻其白琯。前零陵文學姓奚，於伶道舜祠下得笙玉琯。夫以玉作音，故神人以和，鳳凰來儀也。从玉官聲。」五帝德曰：「舜南撫交趾大教，鮮支、渠廋、氐、羌，北山戎、發、息慎，東長、鳥夷羽民。」舜有禹代興，禹卒受命，乃遷邑姚姓于陳。代，更也。孟子曰：「舜崩，三年之喪畢，禹避舜之子於陽城，天下之民從之，若堯崩之後，不從堯之子，而從舜也。」史記陳世家云：「舜爲庶人時，堯妻之二女，居於嬀汭，其後因爲氏姓，姓嬀氏。舜已崩，傳禹天下，而舜子商均爲封國。」孔氏左傳昭八年疏云：「世本云『舜姓姚氏』。」哀元年傳稱夏后少康奔虞，虞思妻之以二姚，虞思猶姓姚也。至胡公，周乃賜姓爲嬀耳。陳世家謂胡公之前已姓嬀矣，馬遷之妄也。」聘珍謂：舜本虞氏，故書曰「有鰥在下，曰虞舜」也。其後在夏爲姚姓，至周爲嬀姓。知者，據此經云「遷邑姚姓于陳」，是夏封商均國，賜姓姚也。故虞思爲夏之侯國而姓姚也。據左氏昭八年傳曰：「胡公不淫，故周賜之姓，使祀虞帝。」是周封胡公，賜姓嬀，故傳又曰「有嬀之後，將育於姜」也。作物配天，修德使力，民明教通于四海，海之外肅慎、北發、渠搜、氐、羌來服。禹崩，十有七世乃有末孫桀卽位。物，事也。配，合也。修德使力者，書曰「祗台德先，不距朕行」。夏本紀云：「禹命諸侯百姓興人徒以傅土。」十有七世者，本紀云：「禹崩，子啟卽天子之位，是爲夏后帝啟。啟崩，子帝太康立。太康失國，崩，弟中康立。中康崩，子帝相立。相崩，子帝少康立。少康崩，子帝予立。予崩，子帝槐立。槐崩，子帝芒立。芒崩，子帝泄立。泄崩，子帝不降立。不降崩，弟帝扃立。扃崩，子帝廑立。廑崩，立帝不降之子孔甲，是爲帝孔甲。孔甲崩，子帝臯立。臯崩，子帝發立。發崩，子帝履癸立，是爲桀也。」桀不率先王之明德，乃荒耽于酒，淫泆于樂，德昏政亂，作宮室高臺，汙池土察，以民爲虐，粒食之民，惛焉幾亡。先王謂禹。左氏昭元年傳曰：「美哉禹功，明德遠矣。」劉氏新序云：「桀作瑤臺，爲酒池糟隄，縱靡靡之樂。」德昏政亂者，書曰：「有夏誕厥逸，不肯慼言于民，乃大淫昏。」左氏宣三年傳曰：「桀有昏德。」昭六年傳曰：「夏有亂政，而作禹刑。」盧注云：「淮南子云『桀爲璇宮、瑤臺、象箸、玉杯』也。汙，窪也。察，深也。言洞地爲池也。爲虐，逞其濫酷。」乃有商履代興。盧注云：「履，湯名。論語曰：『履敢用玄牡。』王侯世家云：『湯名天乙。』白虎通云：『湯王之後，更定名爲子孫法，本名履也。』」聘珍謂：陸氏釋文引馬云：「俗儒以湯爲謚，或爲號。號者似非其意，言謚近之，然不在謚法，故無聞也。及禹俗儒以爲名。帝系『禹名文命』，王侯世本『湯名天乙』。推此言之，禹豈復非謚乎！亦不在謚法，故疑焉。」商履循禮法以觀天子，天子不說，則嫌於死。成湯卒受天命，不忍天下粒食之民刈戮，不得以疾死，故乃放移夏桀，散亡其佐，應劭云：「觀，見也。」高注呂覽云：「嫌猶近也。」夏本紀云：「夏桀不務德而武傷百姓，百姓弗堪。迺召湯而囚之夏臺。」卒受天命者，書曰：「有夏多罪，天命殛之。」又曰：「予畏上帝，不敢不正。」放移夏桀者，夏本紀云：「湯率兵以伐夏桀，桀走鳴條，遂放而死。」散亡其佐者，詩曰：「韋顧既伐，昆吾夏桀。」鄭箋云：「三國黨惡，湯先伐韋顧，克之。昆吾夏桀，則同時誅也。」墨子云：「湯奉桀衆以克有屬諸侯于薄，薦奉天命，通于四方。」乃遷姒姓于杞。五帝本紀云：「帝禹爲夏后而別氏，姓姒氏。」夏本紀云：「湯封夏之後，至周封於杞也。」聘珍謂：陳杞皆夏商所封國號。樂記云：「武王克商，封帝舜之後於陳，封夏后氏之後於杞。」皆是求虞夏之子孫，使仍其故封，論語曰「興滅國，繼絕世」是也。發厥明德，順民天心嗇地，作物配天，制典慈民。順民天心者，書曰：「天聰明，自我民聰明；天明畏，自我民明威。」天心同於民也。嗇地者，使民服田力穡也。湯誓曰：「我后不恤我衆，舍我穡事，而割正夏。」此是夏民言桀奪民農功，而爲剥割之政。湯既放桀，則順民心而使之服田力穡也。典謂經也，常也，法也。慈，愛也。咸合諸侯，作八政，命於總章。合諸侯者，左氏昭四年傳曰〔一〕「商湯有景亳之命」是也。洪範曰：「三八政，一曰食，二曰貨，三曰祀，四曰司空，五曰司徒，六曰司寇，七曰賓，八曰師。」盧注云：「總章者，重屋之西堂。於此命事，取萬物之成功也。」服禹功，以修舜緒，爲副于天，粒食之民，昭然明視，民明教，通于四海，海之外肅慎、北發、渠搜、氐、羌來服。爾雅曰：「緒，事也。」副，助也。孟子曰：「書曰：『作之君，作之師，惟曰其助上帝。』」成湯卒崩，殷德小破，二十有二世乃有武丁即位。破，壞也。二十有二世者，殷本紀云：「湯崩，太子太丁未立而卒，於是乃立太丁之弟外丙，是爲帝外丙。外丙即位三年，崩，立外丙之弟中壬，是爲帝中壬。中壬即位四年，崩，伊尹乃立太丁之子太甲。太甲，成湯適長孫也，是爲帝太甲，稱太宗。太宗崩，子沃丁立。沃丁崩，弟太庚立。太庚崩，子帝小甲立。小甲崩，弟雍己立。雍己崩，弟太戊立，稱中宗。中宗崩，子帝仲丁立。仲丁崩，弟外壬立。外壬崩，弟河亶甲立。河亶甲崩，子帝祖乙立。祖乙崩，子帝祖辛立。祖辛崩，弟沃甲立。沃甲崩，立沃甲兄祖辛之子祖

〔一〕「四」原訛「九」，據左傳改。

丁。祖丁崩，立弟沃甲之子南庚。南庚崩，立祖丁之子陽甲。陽甲崩，弟盤庚立。盤庚崩，弟小辛立。小辛崩，弟小乙立。小乙崩，子武丁立，其廟爲高宗。」開先祖之府，取其明法，以爲君臣上下之節，殷民更眩，近者說，遠者至，粒食之民，昭然明視。先祖，謂成湯也。府，文書聚藏之所也。明法，成湯所制典法也。節，制也。更，改也。眩，亂也，惑也。武丁年崩，殷德大破，九世乃有末孫紂即位。九世者，殷本紀云：「武丁崩，帝祖庚立。祖庚崩，弟祖甲立，是爲帝甲。帝甲崩，子帝廩辛立。廩辛崩，弟庚丁立，是爲帝庚丁。帝庚丁崩，子帝武乙立。武乙震死，子帝太丁立。太丁崩，子帝乙立。帝乙崩，子辛立，是爲帝辛，天下謂之紂。」紂不率先王之明德，乃上祖夏桀行，荒耽於酒，淫泆於樂，德昏政亂，作宮室高臺，汙池土察，以爲民虐，粒食之民，忽然幾亡。祖，法也。史記云：「紂好酒淫樂，使師涓作新淫聲，北里之舞，靡靡之樂，益廣沙丘苑臺。以酒爲池，縣肉爲林，使男女倮相逐其閒，爲長夜之飲。百姓怨望而諸侯有畔者，於是紂乃重刑辟，〔一〕有炮烙之法。」乃有周昌霸諸侯以佐之。周本紀云：「公季卒，子昌立，是爲西伯。西伯曰文王。」白虎通云：「霸，伯也，行方伯之職。」殷本紀云：「西伯昌獻洛西之地，以請除炮烙之刑。紂乃許之，賜弓矢斧鉞，使得征伐，爲西伯。」紂不說諸侯之聽於周昌，則嫌於死。乃退伐崇許魏，以客事天子。周本紀云：「崇侯虎譖西伯於殷紂曰：『西伯積善累德，諸侯皆嚮之，將不利於帝。』帝紂乃囚西伯於羑里。閎夭之徒求有辛氏美女，驪戎之文馬，有熊九駟，他奇物而獻之紂。紂乃大說，乃赦西伯，賜之弓矢斧鉞，使得征伐。」崇，即崇侯也。詩曰「以伐崇墉」。許魏，未聞。客，敬也。大學曰：「爲人臣止於敬。」左氏

〔一〕「刑辟」原倒，據史記殷本紀乙。

襄四年傳曰：「文王率殷之叛國以事紂。」文王卒受天命，作物配天，制無用，行三明，親親尚賢，民明教，通于四海，海之外肅慎、北發、渠搜、氐、羌來服。文王卒受天命者，孟子曰：「詩云『周雖舊邦，其命維新』，文王之謂也。」毛詩序云：「文王受命作周也。」鄭箋云：「受命，受天命而王天下，制立周邦。」書序云：「惟十有一歲，武王伐殷。」鄭注云：「十有一年，本文王受命而數之。是年入戊午蔀四十歲矣。」廣雅云：「制，禁也。」無用，謂奇技淫巧之物。行，奉也。三明謂三光。淮南氾論云「上亂三光之明」，高注云：「三光，日月星辰也。」君其志焉，或徯將至也。」君謂哀公。徯，待也。書曰：「惟動丕應徯志。」言天下將待君志以應之。

公曰：「大哉子之教我政也。列五王之德，煩煩如繁諸乎。」盧注云：「煩，衆也。如繁者，言如萬物之繁蕪也。」

子曰：「君無譽臣，臣之言未盡，請盡臣之言，君如財之。」如讀曰而。財讀曰裁。曰：「於此有功匠焉，盧注云：「王非獨善，言有師保。」聘珍謂：功匠能切磋琢磨，喻君之自治。大學曰：「如切如磋者，道學也；如琢如磨者，自修也。」有利器焉，盧注云：「言有先王之禮度也。」聘珍謂：禮運曰：「禮義以爲器。」鄭注云：「器所以操事。」有措扶焉，盧注云：「謂股肱之良也。」聘珍謂：措，棄置也。扶，進之也。論語曰：「舉直措諸枉則民服。」以時令其藏必周密，發如用之，可以知古，可以察今，可以事親，可以事君，可用于生，又用之死，吉凶並興，禍福相生，卒反生福，大德配天。」令，善也。易曰：「藏器于身，待時而動，何不利之有。」又曰：「君不密則失臣，臣不密則失身，機事不密則害成。」發「如」讀曰「而」。吉凶禍福，循環不已，惟脩德者反禍爲福。詩曰：

「永言配命，自求多福。」

公愀然其色曰：「難立哉？」

子曰：「臣願君之立知如以觀聞也。時天之氣，用地之財，以生殺於民，民之死，不可以教。」「如」讀曰「而」。天有六氣，陰陽風雨晦明；地有五材，水火木金土。君體天地之撰，以爲生殺，而民各正其性命，其死者，不可以教者也。

公曰：「我行之，其可乎？」

子曰：「唯此在君。盧注云：「言行此在君也。」君曰足，臣恐其不足。君曰不足，舉其前，必舉其後，舉其左，必舉其右。君既教矣，安能無善。」舉猶取也。前後左右，有位之士。賈子新書云：「選端士衞翼，前後左右皆正人。」教，習也。言君有所不足，則取諸前後左右輔弼之人，其人皆教習之士，能無善乎。

公吁焉其色曰：「大哉子之教我制也。政之豐也，如木之成也。」吁，歎聲。色，謂作色也。制，法也。豐盛如木之成，言非一日也。

子曰：「君知未成，言未盡也。凡草木根鞁傷，則枝葉必偏枯，偏枯是爲不實，穀亦如之。上失政大，及小人畜穀。」盧注云：「『敗』當字誤爲『鞁』。」聘珍謂：小人，細民也。畜穀，謂六畜五穀。言失政之大者，并民與畜穀而失之。盛德曰：「聖王之盛德，人民不疾，六畜不疫，五穀不災。」

公曰：「所謂失政者，若夏商之謂乎？」

子曰：「否。若夏商者，天奪之魄，不生德焉。」夏商，謂夏桀、商紂。左氏昭二十五年傳曰：「心之精爽，是謂魂魄。魂魄去之，何以能久。」不生德者，民不見德也。

公曰：「然則何以謂失政？」

子曰：「所謂失政者，疆蔓未虧，疆，封疆也。蔓，草木盛也。盧注云：「言疆域與草木皆未易常也。」人民未變，鬼神未亡，盧注云：「民神猶依附之。」聘珍謂：鬼神亡者，左氏昭三年傳曰：「箕伯、直柄、虞遂、伯戲，其相胡公、大姬已在齊矣。」言陳國將滅，鬼神皆亡於齊，依陳氏也。水土未絪，盧注云：「絪猶亂。」韓詩外傳云『陰陽相勝，氛浸絪氳』也。」糟者猶糟，實者猶實，盧注云：「糟以喻惡，實以喻善。」玉者猶玉，血者猶血，盧注云：「玉以喻善人。言尚賢其賢。」聘珍謂：九家注易云：「血以喻陰也。陰爲小人。」酒者猶酒，盧注云：「酒以喻樂。」優以繼愖，政出自家門，此之謂失政也。優，柔也。盧注云：「愖猶忍也。」聘珍謂：左氏昭元年傳曰：「魯以相忍爲國也。」政出自家門者，論語曰「政逮於大夫」也。左氏昭三十二年傳曰：「魯文公薨，而東門遂殺適立庶，魯君於是乎失政。」非天是反，人自反。左氏宣十五年傳曰：「天反時爲災，民反德爲亂。」臣故曰：君無言情於臣，君無假人器，君無假人名。」左氏昭三十二年傳曰：「民不知君，何以得國。是以爲君慎器與名，不可以假人。」

公曰：「善哉！」

大戴禮記解詁卷十二

朝事第七十七

古者聖王明義，以別貴賤，以序尊卑，以體上下，然後民知尊君敬上，而忠順之行備矣。義，威儀也。先鄭司農注周禮云：「古者書『儀』但作『義』。」體猶分也。周禮曰：「以儀辨等，則民不越。」是故古者天子之官，有典命官掌諸侯之儀，大行人掌諸侯之儀，以等其爵，故貴賤有別，尊卑有序，上下有差也。周禮曰：「典命，中士二人。大行人，中大夫二人。」

典命諸侯之五儀，諸臣之五等，以定其爵，故貴賤有別，尊卑有序，上下有差也。典命職曰：「掌諸侯之五儀，諸臣之五等之命。」鄭注云：「五儀，公侯伯子男之儀。五等，謂孤以下四命、三命、再命、一命、不命也。故書『儀』作『義』，鄭司農『義』讀爲『儀』。」命：上公九命爲伯，其國家、宮室、車旌、衣服、禮儀皆以九爲節；諸侯、諸伯七命，其國家、宮室、車旌、衣服、禮儀，皆以七爲節；子、男五命，其國家、宮室、車旌、衣服、禮儀，皆以五爲節。鄭云：「上公，謂王之三公有德者，加命爲二伯。二王之後，亦爲上公。國家，國之所居，謂城方也。公之城，蓋方九里，宮方九百步；侯伯之城，蓋方七里，宮方七百步；子男之城，蓋方五里，宮方五百步。大行人職則有諸侯圭籍、冕服、建常、樊纓、貳車、介、牢禮、朝位之數焉。」王之三公八命，其卿六命，其大夫四命。及其封也，皆加一等。其國家、宮室、車旌、衣服、禮儀亦如之。封，出封也。鄭云：「四命，中、下大夫也。出封，出畿內，封於八州之中。加一等，褒有德也。大夫爲子男，卿爲侯伯，其在朝廷，則一如命數耳。王之上士三命，中士再命，下士一命。」凡諸侯之適子，省於天子，攝君，則下其君之禮一等；未省，則以皮帛繼子男。省，周禮作「誓」。鄭云：「誓，猶命也。言誓者，明天子既命以爲之嗣，樹子不易也。春秋桓九年，曹伯使其世子射姑來朝，行國君之禮是也。公之子如侯伯而執圭，侯伯之子如子男而執璧，子男之子與未誓者，皆次小國之君，執皮帛而朝會焉。其賓之皆以上卿之禮焉。」公之孤四命，以皮帛視小國之君，其卿三命，其大夫再命，士一命，其宮室、車旌、衣服、禮儀，各視其命之數。侯伯之卿大夫士亦如之。子男之卿再命，其大夫一命，其士不命，其宮室、車旌、衣服、禮儀，各如其命之數。大宗伯職曰：「孤執皮帛。」鄭注云：「皮帛者，束帛而表以皮爲之飾。皮，虎豹皮。帛，如今璧色繒也。」[一]鄭注典命云：「視小國之君者，列於卿大夫之位，而禮如子男也。鄭司農云：『九命上公得置孤卿一人。』春秋傳曰列國之卿當小國之君，固周制也。』玄謂王制曰：『大國三卿，皆命於天子，下大夫五人，上士二十七人。次國三卿，二卿命於天子，一卿命於其君，下大夫五人，上士二十七人。小國二卿，皆命於其君，下大夫五人，上士二十七人。』」

禮，大行人以九儀別諸侯之命，等諸臣之爵，以同域國之禮，而待其賓客。禮，謂周禮也。鄭云：「九儀，謂命者五，公、侯、伯、子、男也；爵者四，孤、卿、大夫、士也。」聘珍謂：「域國」周禮作「邦國」。說文云：「或，

[一]「今」原訛「甘」，據周禮大宗伯鄭注改。按：家刻本不誤。

邦也。」又作「域」，云「或又从土」。周禮小司徒「乃分地域」，鄭云：「故書『域』爲『邦』。」上公之禮，執桓圭九寸，繅藉九寸，冕服九章，建常九旒，樊纓九就，貳車九乘，介九人，禮九牢，其朝位賓主之閒九十步，饗禮九獻，食禮九舉。諸侯之禮，執信圭七寸，繅藉七寸，冕服七章，建常七旒，樊纓七就，貳車七乘，介七人，禮七牢，其朝位賓主之閒七十步，饗禮七獻，食禮七舉。諸伯執躬圭，其他皆如諸侯之禮。諸子執穀璧五寸，繅藉五寸，冕服五章，建常五旒，樊纓五就，貳車五乘，介五人，禮五牢，其朝位賓主之閒五十步，饗禮五獻，食禮五舉。諸男執蒲璧，其他皆如諸子之禮。鄭云：「繅藉，以五采韋衣板，若奠玉則以藉之。冕服，著冕所服之衣也。九章者，自山龍以下。七章者，自華蟲以下。五章者，自宗彝以下也。常，旌旗也。斿，其屬幓垂者也。樊纓，馬飾也，以罽飾之，每一處五采備，爲一就。就，成也。貳，副也。介，輔己行禮者也。禮，大禮饔餼也。三牲備爲一牢。朝位，謂大門外賓下車及王車出迎所立處也。王始立大門內，交擯三辭，乃乘車而迎之，齊僕爲之節。饗，設盛禮以飲賓也。九舉，舉牲體九飯也。」賈疏云：「禮九牢者，此謂饔餼大禮，朝享後乃陳於館。饗禮九獻者，謂後日王速賓，賓來就廟中行饗。饗者，亨大牢以飲賓，設几而不倚，爵盈而不飲，饗以示恭儉。九獻者，王酌獻賓，賓酢主人，主人酬賓，酬後更八獻，是爲九獻。食禮九舉者，亦亨大牢以食賓，無酒，行食禮之時，九舉牲體而食畢。」聘珍謂：大宗伯職曰：「公執桓圭，侯執信圭，伯執躬圭，子執穀璧，男執蒲璧。」鄭彼注云：「公，二王之後及王之上公。雙植謂之桓。桓，宫室之象，所以安其上也。桓圭，蓋亦以桓爲瑑飾，圭長九寸。『信』當爲『身』，聲之誤也。身圭、躬圭，蓋皆象以人形爲瑑飾，文有麤縟耳。欲其慎行以保身，圭皆長七寸。

轂，所以養人。蒲爲席，所以安人。二玉蓋或以轂爲飾，或以蒲爲瑑飾，璧皆徑五寸。不執圭者，未成國也。」凡大國之孤，執皮帛以繼小國之君。鄭云：「此以君命來聘者也。孤尊，既聘享，更自以其贄見，執束帛，而以豹皮表之爲飾。繼小國之君，言次之也。朝聘之禮，每一國畢，乃前。」諸侯之卿，禮各下其君二等，以下及大夫士皆如之。鄭云：「此亦以君命來聘者也。所下其君者，介與朝位賓主之閒也。其餘則自以其爵。聘義曰：『上公七介，侯伯五介，子男三介。』是謂使卿之聘之數也。朝位則上公七十步，侯伯五十步，子男三十步與？」

天子之所以明章著此義者，以朝聘之禮。是故千里之內，歲一見；千里之外，千五百里之內，二歲一見；千五百里之外，二千里之內，三歲一見；二千里之外，二千五百里之內，四歲一見；二千五百里之外，三千里之內，五歲一見；三千里之外，三千五百里之內，六歲一見。周禮曰：「邦畿方千里，其外方五百里，謂之侯服，歲一見。又其外方五百里，謂之甸服，二歲一見。又其外方五百里，謂之男服，三歲一見。又其外方五百里，謂之采服，四歲一見。又其外方五百里，謂之衞服，五歲一見。又其外方五百里，謂之要服，六歲一見。」鄭彼注云：「此六服去王城三千五百里，相距方七千里，公侯伯子男封焉。」聘珍謂：歲者，巡守之次歲以爲始也。侯服歲一見，周禮云千里之外五百里，此經云千里之內者，蓋王畿千里據四面相距而言也。此經舉一面五百里而言，則侯服得在千里之內。而六歲一見者，俱在去王城三千五百里之內，相距方七千里，非兩經之文違異也。各執其圭瑞，服其服，乘其輅，建其旌旂，施其樊纓，從其貳車，委積之以其牢禮之數，所以明別義也。服其服，冕服也。曾子問篇「孔子曰：諸侯適天子，冕而出視朝」。鄭彼注云：「諸侯朝天子，必裨冕，爲將廟受也。裨冕者，公衮，侯伯鷩，子男毳。」巾車職曰：「金路，鉤，樊纓九就，建大旂，以賓，同姓以封。象路，朱，樊纓七就，建大赤，以朝，異姓以封。革路，龍勒，條纓五就，建大白，以即戎，以封四衛。木路，前樊鵠纓，建大麾，以田，以封蕃國。」委積之以牢禮之數者，大行人職曰：「上公出入五積，侯伯出入四積，子男出入三積。」鄭彼注云：「出入，謂從來訖去也。每積有牢禮米禾芻薪，凡數不同者，皆降殺。」然後天子冕而執鎮圭，尺有二寸，藻藉尺有二寸，搢大圭，乘大輅，建大常十有二旒，樊纓十有再就，貳車十有二乘，率諸侯而朝日東郊，所以教尊尊也。冕謂玄冕。玉藻曰：「玄端而朝日於東門之外。」鄭彼注云：「『端』當爲『冕』，字之誤也。」典瑞職曰：「王晉大圭，執鎮圭，繅藉五采五就，以朝日。」鄭彼注云：「繅有五采文，以薦玉，木爲中幹，用韋衣而畫之。鄭司農云：『晉讀爲搢紳之搢，謂插於紳帶之閒，若帶劍也。』」玉人職曰：「大圭長三尺，杼上終葵首，天子服之。鎮圭尺有二寸，天子守之。」大輅，玉輅也。巾車職曰：「玉路，錫，〔一〕樊纓十有再就，建大常十有二斿，以祀。」鄭彼注云：「王在焉曰路。玉路以玉飾諸末。樊讀如鞶帶之鞶，謂今馬大帶也。鄭司農云：『纓謂當胸。士喪禮下篇曰「馬纓三就」，禮家說曰「纓當胸，以削革爲之。三就，三重三匝也。」』玄謂纓，今馬鞅。玉路之樊及纓，皆以五采罽飾之十二就。就，成也。大常，九旗之畫日月者。正幅爲縿，斿則屬焉。」聘珍謂：貳車，副車也。車僕職曰：「凡師，共革車，各以其萃，會同亦如之。」鄭彼注云：「萃猶副也。」覲禮曰：「天子乘龍，載大旂，象日月升龍降龍，出拜日於東門之外。」鄭彼注云：「此謂會同以春者也。」退而朝諸侯。爲壇三成，宮旁一門。退，朝日而退也。司儀職曰：「將合諸侯，則令爲壇三成，宮旁一門。」覲禮曰：「諸侯覲於天子，

〔一〕「錫」原訛「錫」，據周禮巾車改。

爲宮方三百步，四門，壇十有二尋，深四尺。」鄭彼注云：「四時朝覲，受之於廟，此謂時會殷同也。宮，謂壝土爲埒，以象牆壁也。爲宮者於國外，春東方，夏南方，秋西方，冬北方。司儀職曰「爲壇三成」，成猶重也。三重者，自下差之爲三等，而上有堂焉。」天子南鄉見諸侯，土揖庶姓，〔一〕時揖異姓，天揖同姓，所以別親疏外內也。鄭云：「王揖之者，定其位也。庶姓，無親者也。土揖，推手小下之也。異姓，昏姻也。時揖，平推手也。〔二〕天揖，推手小舉之。」公侯伯子男各以其旂就其位：諸公之國，中階之前，北面東上；諸侯之國，東階之東，西面北上；諸伯之國，西階之西，東面北上；諸子之國，門東，北面東上；諸男之國，門西，北面東上。覲禮曰：「上介皆奉其君之旂置於宮，尚左，公侯伯子男皆就其旂而立。」鄭彼注云：「置於宮者，建之，豫爲其君見王之位也。諸公中階之前，北面東上；諸侯東階之東，西面北上；諸伯西階之西，東面北上，諸子門東，北面東上；諸男門西，北面東上。尚左者，建旂公東上，侯先伯，伯先子，子先男，而位皆上東方也。諸侯入壝門，或左或右，各就其旂而立。」及其將幣也，公於上等，所以別貴賤，字尊卑也。司儀職曰：「及其擯之，各以其禮，公於上等，侯伯於中等，子男於下等，其將幣亦如之。」鄭彼注云：「壇三成，深四尺，則一等一尺也。壇十有二尋，方九十六尺，則堂上二丈四尺，每等丈二尺與？」聘珍謂：此不言侯伯子男者，經有闕文也。奠圭降拜，升，成拜，明臣禮也。覲禮曰：「侯氏入門右，坐奠圭，再拜稽首。擯者謁。侯氏坐取圭，升致命，王受之玉。侯氏降階東，北面再拜稽首，擯者

〔一〕「土」原訛「士」，據周禮司儀改。按：家刻本不誤。

〔二〕「手」原訛「首」，據周禮司儀鄭注改。按：家刻本不誤。

延之曰升，升成拜，乃出。」奉國地所出重物而獻之，明臣職也。大行人職曰，侯服貢祀物，甸服貢嬪物，男服貢器物，采服貢服物，衞服貢材物，要服貢貨物是也。肉袒入門而右，以聽事也。覲禮曰：「右肉袒於廟門之東，乃入門右，北面立，告聽事。」鄭彼注云：「告聽事者，告王以國所用爲罪之事也。」明臣禮，職臣事，所以教臣也。樂記曰：「朝覲然後諸侯知所以臣。」率而祀天於南郊，配以先祖，所以教民報德不忘本也。率而享祀於太廟，所以教孝也。祀天南郊，謂建寅之月祀感生帝也。大傳曰「王者禘其祖之所自出，以其祖配之」是也。太廟，明堂也。孝經曰：「昔者周公郊祀后稷以配天，宗祀文王於明堂以配上帝。是以四海之內，各以其職來祭。」注云：「君行嚴配之禮，則德教刑於四海，海內諸侯各修其職來助祭也。」與之大射，以考其習禮樂，而觀其德行；與之圖事，以觀其能；儐而禮之，三饗三食三宴，以與之習立禮樂。司裘職曰：「王大射，則共虎侯、熊侯、豹侯，設其鵠。」鄭彼注云：「大射者，爲祭祀射。王將有郊廟之事，以射擇諸侯及羣臣與邦國所貢之士可以與祭者。射者可以觀德行，其容體比於禮，其節比於樂，而中多者，得與於祭。」與之圖事者，諸侯有不順服，王將有征討之事，則既朝而發禁命事焉。儐，進也。禮，謂以酒禮之也。大行人職曰「王禮上公再祼而酢，侯伯壹祼而酢，子男壹祼不酢」是也。覲禮曰「饗禮乃歸」，鄭彼注云：「禮，謂食宴也。王不親以其禮幣致之。略言饗禮，互文也。掌客職曰：『上公三饗三食三燕，侯伯再饗再食再燕，子男一饗一食一燕。』」與之習立禮樂者，左傳曰：「王饗有體薦，宴有折俎，饗以訓恭儉，宴以示慈惠。」又曰「名位不同，禮亦異數」也。樂師職曰：「饗食諸侯，序其樂事，令奏鐘鼓，令相，〔一〕如祭之儀。」是

〔一〕「令」原訛「介」，據周禮樂師改。按：家刻本不誤。

故一朝而近者三年，遠者六年，有德焉，禮樂爲之益習，德行爲之益脩，天子之命爲之益行。然後使諸侯世相朝，交歲相問，殷相聘，以習禮考義，正刑一德，以崇天子。故曰朝聘之禮者，所以正君臣之義也。交猶更也。大行人職曰：「凡諸侯之邦交，歲相問也，殷相聘也，世相朝也。」鄭彼注云：「小聘曰問。殷，中也。久無事，又於殷朝者，及而相聘也。父死子立曰世。凡君卽位，大國朝焉，小國聘焉。此皆所以習禮考義，正刑一德，以尊天子也。必擇有道之國而就修之。」鄭司農說殷聘以春秋傳曰『孟僖子如齊殷聘』是也。」

諸侯相朝之禮，各執其圭瑞，服其服，乘其輅，建其旌旂，施其樊纓，從其貳車，委積之以其牢禮之數，所以別義也。執其圭瑞者，典瑞職曰：「公執桓圭，侯執信圭，伯執躬圭，子執穀璧，男執蒲璧，以朝覲宗遇會同於王，諸侯相見亦如之。」服其服者，皮弁服也。曾子問篇曰：「諸侯相見朝服而出視朝。」孔疏云：「熊氏云：『此朝服謂皮弁服，以天子用以視朝，故謂之朝服。』論語曰：『吉月必朝服而朝。』注云：『朝服，皮弁服也。』必知朝服皮弁服者，聘禮諸侯相聘皮弁服，明相朝亦皮弁服，此義爲勝也。」少曰委，多曰積。凡諸侯之禮，上公五積，侯伯四積，子男三積。牢禮之數，周禮掌客備焉。介紹而相見，君子於其所尊，不敢質，敬之至也。介紹相見者，郊勞、將幣皆交擯，各陳介傳辭也。聘義曰：「聘禮上公七介，侯伯五介，子男三介。」鄭彼注云：「此皆使卿出聘之介數也。大行人職曰：『凡諸侯之卿，其禮各下其君二等。』」孔疏云：「若上公親行則九介，侯伯子男以次差之，義可知也。」君使大夫迎於境，卿勞於道，君親郊勞致館，迎卽勞之。道謂遠郊。司儀職曰：「凡諸公相爲賓，主國再勞。」鄭彼注云：「行道則勞，其禮皆使卿大夫致之。」賈疏云：「此再勞，一勞在境，一勞在遠郊。其近郊勞，當主君親爲之也。」司儀職曰

「主君郊勞，交擯三辭，車逆，拜辱，三揖，三辭，拜受；車送，三還再拜。致館亦如之。」鄭彼注云：「主君郊勞，備三勞而親之也。館，舍也。使大夫授之，君又以禮親致焉。」及將幣，拜迎於大門外而廟受，北面拜貺，所以致敬也。三讓而後升，所以致尊讓也。敬讓也者，君子之所以相接也。諸侯相接以敬讓，則不相侵陵也。此天子之所以養諸侯，兵不用而諸侯自爲正之具也。司儀職曰：「及將幣，交擯三辭，車逆拜辱，賓車進，答拜。三揖三讓，每門止一相。及廟，唯上相入。賓三揖三讓登，再拜，授幣，賓拜送幣，每事如初，賓亦如之。及出，車送，三請三進，再拜，賓三還三辭，告辟。」賈疏云：「及，至也。至將幣，謂賓初至館，後日行朝禮之時，故云至將幣。幣即圭璋也。」君親致饔既、還圭，饗食、致贈、郊送，所以相與習禮樂也。「既」讀曰「餼」。鄭云：「大禮曰饔餼。」賈云：「以其有腥有牽，芻薪米禾又多，故曰大禮。」司儀職曰：「致饔餼、還圭、饗食、致贈、郊送，皆如將幣之儀。」鄭彼注云：「此六禮者，惟饗食速賓耳，其餘主君親往。親往者，賓爲主人，主人爲賓。君如有故，不親饗食，則使大夫以酬幣侑幣致之。鄭司農云：『還圭，歸其玉也。』玄謂聘以圭璋，禮也。享以璧琮，財也。已聘而還圭璋，輕財而重禮。贈之以財，既贈又送至於郊。」聘珍謂：鄭云「饗食速賓」者，述聘禮文也。聘禮使卿，其禮各下其君，故主君或不親饗食。此經是諸侯相朝，其君親來，禮數不同，饗食皆君親之，故經文云「君親」也。諸侯相與習禮樂，則德行修而不流也。故天子制之而諸侯務焉。射義曰：「夫君臣習禮樂而以流亡者，未之有也。」聘禮鄭三禮目錄云：「大問曰聘。諸侯相於久無事，使卿相問之禮也。小聘則使大夫焉。」上公七介，侯伯五介，子男三介，所以明貴賤也。鄭云：「此皆使卿出聘之介數也。」介紹而傳命，君子於其所尊，不敢質，敬之至也。鄭云：「賓謂正自相當。」三讓而後傳命，三讓而後入廟門，三揖而後至階，三讓而後升，所以致尊讓也。鄭云：「此揖讓，主謂賓也。三讓而後傳命，賓至大門，主人請事時也。賓見主人陳擯以大客禮當己，則三讓之；不得命，乃傳其君之聘命也。三讓而後入廟門，讓主人廟受也。」君使士迎於境，大夫郊勞，君親拜迎大門之內，而廟受，北面拜貺，拜君命之辱，所以致敬讓也。鄭云：「貺，賜也。賓致命，公當楣再拜，拜聘君之恩惠，辱命來聘者也。」致敬讓者，君子之所以相接也。故諸侯相接以敬讓，則不相侵陵也。鄭云：「君子之相接，賓讓而主人敬也。」卿爲上擯，大夫爲丞擯。聘禮、聘義竝有「士爲紹擯」。鄭注聘禮云：「擯爲主國之君所使出接賓者也。主君公也，則擯者五人；侯伯也，則擯者四人；子男也，則擯者三人。於是時，賓出次，直闑西，北面；上擯在闑東闑外，西面。其相去也，公之使者七十步，侯伯之使者五十步，子男之使者三十步。此旅擯耳，不傳命。上介在賓西北，東面；承擯在上擯東南，西面。各自次序而下。末介、末擯旁相去三丈六尺。上擯之請事，進，南面揖賓，俱前。賓至末介，上擯至末擯，亦相去三丈六尺。止揖而請事，還入告於公。天子，諸侯朝覲，乃命介紹傳命耳。其儀各鄉本君受命，反面傳而下，及末，則卿受之，反面傳而上，又受命傳而下。」君親醴賓，孔氏聘義疏云：「行聘已訖，君親執醴以禮賓，故聘禮賓行聘訖，宰夫徹几改筵，公出迎賓以入，公側受醴，賓受醴，公拜送醴是也。」賓私面、私覿，孔云：「私面，謂私以己禮面見主國之卿大夫也。〔一〕私覿者，私以己禮覿主國之君。以其非公聘正禮，故謂之私。案聘禮私面在後，此先云私面者，記者便文，無義例也。」致饔餼，孔云：「行聘之日，主君使卿致饔餼之禮於賓

〔一〕「面見」原訛「亦見」，據禮記聘義孔疏改。

館。案聘禮『君使卿韋弁歸饔餼五牢』。注云：『牲殺曰饔，生曰餼。』又曰『飪一牢，鼎九，設於西階前；腥二牢，鼎二七，設於阼階前；餼二牢，陳於門西，北面東上』是也。」既還圭璋賄贈，孔云：「賓將去時，君使卿就賓館，還其所聘之圭璋，故聘禮云『君使卿皮弁還玉於館』是也。賄贈者，因其還玉之時，主人之卿并以賄而往；還玉既畢，以賄贈之，故聘禮還圭璋畢，大夫賄用束紡是也。」饗食燕，孔云：「謂主君設大禮以饗賓，設食禮以食賓，皆在朝也。又設燕以燕之，燕在寢也。故聘禮云『公於賓一食再饗，燕與羞俶獻無常數』是也。」所以明賓主君臣之義也。孔云：「君親禮賓，賓用私覿及致饔餼饗食之屬，〔一〕或主敬賓，或賓答主人，或君親接賓，或使臣致之，是顯明賓客君臣之義也。」故天子之制，諸侯交歲相問，殷相聘，相厲以禮。使者聘而誤，主君不親饗食，所以恥厲之也。諸侯相厲以禮，則外不相侵，內不相陵，此天子所以養諸侯，兵不用而諸侯自爲正之具也。聘義曰：「比年小聘，三年大聘。」鄭彼注云：「比年小聘，所謂歲相問也；三年大聘，所謂殷相聘也。」以圭璋聘，重禮也；已聘而還圭璋，輕財重禮之義也。諸侯相厲以輕財重禮，則民作讓矣。鄭云：「圭，瑞也。尊圭璋之類也，用之還之〔二〕，皆爲重禮。禮必親之，不可以己之有，遙復之也。財，謂璧琮享幣也。受之爲輕財者，財可遙復，重賄反幣是也。」主國待客，出入三積，既客於舍，五牢之具陳於內，米三十車，禾三十車，芻薪倍禾，皆陳於外，乘禽日五雙，羣介皆餼牢，壹食再饗，宴與時賜無數，所以厚重禮也。

〔一〕「賓」原涉上而脫，據禮記聘義孔疏補。

〔二〕「還」原訛「遝」，據禮記聘義鄭注改。按：家刻本不誤。

孔云：「此謂上公之臣，故出入三積。若侯伯以下之臣，則不致積也。故司儀云：『諸公之臣，相爲國客，則三積。』注云『侯伯之臣不致積也』者，謂聘禮是侯伯之臣，故文無致積也。此出入三積者，謂入三積，出亦三積，故司儀云『遂行，如入之積』，是去之積如來時積也。聘禮飱客有饗有飱，今直云飱客者，略言之。於舍，謂於賓館也。五牢之具，謂飪一牢在賓館西階也，腥二牢在賓館東階也，飱二牢在賓館門內之西，是皆陳於內也。聘禮：米三十車設於門東，東陳，禾三十車設於門西，西陳。芻薪倍禾者，鄭注：『薪從米，芻從禾。』乘禽日五雙者，謂乘行羣匹之禽，雁鶩之屬，聘卿則每日致五雙也。羣介皆有飱牢者，鄭注掌客云：『爵卿也，則飧二牢，饔飱五牢；爵大夫也，則飧大牢，饔飱三牢；爵士也，則飧少牢，饔飱大牢也。』」鄭云：「厚重禮厚，此聘禮也。」古之用財不能均如此，然時用財如此其厚者，言盡之於禮也。盡之於禮，則內君臣不相陵，而外不相侵，故天子制之而諸侯務焉。鄭云：「不能均如此，言無則從其實也。言盡之於禮，欲令富者不得過也。」

古者大行人掌大賓之禮及大客之義，以親諸侯。「義」讀曰「儀」。鄭云：「大賓，要服以內諸侯。大客，謂其孤卿。」春朝諸侯而圖天下之事，秋覲以比邦國之功，夏宗以陳天下之謀，冬遇以協諸侯之慮，時會以發四方之禁，殷同以施天下之政，鄭云：「此六事者，以王見諸侯爲文。圖、比、陳、協，皆考績之言。王者春見諸侯，則圖其事之可否，秋見諸侯則比其功之高下，夏見諸侯則陳其謀之是非，冬見諸侯則合其慮之異同。六服以其朝歲，四時分來，更迭如此而徧。時會卽時見也，無常期。諸侯有不順服者，王將有征討之事，則既朝，王命爲壇於國外，合諸侯而發禁命事焉。禁，謂九伐之法。殷同卽殷見也。王十二歲一巡守，若不巡守則殷同。殷同者，六服盡朝，既朝，王亦命爲壇於國外，合諸侯而命其政。政，謂邦國之九法。殷同，四時四方分來，歲終則徧矣。九伐九法皆在司馬職。司馬法曰：『春以禮朝諸侯，圖同事；夏以禮宗諸侯，陳同謀；秋以禮覲諸侯，比同功；冬以禮遇諸侯，協同慮；時以禮會諸侯，施同政；殷以禮宗諸侯，發同禁。』」時聘以結諸侯之好，殷眺以成邦國之貳，周禮「眺」作「頫」，「成」作「除」，「貳」作「慝」。鄭云：「此二事者，亦以王見諸侯之臣使來者爲文也。時聘者亦無常期。天子有事，諸侯使大夫來聘，親以禮見之，禮而遣之，所以結其恩好也。天子無事則已。殷頫，謂一服朝之歲也。慝猶惡也。一服朝之歲，五服諸侯皆使卿以聘禮來頫天子，天子以禮見之，命以政禁之事，所以除其惡行。」閒問以諭諸侯之志，歸脤以教諸侯之福，賀慶以贊諸侯之喜，致會以補諸侯之災。周禮「教」作「交」，「會」作「禬」，「災」作「烖」。鄭云：「此四者，王使臣於諸侯之禮也。閒問者，閒歲一問諸侯，謂存省之屬。諭諸侯之志者，諭言語、諭書名，其類也。交，或往或來者也。贊，助也。致禬，凶禮之弔禮、禬禮也。補諸侯烖者，若春秋澶淵之會，謀歸宋財。」聘珍謂：穀梁定十四年經曰：「天王使石尚來歸脤。」范注云：「脤，祭肉。」天子之所以撫諸侯者，歲徧在；三歲徧眺；五歲徧省；七歲屬象胥，喻言語，叶辭令；九歲屬瞽史，諭書名，聽音聲；十有一歲，達瑞節，同度量，成牢禮，同數器，修法則；十有二歲，天子巡狩殷國。周禮「在」作「存」，「眺」作「頫」，「喻」作「諭」，「令」作「命」，「叶」作「協」。鄭云：「撫猶安也。存、頫、省者，王使臣於諸侯之禮，所謂閒問也。歲者，巡狩之明歲以爲始也。屬猶聚也。自五歲之後，遂閒歲徧省也。七歲省而召其象胥，九歲省而召其瞽史，皆聚於天子之宮，教習之也。故書『協辭命』作『叶詞命』。鄭司農云：『象胥，譯官也。「叶」當爲「汁」，「詞」當爲「辭」，書或爲「叶辭命」。』」玄謂『胥』讀爲『諝』。王制曰：『五方之民，言語不通，嗜慾不同，達其志，通其慾。東方曰寄，南方曰象，西方曰狄鞮，北方曰譯。』此官正爲象者，周始有越重譯而來獻，是因通言語之官爲象胥云。諝，謂象之有才知者也。辭命，六辭之命也。瞽，樂師也。史，太史、小史也。書名，書之字也，古曰名。聘禮曰：『百名以上，至十一歲，又徧省焉。』度，丈尺也。量，豆區釜也。數器，銓衡也。法，八法也。則，八則也。達、同、成、修，皆謂齊其法式，行至則齊等之也。成，平也，平其僭踰者也。王巡守，諸侯會者各以其時之方。書曰『遂覲東后』是也。其殷國，則四方四時分來如平時。」是故諸侯上不敢侵陵，下不敢暴小民。然後諸侯之國，札喪則令賻補之，凶荒則令賙委之，師役則令槁禬之，有福事則令慶賀之，有禍災則令哀弔之。凡此五物者，治其事故。此與下節，竝小行人使適四方之事。鄭云：「故書『賻』作『傅』，『槁』爲『稾』。鄭司農云：『賻補之，謂賻喪家，補助其不足也。若今時一室二尸，則官與之棺也。「稾」當爲「犒」，謂犒師也。』玄謂師役者，國有兵寇以匱病者也，使鄰國合會財貨以與之。春秋定五年夏，歸粟於蔡是也。宗伯職曰：『以禬禮哀圍敗。』禍災，水火。」聘珍謂：故，舊典也。王使臣適諸侯之國，若遇此五事，則據舊典而行之。及其萬民之利害爲一書，其禮俗、政事、教治、刑禁之逆順爲一書，其悖逆、暴亂、作慝、欲犯令者爲一書，其札喪、凶荒、厄貧爲一書，其康樂、和親、安平爲一書。凡此五物者，每國別異之，天子以周知天下之政。「欲」周禮作「猶」。鄭云：「慝，惡也。猶，圖也。」賈疏云：「此總陳小行人使適四方，所陳風俗善惡之事，各各條録，別爲一書，以報其上也。」是故諸侯附於德，服於義，則天下太平。附，歸附也。服，從也。平，成也，和也。古者天子，爲諸侯不行禮義，不脩法度，不附於德，不服於義，故使射人以射禮選其德行，職方氏、大行人以其治國，選其能功。周禮：射人，下大夫二人，以射法治射儀。職方氏，中大夫四人，辨九州之國，使同貫利。諸侯之得失治亂定，然後明九命之賞以勸之，明九伐之法以震威之。尚猶有不附於德不服於義者，則使掌交說之，故諸侯莫不附於德服於義者。此天子之所以養諸侯，兵不用而諸侯自爲政之法也。盛德曰：「古者天子常以季冬考德，以觀治亂得失。凡德盛者治也，德不盛者亂也，德盛者得之也，德不盛者失之也。是故君子考德，而天下之治亂得失可坐廟堂之上而知也。」九命者，大宗伯職曰：「以九儀之命，正邦國之位。壹命受職，再命受服，三命受位，四命受器，五命賜則，六命賜官，七命賜國，八命作牧，九命作伯。」九伐之法者，大司馬職曰：「以九伐之法正邦國。馮弱犯寡則眚之，賊賢害民則伐之，暴內陵外則壇之，野荒民散則削之，負固不服則侵之，賊殺其親則正之，放弑其君則殘之，犯令陵政則杜之，外內亂、鳥獸行則滅之。」震威者，左氏襄十一年傳曰：「武震以攝威之。」周禮：「掌交，中士八人，掌以節與幣，巡邦國之諸侯及其萬民之所聚者，道王之德意志慮，使咸知王之好惡，辟行之。」

投壺第七十八

投壺之禮：

主人奉矢，司射奉中，使人執壺。鄭云：「矢，所以投者也。中，士則鹿中也。射人奉之者，投壺，射之類也。其奉之西階上，北面。」陸釋文云：「壺，器名。以矢投其中，射之類。」孔疏云：「鄉射記云：『大夫兕中，士鹿中。』此篇

投壺是大夫、士之禮，故云『士則鹿中』，不云兕中者，略之也。中之形，刻木爲之，狀如兕鹿而伏，背上立圓圈以盛算。〔一〕

主人請曰：「某有枉矢哨壺，請樂賓。」賓曰：「子有旨酒嘉殽，又重以樂，敢辭。」鄭云：「燕飲酒，既脫屨升坐，主人乃請投壺也。否則或射，所謂燕射也。枉、哨，不正貌，爲謙辭也。」主人曰：「枉矢哨壺，不足辭也，敢以請。」賓曰：「某賜旨酒嘉殽，又重以樂，敢固辭。」鄭云：「固之言如故也。如故辭者，重辭也。」主人曰：「枉矢哨壺，不足辭也，敢固以請。」賓對曰：「某固辭不得命，敢不敬從。」鄭云：「不得命，不以命見許。」賓再拜受，主人般還曰避。鄭云：「賓再拜受，拜受矢也。主人既辟，進授矢兩楹之閒也。」孔疏云：「主人見賓之拜，乃般曲折還，謂賓曰『今辟而不敢受。』」主人阼階上再拜送，賓般還曰避。鄭云：「拜送，送矢也。辟亦於其階上。」已拜，受矢，進卽兩楹閒，退，反位，揖賓就筵。鄭云：「主人既拜送矢，又自受矢。進卽兩楹閒者，言將有事於此也。退乃揖賓卽席，欲與偕進，明爲偶也。賓席主人席皆南鄉，閒相去如射物。」

司射進度壺，反位。設中，執八算。小戴作「度壺，閒以二矢半。設中東面。」鄭云：「度壺，度其所設之處也。壺去坐二矢半，則堂上去賓席、主人席斜行各七尺也。反位，西階上位也。設中東面。〔二〕既設中，亦實八算於中，橫委其餘於中西。執算而立，以請賓俟投。」請於賓曰：「奏投壺之令曰：順投爲入，比投不釋算。勝

〔一〕「上」原訛「土」，據禮記投壺孔疏改。按：家刻本不誤。

〔二〕「面」原訛「西」，據禮記投壺鄭注改。按：家刻本不誤。

飲不勝。正爵既行，請爲勝者立馬，三馬既立，慶多馬。」請主人亦如之。鄭云：「請猶告也。順投，矢本入也。比投，不拾也。勝飲不勝，言以能養不能也。正爵，所以正禮之爵也。或以罰，或以慶。馬，勝算也。謂之馬者，若云技藝如此，任爲將帥乘馬也。射投壺皆所以習武，因爲樂。」聘珍謂：小戴無「奏投壺之令曰」。奏，進也。令，辭也。投壺古屬嘉禮，必有文辭，此其是也。小戴無此，失之矣。命弦者曰：「請奏貍首，間若一。」太師曰：「諾。」鄭云：「弦，鼓瑟者也。貍首，詩篇名也，今逸，射義所云『詩曰曾孫侯氏』是也。間若一者，投壺當以爲志取節焉。孔疏云：「間若一者，謂前後樂節中間疏數如似一也。投壺者，當聽瑟以爲志，取投合於樂節，故頌中間若一也。」

左右告矢具，請拾投，有入者，則司射坐而釋一算焉。賓黨於右，主黨於左。鄭云：「拾，更也。告矢具請更投者，司射也。司射東面立，釋算則坐。以南爲右，北爲左也。已投者退，各反其位。」

卒投，司射執餘算曰：「左右卒投，請數。」二算爲純，一純以取，一算爲奇。有勝則司射以其算告曰：「某黨賢於某黨，賢若干純。」奇則曰奇，鈞則曰左右鈞。鄭云：「卒，已也。賓主之黨畢已投，司射又請數其所釋左右算，如數射算。一純以取，實於左手，十純則縮而委之，每委異之，有餘則橫諸純下，一算爲奇，奇則縮諸純下。兼斂左算，實於左手，一純以委，十則異之，其它如右獲。畢，則司射執奇算，以告於賓與主人也。鈞猶等也。等則左右手各執一算以告。」

舉手曰：「諸勝者之弟子，爲不勝者酌。」酌者曰：「諾。」鄭云：「司射又請於賓與主人，以行正爵。酌者，勝黨之弟子。」已酌，皆請舉酒。當飲皆跪奉觚曰：「賜灌。」勝者跪曰：「敬養。」鄭云：「酌者亦酌奠於豐上，不勝者坐取，乃退而跪飲之。灌猶飲也。言賜灌者，服而爲尊敬辭也。周禮曰「以灌賓客」。賜灌、敬養各與其耦於西階上，如飲射爵。」聘珍謂：「觚」當爲「觥」，小戴作「觴」。許氏五經異義云：「觴，餉也。觥亦五升，所以罰不敬。觥，廓也，所以著明之貌。君子有過，廓然明著。非所以餉，不得名觴。」

司正曰：「正爵既行，請爲勝者立馬。」各直其算上，一馬從二馬以慶。慶禮曰：「三馬既立，請慶多馬。」賓主人皆曰諾。鄭云：「飲不勝者畢，司射又請爲勝者立馬，當其所釋算時也。三立馬者，投壺如射，亦三而止也。三者，一黨不得三勝，其一勝者并其馬於再勝者以慶之，明一勝不得慶也。飲慶爵者偶親酌，不使弟子，無豐。」孔疏云：「『請立馬』者，是司射請辭。『各直其算，一馬從二馬以慶』，是禮家陳事之言也。『慶禮曰三馬既立，請慶多馬』，此還是司正請辭。」正爵既行，請徹馬，周則復始。鄭云：「投壺禮畢，可以去其勝算也。既徹馬，無算爵乃行。」

既算，算多少視其坐。鄭云：「算用當視坐投壺者之衆寡爲數也。投壺者人四矢，亦人四算。」

籌八分，堂上七扶，室中五扶，庭中九扶。鄭云：「籌，矢也。鋪四指曰扶，一指按寸。春秋傳曰『膚寸而合』。投壺者或於室，或於堂，或於庭，其禮褻，隨晏早之宜，無常處。」算長尺二寸。鄭云：「其節三扶可也。或曰算長尺有握。握，數也。」聘珍謂：握，四寸也。「數」當爲「素」。鄉射禮記曰：「箭籌八十，長尺有握，握素。」鄭彼注云：「籌，算也。握，本所持處也。素，謂刊之也。」

堂下司正、司射、庭長及冠士立者，皆屬賓黨；樂人及童子、使者，皆屬主黨。鄭云：「使者，主人所使薦羞者。樂人，國子能爲樂者。此皆與於投壺。」

降揖，其阼階及樂事，皆與射同節。皇侃云：「投壺與射爲類也。」

壺中置小豆，爲其矢躍而去也。鄭云：「實以小豆，取其滑且堅。」壺去席二矢半。矢以柘若棘，無去其皮，大七分。鄭云：「取其堅且重也。舊説云：矢大七分，或以棘，取其節。」

曾孫侯氏，今日泰射，干一張，侯參之。曰：「今日泰射，四正具舉。大夫君子，凡以庶士。小大莫處，御于君所。以燕以射，則燕則譽。質參既設，執旌既載。大侯既亢，中獲既置。」此以下至「既獲卒莫」，並曾孫之詩，諸侯之射節也。孔氏射義疏以爲貍首之詩是也。中間「壺脰修七寸」已下二十四字，當爲錯簡。云「曾孫侯氏，今日泰射，干一張侯參之」者，乃本詩之序也。諸侯將祭，亦以射擇卿大夫士。爲有事於宗廟，故稱曾孫。泰，大也。干一張，謂張一豻侯也。射人職曰：「士以三耦射豻侯。」鄭彼注云：「大射禮『豻』作『干』，讀如『宜豻宜獄』之豻。豻，胡犬也。士與士射，則以豻皮飾侯。侯參之者，謂熊侯、豹侯與豻侯爲三也。司裘職曰「諸侯則共熊侯、豹侯」是也。曰，詩辭也。鄭云：「四正，正爵四行也。四行者，獻賓，獻公，獻卿，獻大夫，乃後樂作而射也。莫處，無安居其官次者也。御猶侍也。以燕以射，先行燕禮乃射也。則燕則譽，言國安則有名譽。」聘珍謂：質參既設者，質，正也。鄭注大射儀云：「『參七十』，『參』讀爲『糝』，糝，雜也。雜侯者，豹鵠而麋飾。」設，張也。執旌既載者，析羽爲旌，載亦設也。鄉射記曰：「君射於郊，以旌獲。」大射儀曰：「司馬師命負侯者執旌以負侯。」詩曰「大侯既抗」，毛傳云：「大侯，君侯也。抗，舉也。」鄭箋云：「舉者，舉鵠而棲之於侯也。」大射儀曰：「公射大侯，大夫射參，士射干。」中獲既置者，中謂閭中，受算之器。鄉射記曰：「君射於郊則閭中。」鄭彼注云：「於郊謂大射也。閭，獸名。」獲，謂算也。古文「獲」作「算」，大射儀曰「釋獲者遂以所執餘獲」，鄭彼注云：「古文曰餘算。」壺脰脩七寸，口徑二寸半，壺高尺二寸，受斗五升，壺腹脩五寸。此錯簡，當在「曾孫侯氏」之前。脰，頸也。小戴「脰」作「頸」。鄭云：「脩，長也。腹容斗五升，三分益一，則爲二斗，得圜囷之象，積三百二十四寸也。以腹脩五寸約之，所得求其圜周，圜周二尺七寸有奇，是爲腹徑九寸有餘也。」「弓既平張，四侯且良。決拾有常，既順乃讓。乃揖乃讓，乃隮其堂。乃節其行，既志乃張。射夫命射，射者之聲。獲者之旌，既獲卒莫。」此節亦是貍首之詩，當在「中獲既置」之下，錯簡在此。「侯」讀曰「鍭」。詩曰「既挾四鍭」。爾雅曰：「金鏃翦羽謂之鍭。」決拾有常者，毛詩傳云：「拾，遂也。」鄭注大射儀云：「決猶闓也。以象骨爲之，著右巨指，所以鉤弦而闓之。遂，射韝也。以朱韋爲之，著左臂，所以遂弦也。」順，敘也，陳也。既順乃讓，謂請射、納器、誓射、比耦、誘射之後，射者乃揖讓而升堂也。節其行者，上射升堂，少左，下射升堂，上射揖，並行。既志，謂內志正也。乃張者，持弓矢審固也。射夫卽司射也。命射者，命以樂節射也。大射儀曰「司射適堂下，北面眂上射，命曰：不鼓不釋」是也。射者之聲，謂射之以樂循聲而發也。獲者之旌，謂舉旌以宮，偃旌以商也。既獲者，既釋獲也。

凡雅二十六篇。其八篇可歌，歌鹿鳴、貍首、鵲巢、采蘩、采蘋、伐檀、白駒、騶虞；八篇廢，不可歌；七篇商、齊，可歌也；三篇閒歌。史辟、史義、史見、史童、史謗、史賓、拾聲、叡挾。此義未聞。古者諸侯之射也，必先行燕禮；卿大夫士之射也，必先行鄉飲酒之禮。案儀禮，樂凡四節。工歌鹿鳴、四牡、皇華，所謂升歌三終也。笙入堂下，磬南北面立，樂南陔、白華、華黍，所謂笙入三終也。笙入三終之後，閒：歌魚麗，笙由庚，〔一〕歌南有嘉魚，笙崇丘，歌南山有臺，笙由儀。歌笙相禪，故曰閒，所謂閒歌三終也。乃合樂周南：關雎、葛覃、卷耳；召南：鵲巢、采蘩、采蘋。堂上堂下歌瑟及笙竝作，所謂合樂三終也。笙入立於堂下磬南北面者，鄉飲酒禮也；笙入立於縣中者，燕禮也。

魯命弟子辭曰：「無荒無慠，無倨立，無踰言。若是者，有常爵。」小戴「荒」作「幠」，「慠」作「敖」，「倨」作「偝」。更有「薛令弟子辭曰，毋幠毋敖，毋偝立，毋踰言，若是者浮」。鄭云：「弟子，賓黨主黨年穉者也。爲其立堂下相褻慢，司射戒令之。謂魯薛者，禮衰乖異，不知孰是也。幠、敖，慢也。偝立，不正鄉前也。踰言，遠談語也。常爵，常所以罰人之爵也。」

「嗟爾不寧侯，爲爾不朝於王所，故亢而射女，强食，食爾曾孫侯氏百福。」此祭侯之辭也。大射儀：司馬實爵，而獻獲者於侯，薦脯醢，折俎，獲者執以祭侯。考工記曰：「祭侯之禮，以酒脯醢。其辭曰：『惟若寧侯，毋或若女不寧侯，不屬於王所，故抗而射女，〔二〕强飲强食，詒女曾孫諸侯百福。』」

〔一〕「由」原訛「猶」，據儀禮鄉飲酒禮改。按：家刻本不誤。

〔二〕「抗」原訛「杭」，據考工記梓人改。

公符第七十九

公冠自爲主，迎賓，揖升自阼，立于席。士冠禮，將冠者之父兄爲主人，迎賓出門左，西面再拜。至于廟門，揖入，立于序端，西面。此經云立于席者，盧注云：「入堂深，異於士。」既醴，降自阼。士冠禮，賓醴冠者，冠者奠觶于薦東，降筵，北面坐取脯，降自西階。此經云降自阼者，盧注云：「君尊，故其降也不使就賓階也。」

其餘自爲主者，其降也自西階以異，其餘皆與公同也。下經云：「太子與庶子，其冠皆自爲主。」盧注云：「自西階以異，不敢終於正。其餘與公同者，謂迎賓、升阼之等。」公玄端與皮弁皆韠，朝服素韠。盧注云：「玄端，緇布冠及玄冠之服也。玉藻曰：『始冠緇布之冠，自諸侯達，冠而敝之可也。』二服皆韠也。古者田狩而食其肉，衣其皮，先以兩皮如韠以蔽其前後。及後世，聖人易之以布帛，猶存其蔽前，示不忘古。尊祭服，異其名曰韠。其制，上廣一尺，下廣二尺，長三尺，其頸五寸，肩革帶博二寸。玄端，諸侯之服。皮弁，天子之朝服。韠從裳色，皆素也。」聘珍謂：玄端，諸侯視朝之服。皮弁，諸侯視朔之服。經言朝服，即玄端也。鄭注論語云：「衣玄端，冠章甫，諸侯日視朝之服。」注周禮司服云：「冠弁，委貌。其服緇布衣，亦積素以爲裳，諸侯以爲視朝之服。」賈疏云：「委貌若以色言，則曰玄冠也。」鄭注王制云：「玄衣素裳，其冠則牟追、章甫、委貌也。諸侯以天子之燕服爲朝服。」玉藻曰：

「天子玄端而居也。」士冠禮曰：「皮弁服，素積，緇帶，素韠。」鄭注云：「皮弁，與君視朔之服也。皮弁者，以白鹿皮爲冠，象上古也。以素爲裳，辟積其要中。皮弁之衣用布十五升。」經云朝服素韠者，論語疏云：「玄端者，其衣正幅，染之玄色，故曰玄端。若以素爲裳，卽是朝服。若上士，以玄爲裳，中士以黄爲裳，下士以雜色爲裳，天子諸侯以朱爲裳，則皆謂之玄端，不得名爲朝服也。」**公冠四加玄冕。**緇布冠、皮弁、爵弁，士冠禮之三加也。孔氏冠義疏云：〔一〕「士禮故三加也。若諸侯之禮，其加則四加，而有玄冕也。故大戴禮『公冠四加』也。諸侯尚四加，則天子亦當五加衮冕也。」**饗之以三獻之禮，無介，無樂，皆玄端。**饗，饗賓也。介，賓之輔。士冠禮，醴賓以一獻之禮，贊冠者爲介。盧注云：「無介者，於饗而贊冠者退爲衆賓者，君禮於臣本無介也。無樂，亦饗時也。冠禮一舉樂可也。春秋左氏傳曰『以金石之樂節之』，謂冠之時爲節也。皆玄端，君臣同服也。」**其醻幣朱錦采，四馬，其慶也同。**鄭注士冠禮云：「飲賓客而從之以財貨曰醻。」幣朱錦采，謂朱色之帛，采色之錦。説文云：「錦，襄邑織文。」〔二〕士冠禮「主人酬賓束帛儷皮」，賈疏云：「大戴禮云『禮幣采飾而四馬』，是大夫禮與士異也。」慶，賞也，謂慶賓。同者，同以幣朱錦采四馬也。**天子儗焉。**儗，比也。言天子冠禮比諸侯，故下經成王冠，不言其禮也。

太子與庶子，其冠皆自爲主，其禮與士同，其饗賓也皆同。此言天子之太子、庶子也。盧注云：「士冠禮記曰：『天子之元子，猶士也。天下無生而貴者也。』」

〔一〕「義」原訛「儀」，據禮記篇名改。

〔二〕「邑」原訛「色」，據説文改。

成王冠，通典嘉禮注引五經異義云：「古春秋左氏傳曰：『歲星爲年紀十二而一周天，天道備，故人君年十二可以冠，自夏殷天子皆十二而冠。』許君謹案：武王崩，成王年十三，若十四而已冠，是喪冠也。不從古尙書說。」又引異義云：「武王崩後，管蔡作亂，周公出居東，是歲大風，王與大夫冠弁，開金縢之書，成王年十四，是喪冠也者恐失矣。」聘珍謂：成王年十歲而武王崩，十二歲喪畢而冠。金縢曰：「王與大夫盡弁。」鄭注云：「天子諸侯十二而冠佩，爲成人。成王此時年十五，於禮已冠。」是也。孔氏明堂位疏云：「王肅以家語之文，武王崩，成王年十三。鄭康成用衞宏之說，武王崩，成王年十歲。」又云：「周書以武王十二月崩，至成王年十二，十二月喪畢。成王將卽位，稱已小，求攝，周公將代之，管蔡等流言，周公懼之，辟居東都。故金縢云：『武王旣喪，管叔等流言，周公乃告二公曰：我之不辟，無以告我先王。』旣喪，謂喪服除。辟，謂辟居東都。時成王年十三。明年，成王盡執拘周公屬黨，故金縢云『周公居東二年，則罪人斯得』。罪人，周公屬黨也。時成王年十四。至明年秋，大熟，有雷風之異，故鄭注金縢云『秋大熟，謂二年之後明年』。迎周公而反，反則居攝之元年，時成王年十五，[一]書傳所謂『一年救亂』。明年誅武庚、管、蔡等，書傳所謂『二年克殷』。明年自奄而還，書傳所謂『三年踐奄』。四年封康叔，書傳所謂『四年建侯衞』。時成王年十八也，故康誥云孟侯，書傳云『天子十八稱孟侯』。明年營洛邑，故書傳云『五年營成周，六年制禮作樂，七年致政於成王』。時成王年二十一，明年乃卽政，時年二十二也。」聘珍謂：此疏所云書傳者，伏生大傳也。伏生傳今文尙書。衞宏是古文之學，與今文相合，乃真古文也。鄭君所以用之。

公使祝雍祝王，曰：「達而勿多也。」盧注云：「雍，太祝。當左與王爲祝辭，於冠告焉。辭多則史，少則不達。」周

[一]「時」原訛「是」，據禮記明堂位孔疏改。

祝雍曰：「使王近於民，遠於年，嗇於時，惠於財，親賢使能。」盧注云：「近於民，視民如子。嗇於時，惠於財，及時而施。」聘珍謂：此成王冠辭也。公冠本經止此。

陛下離顯先帝之光耀，以承皇天嘉祿，欽順仲夏之吉日，遵並大道邠或，秉集萬福之休靈，始加昭明之元服，推遠稚免之幼志，崇積文武之寵德，肅勤高祖清廟，六合之內靡不息，陛下永永與天無極。孝昭冠辭。

皇皇上天，照臨下土，集地之靈，降甘風雨，庶物羣生，各得其所，靡今靡古，維予一人某，敬拜皇天之祜。

薄薄之土，承天之神，興甘風雨，庶卉百穀，莫不茂者，既安且寧，維予一人某，敬拜下土之靈。

維某年某月，上日明光於上下，勤施於四方，旁作穆穆，惟予一人某，敬拜迎於郊。以正月朔日迎日於東郊。已上孝昭冠辭，並祭天、祭地、祭日祝辭，皆後人因成王冠辭而竄入者，非大戴經本所有也。今因舊本，附錄篇末，說詳目錄。

本命第八十

分於道謂之命，分，制也。道者，天地自然之理。命，謂人物所稟受度也。形於一謂之性，形，兆也。說文云：「惟初太始，道立於一，造分天地，化成萬物。」董仲舒云：「性者，生之質也。」化於陰陽，象形而發謂之生，化謂變化。獨陰不生，獨陽不生，陰陽變化，品物流形。發，猶出也。化窮數盡謂之死。化，謂陰陽之化。數，謂形於一之數。窮盡者，久而游散也。死之言澌也，生機澌滅也。故命者，性之終也，則必有終矣。命稟於有生之前，性形於受命之始，命制其性之始，卽已定其終，有始必有終也。易曰：「原始反終，故知死生之說。」

人生而不具者五：目無見，不能食，不能行，不能言，不能化。具，備也。化猶生也，育也。三月而徹眗，然後能有見；八月生齒，然後食；期而生臏，然後能行；三年嘻合，然後能言；十有六情通，然後能化。盧注云：「眗，精也，轉視貌。『徹』或爲『微』也。三月萬物一成，期年天道一備，三年而天道大成，故因之以變化也。」聘珍謂：說文云：「臏，厀耑也。」玉篇云：「嘻，盛貌也。」嘻合，猶言訢合也。

陰窮反陽，陽窮反陰，辰故陰以陽化，陽以陰變。窮，極也。陰極於上，則陽已復於下，剝之反爲復也。陽極於上，則陰已復於下，夬之反爲姤也。「辰」當爲「是」，聲之譌也。陰不自化，得陽而化，陽不自變，得陰而變。韓詩外傳云：「陰陽消息，則變化有時矣。」故男以八月而生齒，八歲而毀齒，一陰一陽，然後成道，二八十六，然後情通，然後其施行。女七月生齒，七歲而毀，二七十四，然後其化成。合於三也，小節也。中古男三十而娶，女二十而嫁，合於五也，中節也。太古男五十而室，女三十而嫁，備於三五，合於八十也。說文云：「齔，毀齒也。男八月生齒，八歲而齔。女七月生齒，七歲而齔。」一陰一陽然後成道者，謂乾道成男，坤道成女也。施行，陽施也。化成，陰化也。曾子曰：「吐氣者施，而含氣者化，是以陽施而陰化也。」五經異義云：「今大戴禮說，男三十，女二十，有昏嫁，合爲五十，應大衍之數，自天子達於庶人同也。春秋左氏說，人君十五生子，禮也。二十而嫁，三十而娶，庶人禮也。禮，夫爲婦之長殤，長殤十九至十六，知夫年十四、十五，見士昏禮也。謹案：舜生三十不娶，謂之鰥。禮文王世子曰，文王十五而生武王，武王尚有兄伯邑考，故知人君早昏娶，不可以年三十，所以重繼嗣也。」盧注云：「合於三、合於五，男女合於三十、合於五十也。備三十五十，合於八十也。不言大節者，省文也。」八者，維剛也，天地以發明，故聖人以合陰陽之數也。「剛」當爲「綱」。盧注云：「八爲方維，八卦之數也。天地以之明，聖人以之合陰陽九六大衍之數也。」

禮義者，恩之主也。禮運曰：「禮也者，義之實也。義者，藝之分，仁之節也。」恩謂以愛相親，主於禮。義則無過不及之差。冠、昏、朝、聘、喪、祭、賓主、鄉飲酒、軍旅，此之謂九禮也。九者五禮之別也。冠、昏、賓主、鄉飲酒，嘉禮也。朝、聘，賓禮也。喪，凶禮也。祭，吉禮也。軍旅，軍禮也。賓主謂賓射饗燕之類。禮經三百，威儀三千。中庸曰：「禮儀三百，威儀三千。」禮器曰：「經禮三百，曲禮三千。」鄭注云：「經禮謂周禮也。周禮六篇，其官有三百六十。曲猶事也。事禮謂今禮也。禮篇多亡，本數未聞，其中事儀三千。」機其文之變也。鄭注大學云：「機，發動所由也。」禮器曰：「義理，禮之文也。」禮有常經，義理隨時而變，禮之發動，必揆於義理也。其文變也，禮之象五行也，其義四時也。言禮之所以因文而變者，禮有定體，如天地間之有五行，不易不敝者也。義則往來屈伸，如四時之錯行。禮從義變，猶之播五行於四時也。禮運曰：「五行之動，迭相竭也。五行、四時、十二月，旋相爲本也。」

故以四舉，有恩，有義，有節，有權。喪服四制曰：「喪有四制，變而從宜，取之四時也。有恩，有理，有節，有權，取之人情也。恩者，仁也。理者，義也。節者，禮也。權者，知也。仁義禮知，人道具矣。」恩厚者其服重，故爲父斬衰三年，以恩制者。鄭云：「服莫重斬衰也。」賈氏儀禮疏云：「斬衰裳者，謂斬三升布以爲衰裳。不言裁割而言斬者，取痛甚之意。」門内之治恩掩義，門外之治義斷恩，資於事父以事君而敬同，貴貴尊尊，義之大者也，故爲君亦服斬衰三年，以義制者也。鄭云：「資猶操也。貴貴，謂爲大夫君也。尊尊，謂爲天子諸侯也。」三日而食，三月而沐，期而練，毁不滅性，不以死傷生，喪不過三年，苴衰不補，墳墓不坯，同於丘陵，除之日鼓素琴，示民有終也，以節制者也。盧注云：「食，食粥也。沐，將虞時。苴衰不補，異於吉，無飾也。鼓素琴，漸有終，因省哀。」鄭云：「補、培，猶治也。鼓素琴，始存樂也。三年不爲樂，樂必崩。」聘珍謂：練，小祥也。小祥而著練冠，練中衣，故曰練也。苴，麻之有蕡者也，所以爲首絰、要絰、絞帶者。凡喪服，上曰衰，下曰裳。又衰廣四寸，長六寸，綴之於心，亦曰衰。除之日，祥日也。雜記曰：「祥，主人之除也。」「坯」讀曰「培」，益也。孔氏喪服四制疏云：「墳墓不培者，培，益也，一成丘陵之後，不培益其土。」資於事父以事母而愛同，天無二日，國無二君，家無二尊，以治之也。父在爲母齊衰期，見無二尊也。百官備，百制具，不言而事行者，扶而起；言而後事行者，扶而起；身自執事而後事行者，面詬而已。凡此，以權制者也。下「扶」字當爲「杖」。「詬」當爲「垢」。鄭云：「扶而起，謂天子、諸侯。杖而起，謂大夫、士。面垢而已，謂庶民也。」始死三日不怠，三月不解，期悲號，三年憂，恩之殺也。聖人因殺以制節也。鄭云：「不怠，哭不絶聲也。不解，不解衣而居，不倦怠也。」盧注云：「不解者，不脱絰帶也。因殺制節，謂爲卒哭祥禫之變。」

男者任也，子者孳也，男子者，言任天地之道，如長萬物之義也。故謂之丈夫。白虎通云：「男者任也，任功業也。子者，孳也，孳孳無已也。」釋名云：「男者，任也，典任事也。子，孳也，相生蕃孳也。」説文云：「男，丈夫也。孳，汲汲生也。」「如」讀曰「而」。丈者長也，夫者扶也，言長萬物也。鄭注周易云：「丈之言長也，能以法度長於人也。」孔氏昭七年左傳疏云：「夫之言扶也，大能扶成人也。」知可爲者，知不可爲者，知可言者，知不可言者，知可行者，知不可行者。是故審倫而明其別，謂之知。所以正夫德者。審，察也。審倫，察於人倫也。別，辨也。孟子曰：「夫婦有別。」夫德，謂丈夫之德。郊特牲曰：「夫也者，夫也。夫也者，以知帥人者也。」

女者如也，子者孳也，女子者，言如男子之教，而長其義理者也。故謂之婦人。婦人，伏於人也。説文云：「如，从隨也。」韋注國語云：「長，益也。」釋名云：「女，如也，婦人外成如人也。」白虎通云：「婦者，服也，以禮屈服也。」又云：「服於家事，事人者也。」是故無專制之義，有三從之道，在家從父，適人從夫，夫死從子，無所敢自遂也。教令不出閨門，事在饋食之閒而已矣。事，擅也。制，斷也。從，相聽也。白虎通云：「女者，如也，從如人也。在家從父母，既嫁從夫，夫没從子也。傳曰婦人有三從之義也。」釋名云：「三從之義，少如父教，嫁如夫命，老如子言。」盧注云：「事在饋食之閒者，易曰『無由遂，在中饋』，詩曰『無非無儀，唯酒食是議』也。」是故女及日乎閨門之内，不百里而犇喪。事無獨爲，行無獨成之道，參知而後動，可驗而後言，宵夜行燭，宮事必量，六畜蓄於宮中，謂之信也。所以正婦德也。及日，猶及時，謂及時而脩婦功也。不百里而犇喪者，檀弓曰「婦人不越疆而弔人」也。參，三也。三知者，知之審也。驗，徵也，信而有徵也。宵夜行燭者，內則曰：「女子出門，必擁蔽其面，夜行以燭，無燭則止。」爾雅曰：「室謂之宮。」宮事，蠶室之事。量，度也。夏小正曰：「妾子始蠶，執養宮事。」蓄，蓄息也。謂之信也者，郊特牲曰：「信，事人也。信，婦德也。」

女有五不取：逆家子不取，亂家子不取，世有刑人不取，世有惡疾不取，喪婦長子不取。逆家子者，爲其逆德也；亂家子者，爲其亂人倫也；世有刑人者，爲其棄於人也；世有惡疾者，爲其棄於天也；喪婦長子者，爲其無所受命也。取讀曰娶。逆，謂悖逆。亂，淫亂也。刑人，謂以罪受墨、劓、宮、刖、髡刑者。惡疾，謂瘖、聾、盲、癘、禿、跛、傴，不逮人倫之屬也。喪婦長子，謂父喪其婦，其女子年長愆期者也。命者，母之教命也。孟子曰：「女子之嫁也，母命之。」

婦有七去：不順父母去，無子去，淫去，妒去，有惡疾去，多言去，竊盜去。不順父母去，爲其逆德也；無子，爲其絕世也；淫，爲其亂族也；妒，爲其亂家也；有惡疾，爲其不可與共粢盛也；口多言，爲其離親也；盜竊，爲其反義也。貪色爲淫。害善爲妒。黍稷曰粢，在器曰盛。與共粢盛者，宗廟之事，必夫婦親之。士昏禮記曰：「父醮子，命之，辭曰：『往迎爾相，承我宗事，勗帥以敬，先妣之嗣，若則有常。』」

婦有三不去：有所取，無所歸，不去；與更三年喪，不去；前貧賤，後富貴，不去。詩燕燕「之子于歸」，毛傳云：「歸宗也。」無所歸，無宗者也。更，歷也。歷三年喪者，乃逮事舅姑者也。

大罪有五：逆天地者，罪及五世；誣文武者，罪及四世；逆人倫者，罪及三世；誣鬼神者，罪及二世；殺人者，罪止其身。故大罪有五，殺人爲下。盧注云：「逆天地，欺造化及要君者。誣文武，非聖人者。逆人倫，非孝者。此皆大亂之道也。周書曰：『大命世，小命身。』」

易本命第八十一

子曰：夫易之生人、禽獸、萬物、昆蟲，各有以生。繫辭傳曰：「生生之謂易。」盧注云：「易曰：『渾元之始，是曰太易，二象之所資，萬品之所生。』易曰：『易有太極，是生兩儀，兩儀生四象，四象生八卦。』易説卦曰：『太易者，未見氣也。太初者，氣之始。太素者，質之始也。』禮運曰：『夫禮必本於太一，分而爲天地，轉而爲陰陽，變而爲四時。』然禮易之説雖殊，而會歸一。」或奇或偶，或飛或行，而莫知其情，惟達道德者，能原本之矣。盧注云：「孔子曰：『聖人智通於大道，應化而不窮，能測萬品之情也。』」

天一，地二，人三，三三而九。九，極陽數也。下文八七六五四三二，皆以九乘之。九九八十一，一主日，日數十，故人十月而生。一，陽數，數之始。日爲陽精。盧注云：「日數十，甲乙之屬。天之神，日爲尊；萬類，人爲貴也。」八九七十二，偶以承奇，奇主辰，辰主月，月主馬，故馬十二月而生。偶以承奇者，二爲偶，偶陰也，奇陽也，陰不專主，承陽以爲主。易曰：「坤道其順乎，承天而時行。」又曰：「後得主而有常。」辰，從子至亥也。盧注云：「奇主辰者，辰方面各三也。」聘珍謂：辰主月者，十二辰建十二月也。盧注云：「月契天駟於上，馬統乾於下。」七九六十三，三主斗 斗主狗，故狗三月而生。 易曰：「艮爲狗。」九家注云：「艮數三，七九六十三。三主斗，斗爲犬，故犬懷胎三月而生。斗運行十三時日出，故犬十三日而開目。斗詘，故犬卧詘也。斗運行四帀，犬亦夜繞室也。」六九五十四，四主時，時主豕，故豕四月而生。 天有四時，春秋冬夏。 盧注云：「豕知時。」詩云：『有豕白蹢，烝涉波矣。』」聘珍謂：毛傳云：「將久雨，則豕進涉水波。」五九四十五，五主音，音主猨，故猨五月而生。 漢書律厤志云：「天之中數五，五爲聲。」爾雅曰：「猱猨善援。」陸釋文云：「援猶引也。」劉注吳都賦云：「五音，宮商角徵羽。」漢書律厤志云：「商角徵羽各有引。」四九三十六，六主律，律主禽鹿，故禽鹿六月而生也。 漢書律厤志云：「地之中數六，六爲律。」盧注云：「麞鹿角長短大小似律，麐麞之屬皆以六月生也。」宋均云：『以所包者多，故舉禽獸之名，雖有飛走之異，其亦通也。』」三九二十七，七主星，星主虎，故虎七月而生。 盧注云：「二十八宿，方各七也。虎炳文似星也。」二九十八，八主風，風主蟲，故蟲八月化也。 說文云：「風，八風也。東方曰明庶風，東南曰清明風，南方曰景風，西南曰涼風，西方曰閶闔風，西北曰不周風，北方曰廣莫風，東北曰融風。風動蟲生，故蟲八日而化。」聘珍謂：經言八月，許言八日，經或字誤也。 鄭注大宗伯云：「能生非類曰化。」盧注云：「蟲多生非類也。」其餘各以其類也。 盧注云：「謂貍兔魚鼈之屬，各以其類化者，言亦有主而生之也。」聘珍謂：其餘者，凡毛羽鱗介倮蟲之屬也。 易曰：「本平天者親上，本平地者親下，則各從其類也。」

鳥魚皆生於陰而屬於陽，故鳥魚皆卵。魚游於水，鳥飛於雲，故冬燕雀入於海，化而爲蚧。 盧注云：「生於陰者，謂卵生也。屬於陽者，謂飛游於虛也。燕雀入於海爲蚧者，以同生於陰而屬於陽，故有其形性也。」聘珍謂「蚧」當爲「蛤」。夏小正曰：「雀入於海爲蛤。」説文作「盒」，云「百歲燕所化」。萬物之性各異類，故蠶食而不飲，蟬飲而不食，蜉蝣不飲不食，盧注云：「淮南子云：『蠶食而不飲，三十二日而化。蟬飲而不食，三十日而死。蜉蝣不飲不食，三日而終也。』」介鱗夏食冬蟄。介，甲，龜鼈之屬也。鱗，魚龍之屬。爾雅曰：「蟄，靜也。」齕吞者八竅而卵生，盧注云：「鳥屬也。」説文云：「凡物無乳者，卵生。」咀噍者九竅而胎生，盧注云：「人及獸屬。」鄭注周禮云：「九竅，謂陽竅七，陰竅二也。」四足者無羽翼，戴角者無上齒，無角者膏而無前齒，有羽者脂而無後齒。盧注云：「凝者爲膏。無前齒者，齒盛於後，不用前也。釋者爲脂。無後齒者，齒盛於前，不任後也。」聘珍謂：爾雅曰：「四足而毛謂之獸。」鄭注考工記云：「膏者，豕屬。脂，牛羊屬。」「有羽」當爲「有角」。説文云：「戴角者脂，無角者膏。」晝生者類父，夜生者類母。類猶象也。左氏桓六年傳曰：「取於父爲類。」杜注云：「有與父同者。」

凡地東西爲緯，南北爲經。緯，橫也。經，從也。馬注周禮云：「東西爲廣，南北爲輪。」鄭云：「輪，從也。」山爲積德，川爲積刑。高者爲生，下者爲死。盧注云：「山積陽，川積陰。陽爲德，陰爲刑。」聘珍謂：高積陽，陽氣發生；下積陰，陰氣肅殺。丘陵爲牡，谿谷爲牝。大阜曰陵，小陵曰丘。水注川曰谿，注谿曰谷。陽爲牡，吐氣者也；陰爲牝，含氣者也。曾子曰：「吐氣者施，而含氣者化。」淮南墬形云：「至陰生牝，至陽生牡。」蚌蛤龜珠，與月盛虛。説文云：「蚌、蛤，蜃屬。龜，廣肩，無雄。」皆陰類也。珠，陰精。盛，滿也。盧注云：「月者，太陰之精，故龜蛤之屬因之以盛虧。呂氏春秋云：『日月望則蚌蛤實，月晦則蚌蛤虛。』孝經援神契曰：『日月屬於天，則陰類消於淵也。」」

是故堅土之人肥，虛土之人大，沙土之人細，息土之人美，秏土之人醜。堅者彊欒，虛者輕舉。說文云：「沙，水散石也。」沙土不黏，墟墟然解散也。細，小也。盧注云：「肥者象地堅實，大者象地虛縱也。息土，謂沃衍之田。秏土，謂疏薄之地。地有美惡，故生人有好醜也。周禮大司徒職曰：『山林之民毛而方，川澤之民黑而津，丘陵之民專而長，墳衍之民晳而瘠，原隰之民豐肉而庳』，此大辨五土之分也。」是故食水者善游能寒，食土者無心而不息，食木者多力而拂，食草者善走而愚，食桑者有絲而蛾，食肉者勇敢而捍，食穀者智惠而巧，盧注云：「食水，魚鼈之屬。食土，蚯蚓之屬，不氣息也。食木，熊羆之屬。拂，戾也。食草，麋鹿之屬。食肉，虎狼鷹鷂之屬。」聘珍謂：說文云：「桑，蠶所食葉木。絲，蠶所吐也。蛾，蠶化飛蟲。」孔氏左傳疏云：「穀是養人之物。」食穀者，謂人也。釋名云：「智，知也，無所不知也。」說文云：「惠，仁也。」中庸曰：「仁者，人也。」食氣者神明而壽，食氣者，謂龜也。爾雅十龜之屬一曰神龜。郭注云：「龜之最神明。」說苑辨物云：「靈龜，千歲之化，下氣上通，能知吉凶存亡之變。寧則信信如也，動則著矣。」不食者不死而神。不食者，謂蓍也。易曰：「昔者聖人幽贊於神明而生蓍。」不死而神者，白虎通云：「蓍之爲言耆，久長意也。」說文云：「蓍生千歲，三百莖，易以爲數。」易曰：「蓍之德圓而神。」又曰「神以知來」也。

故曰：有羽之蟲三百六十，而鳳皇爲之長；有毛之蟲三百六十，而麒麟爲之長；有甲之蟲三百六十，而神龜爲之長；有鱗之蟲三百六十，而蛟龍爲之長；倮之蟲三百六十，而聖人爲之長。此乾坤之美類，禽獸萬物之數也。說文云：「蛟，龍之屬也。池魚滿三千六百，蛟來爲之長，能率魚飛。置笱水中，蛟卽去。」盧注云：「三百六十，乾坤之中央；萬一千五百二十，當萬物之數也。」故帝王好壞巢破卵，則鳳凰不翔焉；好竭水搏魚，則蛟龍不出焉；好刳胎殺夭，則麒麟不來焉；好填谿塞谷，則神龜不出焉。翔，回顧也。論語曰：「翔而後集。」搏，擊取也。刳，屠也。胎，孕在腹中未出者也。少長曰夭。

故王者動必以道，靜必以理。道謂天道。理，地理也。動必以道，法天時也。靜必以理，安地利也。易曰：「崇效天，卑法地。」中庸曰：「上律天時，下襲水土。」動不以道，靜不以理，則自夭而不壽，訞孽數起，神靈不見，風雨不時，暴風水旱竝興，人民夭死，五穀不滋，六畜不蕃息。「訞孽」或爲「妖孽」。中庸曰：「國家將亡，必有妖孽。」說文作「祅䘌」，云：「衣服、歌謠、草木之怪，謂之祅；禽獸、蟲蝗之怪，謂之䘌。」

先伯此書藏篋笥有年，今距先伯棄養又三十年矣。竊恐生平精力，湮没不彰，爰於道光庚戌從事剞劂，敦請同邑文學余君瀟等詳爲讐校，體例敍録一依先伯之舊。刻成，又屬新城楊君希閔覆校一過。區區之心，必誠必盡，不敢絲毫苟簡。先伯生平，學豐遇嗇，壯鬱北溟之徙，晚抱西河之戚。人事屯蹇，猶及身後。所恃以不朽者，惟在此書。今者此書刊成，其或報慰地下於萬一乎。捧函輟簡，良用泫然。通計書凡十三卷，目録一卷，字凡十四萬一千零九十四。蕆功於咸豐辛亥元年之春。仲姪嘉會謹書。